教育部2018年思想政治理论课教学方法改革择优推广项目主要成果（18JDSZK102）

全省高校2018年思政工作十大建设计划重点项目成果之一

泰山学者工程专项经费资助项目（TS201712038）

山东省重点马克思主义学院建设经费资助项目

教育与语言

中华优秀传统文化融入思想政治理论课教学研究丛书

《中国近现代史纲要》

（2018版）教案

王德成　陈洪友　卢忠帅　编著

天津出版传媒集团

天津人民出版社

图书在版编目（CIP）数据

《中国近现代史纲要》（2018 版）教案 / 王德成，陈洪友，卢忠帅编著 . -- 天津：天津人民出版社，2021. 11

（中华优秀传统文化融入思想政治理论课教学研究丛书）

ISBN 978－7－201－17809－7

Ⅰ.①中… Ⅱ.①王… ②陈… ③卢… Ⅲ.①中国历史—近现代—教案（教育）—高等学校 Ⅳ.①K25

中国版本图书馆 CIP 数据核字（2021）第 231115 号

《中国近现代史纲要》（2018 版）教案
《ZHONGGUO JINXIANDAISHI GANGYAO》（2018 BAN）JIAOAN

出　　版　天津人民出版社

出 版 人　刘　庆

地　　址　天津市和平区西康路 35 号康岳大厦

邮政编码　300051

邮购电话　（022）23332469

电子信箱　reader@ tjrmcbs. com

责任编辑　章　赪

装帧设计　中联华文

印　　刷　三河市华东印刷有限公司

经　　销　新华书店

开　　本　710 毫米×1000 毫米　1/16

印　　张　18

字　　数　323 千字

版次印次　2022 年 1 月第 1 版　2022 年 1 月第 1 次印刷

定　　价　89. 00 元

中华优秀传统文化融入思想政治理论课教学研究丛书
编委会

总　序

　　思想政治课（简称思政课）是落实立德树人根本任务的关键课程。思政课建设要立足于中国大地。中华民族几千年来形成了博大精深的优秀传统文化，为思政课建设提供了丰厚底蕴。党的十八大以来，党和国家对中华优秀传统文化融入思政课建设作出一系列重要部署，如《关于实施中华优秀传统文化传承发展工程的意见》《完善中华优秀传统文化教育指导纲要》《高校思想政治工作质量提升工程实施纲要》等。这些重要措施都对中华优秀传统文化融入思政课建设提出了明确要求。

一、中华优秀传统文化需要融入高校思政课建设

　　中华优秀传统文化是新时代高校思政课建设的重要资源和深厚基础。一是青年学生健康成长的需要。大学是青年学生人生中的重要阶段，是青年学生成长的黄金期。思政课是培养青年学生树立正确价值观的主渠道。高校思政课建设应当牢牢抓住青年学生的这一重要成长时期。中华优秀传统文化融入高校思政课对于促进青年学生的综合素质的提升和健康成长具有重要的滋养作用。二是国家强盛和民族复兴的需要。办好思政课，要放在党和国家事业发展全局中来看待，要从坚持和发展中国特色社会主义、建设社会主义现代化强国、实现中华民族伟大复兴的高度来对待。在思政课建设中融入中华优秀传统文化资源，有助于贯彻落实党的教育方针和政策，有助于实现国家强盛和民族复兴大业。三是提升思政课教学实效性的内在要求。高校思政课程体系涉及哲史政法等多个领域，涵盖了思想教育、政治教育和道德品质教育等诸多方面。中华优秀传统文化凝聚着民族普遍认同和广泛接受的伦理规范、道德品格、价值取向，是思想政治教育的重要资源。实现思想政治教育与中华优秀传统文化教育的有机融合，有助于落实"立德树人"根本任务。四是传承发展中华优秀传统文化的需要。文化的传承发展是大学基本功能之

一。高校思政课是传承发展中华优秀传统文化的主阵地和渠道。中华文化是中华民族的"根"和"魂"，是中国特色社会主义文化的有机组成部分，是中华民族安身立命的精神家园，是能够在世界文化激荡中站稳脚跟的根基。高校思政课要用新时代中国特色社会主义思想铸魂育人，要对优秀传统文化进行有价值、有意义的阐释，要使其"薪火相传、代代守护"，以引导青年学生增强"四个自信"。

二、中华优秀传统文化能够融入高校思政课建设

中华优秀传统文化蕴含着中华民族最深沉的文化基因和精神追求，是中华民族最深厚的文化软实力，为思政课建设提供了有力的力量支撑。将中华优秀传统文化融入高校思政课建设，能够形成"思政育人"与"文化育人"的教育合力。一是两者在时代语境上具有关联性。当今世界是一个经济、政治、文化、价值日趋激荡的世界。全球化、市场化、信息化和文化多样性、价值观多样化，是当前思政课教学和优秀传统文化教育共同面对的问题。同时，随着我国改革开放的深入和社会主义市场经济的发展，各种良莠不齐的社会思潮蜂拥而入，青年学生的思想受到前所未有的冲击。新时代高校思政课建设，要立足中国、挖掘历史、把握当代，努力将思政课教学与优秀传统文化教育结合起来。二是两者在功能上具有相通性。青年的健康成长关系到国家的前途和命运。青年学生是民族文化的传承人，是文化强国建设的担当者。思政课是落实立德树人根本任务的关键课程。要扣好人生的"第一粒扣子"，就需要注重以文育人、以文化人，就需要有效引导青年学生树立正确的历史观、民族观、国家观、文化观，做中国特色社会主义事业的接班人和建设者。三是两者在内容上具有相生性。中华文明绵延数千年，有其独特的价值体系，植根于中国人内心，潜移默化地影响着中国人的思想方式和行为方式。2017 年，中共中央办公厅、国务院办公厅印发的《关于实施中华优秀传统文化传承发展工程的意见》指出，中华文化的核心思想理念、中华传统美德和中华人文精神具有独特的神韵和魅力。中华优秀传统文化是实现高校思政课实效性的文化根基，是办好高校思政课不可或缺的资源。四是两者的教育理念和方法具有支撑性。文化具有思想政治教育的价值和功能，思想政治教育具有文化属性。中华传统文化的基本功能在于教化，注重启发主体的觉悟，通过主体内在力量加强道德修养，达到以文化人的目的。以马克思主义理论为核心的思政课与传统文化在育人理念和方法上是相辅相成的。

三、中华优秀传统文化融入高校思政课的基本视点

中华优秀传统文化融入高校思政课，要与时代发展要求相适应、与大学生的成长成才相适应、与思政课特点相适应。中华传统文化博大精深，蕴含着古人长期以来对宇宙、社会、人生的哲学思考，是指导我们认识世界和改造世界的世界观与方法论。在马克思主义基本原理概论课程中，物质统一性与传统文化的气本论、唯物辩证法与传统文化的辩证思维、马克思主义认识论与传统文化的知性统一观、唯物史观与传统文化的历史观、共产主义与大同理想等，都是有效融入的契合点。思想道德修养与法律基础课程，教材选取中华优秀传统文化内容紧扣"文明""和谐""爱国""敬业""诚信""友善"等社会主义核心价值观要求。中国传统文化蕴含的"天下兴亡、匹夫有责"家国情怀教育资源、"仁爱共济、立己达人"社会关爱教育资源、"正心笃志、崇德弘毅"人格修养教育资源等，在塑造理想人格方面是相辅相成的。中国近现代史纲要课程，主要介绍了近现代的仁人志士为中华民族的独立和富强前赴后继并最终选择社会主义道路的历史，讲授了近现代中国社会发展和革命发展的历史进程及内在规律。将中华优秀传统文化融入该课程，可以引导学生加深对"中国""华夏文明"的认同，加深对民族精神的认同，增强对"天下兴亡，匹夫有责"爱国主义的共鸣，升华爱国主义情怀，进而深刻理解历史和人民选择共产党、选择社会主义的必然性。毛泽东思想和中国特色社会主义理论体系概论课程，以中国化的马克思主义为主题，以马克思主义中国化为主线，对中国共产党所进行的艰苦探索进行理论总结，因而必须结合中国传统文化背景。马克思主义中国化与中国化的马克思主义、实事求是思想路线的传统文化渊源、传统"和"文化与社会主义和谐社会、儒家仁义礼智信与社会主义核心价值观、传统文化"天人合一"思想与现代生态文明建设、传统民本思想与以人为本等，都可以成为传统文化融入思政课教学内容的着力点。所以要精准把握中华优秀传统文化与马克思主义中国化理论的内在联系，以增强道路自信、理论自信、制度自信和文化自信，坚定中国特色社会主义理想信念。

四、中华优秀传统文化融入高校思政课的基本要求

思政课的根本任务在于立德树人，培养担当民族复兴大任的时代新人，培养德智体美劳全面发展的社会主义建设者和接班人。将中华优秀传统文化

有机融入高校思政课，要不断增强思政课的思想性、理论性和亲和力、针对性。一要坚定正确的政治方向。坚定正确的政治方向是传统文化融入思政课教学的第一要求。要正确处理文化意蕴与政治功能之间的关系，要实现思政课教学的政治功能与文化使命的有机统一。挖掘和阐发中华优秀传统文化资源时要始终坚持马克思主义世界观和方法论，要始终坚持马克思主义在意识形态领域的指导地位，处理好政治性与学理性、价值性与知识性的关系。二要遵循"创新性"原则。中华优秀传统文化融入高校思政课要正确处理传承与发展的关系。中华优秀传统文化与思政课，不是两者的"生硬捆绑""牵强组合"，也不是一方对另一方的"整体替代"或"全面消解"，而是二者之间的有机融合、共生共长。中华优秀传统文化融入高校思政课，要坚持古为今用、推陈出新，要与时俱进，在创新过程中不断增强思政课教学的时代感与实效性。三要彰显民族精神和民族风格。中华优秀传统文化融入高校思政课，要正确处理内容与形式的关系。文化的方向性与政治性不能脱离文化的民族性。中华优秀传统文化是中华民族的突出优势，中华民族伟大复兴需要以中华文化发展繁荣为条件，必须大力弘扬中华优秀传统文化。中华优秀传统文化融入高校思政课要坚守中华民族性立场，高扬民族风格。四要紧跟时代，体现时代精神。时代精神是文化的命脉。思政课建设要具有世界眼光，要坚持开放性而不是封闭性。中华优秀传统文化融入高校思政课建设，要正确处理民族性与时代性、民族性与世界性的关系，要根据时代特点、时代要求，以时代精神激活中华优秀传统文化，不断增强其感召力、影响力和生命力，提高高校思政课的实效性。

曲阜师范大学设学孔子故里，中国传统文化资源丰厚。马克思主义学院承担着思政课教学和思政课建设光荣而神圣的工作，担负着立德树人和培养时代新人的伟大使命。为推动高校思政课建设，不断增强高校思政课的思想性、理论性、亲和力和针对性，在教学和科研工作中，我们一直进行着如何将中华优秀传统文化融入思政课教学、思政课建设的探索工作。"十年磨一剑。"通过学校、学院的共同努力，我们承担并完成了多项省部级教学改革课题，发表了多篇教学改革探索性论文，出版了多部富有成效的思政课建设著作，荣获了多个省部级奖项，同时，也取得了优异的思政课教学实际效果。这套丛书是我们将中华优秀传统文化融入高校思政课建设的新成果，期待同仁指导和建言。

目 录
CONTENTS

第一章

反对外国侵略的斗争

【教学简况】

授课对象：大学一年级本科生。

学时安排：课堂教学 3 学时。

教学目的：

1. 通过了解资本—帝国主义入侵中国及其与中国封建势力相结合给中国人民带来的深重苦难，认识造成近代中国社会落后贫困的根本原因；懂得只有首先争取民族独立、人民解放，才能为实现国家富强创造必要的前提。

2. 了解近代中国人民抵御外国侵略斗争的历史，认识近代中国反侵略斗争的意义，继承、发扬以爱国主义为核心的民族精神。

3. 了解近代中国历次反侵略斗争失败的根本原因，认识正是严重的民族危机让中华民族觉醒，促使中国人民去努力探索救亡图存、振兴中华的道路。

重点难点：

1. 1840 年至 1919 年间资本—帝国主义侵略中国的历史及其对中国社会的影响。

2. 近代中国人民反侵略战争的历程及其失败原因和经验教训，近代中国人民民族觉醒的伟大历史意义。

教学难点：

1. 资本—帝国主义侵略与近代中国社会发展的关系。

2. 分析近代中国人民反侵略斗争失败的原因，正确认识社会政治腐败与经济技术落后在其中的关系。

学习思考：

1. 资本—帝国主义侵略给中国带来了什么？

2. 近代中国进行的反侵略战争具有什么意义？

3. 中国近代历次反侵略战争失败的根本原因和教训是什么？

【教学过程】

教学内容设计： 本章共分三节。第一节鸦片战争前的中国与世界，计划用 1 学时；第二节资本—帝国主义对中国的侵略及近代中国社会的演变，计划用 1 学时；第三节抵御外国武装侵略、争取民族独立的斗争，计划用 1 学时。

教学步骤： 本章第一节通过两个步骤讲解鸦片战争前的中国和世界，第二节通过两个步骤讲解资本—帝国主义对中国的侵略及近代中国社会的演变，第三节通过两个步骤讲解中国人民抵御外国武装侵略争取民族独立的斗争。

教学组织： 教师讲授、案例分析、课堂讨论。

板书设计： 多媒体课件与黑板辅助板书结合。

教学方法： 教师体系讲授、学生讨论相结合。

导入（5 分钟）

郑和下西洋与哥伦布发现新大陆

1405—1433 年，郑和从南京下关宝船厂出发，先后 7 次率庞大的船队沿江、浙、闽、粤海岸南下复西行，最远到达非洲东岸肯尼亚的蒙巴萨，访问了亚非三十多个国家和地区。1435 年，他在归途中客死古里。郑和下西洋的船队一般每次达 260 余只，人员 2.7 万多。

1492 年哥伦布从西班牙开始美洲航海探险时所率领的船队只有 3 只帆船，最大的"圣玛利亚"号仅 120 吨，长 34 米。另两只较小的船只有 60 吨和 50 吨。哥伦布航海船队规模最大时也只有 17 只船，最大的船只载重只有 200 余吨。

通过比较 15 世纪之初和 15 世纪之末东西方两大航海家率领的船队，即可折射出当时东西方巨大的差距。

第一节　鸦片战争前的中国和世界

本节教学步骤一（30 分钟）

一、鸦片战争之前的中国

（一）辉煌灿烂的中国古代文明

我们伟大的祖国位于亚欧大陆的东方，版图广阔，历史悠久。中华民族在几千年的历史长河之中创造了辉煌灿烂的文明，为人类的发展作出了重要贡献。毛泽东就指出："我们中国是世界上最大国家之一，它的领土和整个欧洲的面积差不多相等。在这个广大的领土之上，有广大的肥田沃土，给我们以衣食之源；有纵横全国的大小山脉，给我们生长了广大的森林，贮藏了丰富的矿产；有很多的江河湖泽，给我们以舟楫和灌溉之利；有很长的海岸线，给我们以交通海外各民族的方便。"① 中国是世界上少有的历史文化从未间断，一直延续至今的国家。"在几千年的历史发展中，中华民族创造了悠久灿烂的中华文明，为人类作出了卓越贡献，成为世界上伟大的民族。"② 伟大的中华民族为人类社会贡献出自己的聪明才智，形成了博大精深的中华文明。

考古发现证明，至少在 180 万年前，在广袤的中国大地上已经有了人类的足迹。西侯度文化的出现说明中国远古人已经掌握了打制石器技术；距今 170 万年的元谋人已掌握了用火技术；生活在 100 万年前的蓝田人仍处在旧石器时代；50 万年前的北京人已经可以有效控制火的使用。钱穆认为，中华民族是北京人的直属后裔。③

历史学家将约 180 万年前—1 万年前称为旧石器时代，公元前 1 万年—公元前 3500 年为新石器时代。在新石器时代，中华先人已经掌握了烧制陶器、打磨锋利的石器技术，开始经营原始种植业、饲养家畜等，并已经形成了原始的村落。在黄河中下游考古发现的仰韶文化、龙山文化，证明在新石器时代，中华先人已经掌握了制陶技术和锄耕农业技术。在长江中下游的考古发现，中华先人掌握了种植水稻和纺织技术。这些考古发现，说明在 5000 年前左右，在黄河流域和长江流域已出现早期文明社会的元素；在 4000 年多年前，是传说中黄帝、炎帝、尧、舜、禹时代；夏、商、周为中国的早期王朝；公元前 221 年，秦始皇建立了统一的多民族国家；后历经汉、三国、晋、南北朝、隋、唐、五代、宋辽西夏金、元、明、清朝代。因此，中国是世界上少有的历史文化从未中断并延续至今的国家。中华文明表现出强大的生命力。这体现了中华民族的凝聚力和以爱国主义为核心的民族精神。

中华文明博大精深，辉煌灿烂。古代中国的经济发展和科学技术长期处于世界领先地位。长期从事中国科技史研究的李约瑟认为："在 3—13 世纪，中国

① 毛泽东选集：第 2 卷 [M]. 北京：人民出版社，1991：621.
② 习近平. 在庆祝中国共产党成立 95 周年大会上的讲话 [M]. 北京：人民出版社 2016：1.
③ 钱穆. 国史大纲 [M]. 北京：商务印书馆 1996：2.

保持一个让西方人望尘莫及的科学知识水平。"中国在天文学、数学、农学、医药学等领域，取得过许多卓越成就。尤其是造纸术、印刷术、火药、指南针四大发明，更是中华民族奉献给人类的杰出科技成果。古代中国的历史典籍浩如烟海，古代中国的文学艺术高峰迭起，美不胜收。《诗经》、楚辞、汉赋、唐诗、宋词、元曲、明清小说，笔墨造化的书法，以神似取胜的水墨绘画，神秘精美的石窟雕塑，巧夺天工的宫殿、园林……

在几千年的历史发展中，中华民族涌现出众多的政治家、思想家、军事家、教育家、科学家、文学家、艺术家，诸子百家为中华文化的发展奠定了深厚的历史根基，中华文化与其他文化在交流融合的基础上不断得到更新，成为维系中华民族繁衍生息的文化命脉。

（二）中国封建社会的基本特征

中国封建社会存续两千多年，在政治制度、经济制度、社会结构、思想文化方面表现出典型的封建社会特征。

在经济制度方面，是以地主阶级土地所有制为基础的，以个体家庭为单位和家庭手工业相结合的自然经济为主。封建的统治阶级占有全国大部分的土地；而农民占有很少的土地，或者没有土地，只能租用地主阶级的土地，并将自己收入的一大部分奉献给地主阶级。

在政治制度方面，以帝制为核心的君主专制制度成为维系国家运转的核心。从秦始皇建立中央集权的封建帝国开始，虽经历多次的农民起义的冲击，但帝制一直延续至1911年，表现出其刚强性。

中国封建社会的社会结构是以族权和政权相结合的封建宗法等级制度。这种以宗族家长制为基础并与国家政权有机结合的家国同构体制，成为维系封建社会运行的有效机制，也成为封建社会得以长期延续的社会基础，从而体现出中国封建社会结构的超稳定性。

以儒家思想为核心的道统为维系封建社会的政统提供合法性的理性阐释。在儒家思想与帝制相结合的过程中，儒家思想逐渐成为封建社会的正统思想。儒家与道家、佛教相互吸收、融合，并与法家思想共同为维护封建帝制服务。

（三）中国封建社会的社会危机

中国封建社会的经济、政治、文化、社会结构，一方面巩固和维系了中国封建社会的稳定和延续，另一方面也使其前进缓慢甚至迟滞，并造成不可克服的周期性的政治、经济危机。

在中国封建社会的历史上出现过一些"盛世",如汉代的"文景之治"、唐代的"贞观之治""开元之治"、清代的"康雍乾盛世"等。这种局面通常出现在一个朝代的前期。当时的君主吸取历史的教训,能居安思危,轻徭薄赋,厉行改革,所以政治较清明。但是,随着政治腐败、土地兼并等的发展,阶级矛盾日益尖锐,社会发展逐渐陷于停滞状态,直至迫使农民为求生存而不得不举行起义。这些起义在一定程度上冲击了腐朽、黑暗的统治秩序,直接或间接地推动了社会的发展。几乎每个封建王朝都跳不出这个从初期兴起,到逐渐昌盛,再到后期腐败、衰亡的"周期率"。

17世纪下半叶至18世纪,清朝康熙、雍正、乾隆时期是中国封建社会后期的鼎盛时期,但同时也走到了封建社会的末世,潜伏着许多危机,而且闭关自守,故步自封。到了鸦片战争前夜,它已经衰相尽显,与新兴的西方资本主义国家拉开了很大的差距。

本节教学步骤二（15分钟）

二、鸦片战争之前的世界

16世纪至19世纪初,中国还处于封建社会晚期的兴衰更替之时,西方资本主义已经产生、发展,西方殖民主义势力随之向外扩张。14世纪至15世纪,在欧洲地中海沿岸的城市里,出现了资本主义的萌芽。欧洲的文艺复兴运动冲破中世纪神学蒙昧主义的精神束缚,为欧洲资本主义的产生作了思想上的准备。而15世纪的地理大发现,更为欧洲开拓世界市场、发展海外贸易、殖民扩张提供了条件,加速了欧洲资本主义的兴起。

英国从1640年开始资产阶级革命,到1688年通过"光荣革命"确立起君主立宪政体,为本国资本主义的发展开辟了广阔的道路。经过第一次工业革命,英国成为世界上第一个工业化国家。"资本主义如果不经常扩大其统治范围,如果不开发新的地方并把非资本主义的古老国家卷入世界经济的漩涡,它就不能存在与发展。"① 由于本土面积较小,对市场的渴望和对资源占有的贪欲,促使其不断向外扩张,到19世纪初,已经拥有殖民地2000多万平方公里,超过本土的100多倍,号称"日不落帝国"。

18世纪八九十年代的法国资产阶级革命,是资本主义国家中进行的一次彻

---

① 列宁选集:第1卷［M］. 北京:人民出版社,1995:232.

底的革命，推翻了法国的封建秩序，扫除了发展资本主义的障碍，建立起资产阶级专政的政权。工业生产也随之得以迅速发展。到 19 世纪 30 年代后，法国为了开辟新的市场，为了在抢占殖民地过程中占据有利地位，开始加紧向外扩张。

沙皇俄国（沙俄）原来是一个封建农奴制的欧洲国家。16 世纪中叶以后，其国内占统治地位的农奴主、大商人为了掠夺土地和西伯利亚地区的珍贵皮毛，推动沙皇政府对西伯利亚地区进行军事冒险。到 19 世纪 30 年代，其才开始工业革命。沙俄虽然在经济上比较落后，但当时是国际反动势力的主要堡垒，有"欧洲宪兵"之称。它不但疯狂破坏欧洲的革命运动，而且是最早侵略中国的国家之一。早在 17 世纪中叶，它就武装侵入我国的黑龙江流域和贝加尔湖以东地区。1689 年，中俄两国通过谈判订立了《中俄尼布楚条约》，规定了两国东段边界线。但其并不满足，此后一直觊觎中国领土。

美国是后起的资本主义国家。美国曾经是英国的殖民地。在法国大革命爆发的前夕，华盛顿率领北美 13 个州的人民进行了独立战争，建立了美利坚合众国，1783 年得到英国承认，并很快就进行了工业革命。特别是在 19 世纪初叶，美国利用欧洲混战的机会，迅速发展商业，获取巨额利润。在 1805 年，美国商人曾经掌握国际贸易的三分之一。由于其经济发展起点高，很快赶上英国和法国等国家。有了一定实力后，美国也开始实行扩张政策。1835 年，美国组织东印度洋舰队，开始对亚洲执行炮舰政策。

第二节　资本—帝国主义对中国的侵略及近代中国社会的演变

本节教学步骤一（5 分钟）

播放视频资料：《流失海外的国宝——敦煌遗书》

通过观看纪录片，教师引导学生思考作为中华文化瑰宝的敦煌文物流失海外，其中的原因是什么？进而导入新课"资本—帝国主义是如何侵略中国的"。对于这个问题要以具体的历史事实，证明正是资本—帝国主义对中国的侵略导致中国近代贫穷落后。

本节教学步骤二（5分钟）

一、资本—帝国主义对中国的侵略

（一）军事侵略

1. 发动侵略战争，屠杀中国人民

资本—帝国主义列强对中国的侵略和中国封建主义势力对人民的压迫，给中国人民带来了深重的灾难，使中国的经济和社会发展受到了严重的阻碍。

资本—帝国主义对中国的侵略，首先和主要的是进行军事侵略。资本—帝国主义列强以工业革命为基础，依仗先进的军事技术，或者进行武力威胁，或者发动侵略战争，或者武装干涉中国的内政，甚至直接出兵镇压中国革命。

从1840年至1919年的80年间，资本—帝国主义列强发动多次对中国的侵略战争。

（1）五次大规模侵华战争

时间	侵略国家	侵略战争
1840—1842	英国	第一次鸦片战争
1856—1860	英国和法国	第二次鸦片战争
1883—1885	法国	中法战争
1894—1895	日本	甲午战争
1900—1901	英、法、德、意等	八国联军侵华战争

（2）三次边疆入侵

1871年沙俄侵入新疆伊犁，1874年日本进攻台湾南部的军事侵略，1903年至1904年英军入侵西藏。

教学案例：奇怪的战争——日俄战争

1904年到1905年在中国的东北发生日本和沙皇俄国为争夺中国东北权益而进行的一场帝国主义之间的战争，是近代战争史的特例，是两个交战国在第三国家争夺利益而第三国却保持中立的奇怪战争。

明治维新之后，日本政府执行其"大陆政策"，与沙俄推行的"远东政策"发生冲突，日本与沙俄处于战争的边缘。《马关条约》规定割让辽东半岛给日本，引起了沙俄的不满。沙俄为获得不冻港旅顺，控制我国东北地区，联合法、德对日施压，最后中国给日本白银 3000 万两作为"赎辽费"赎回辽东半岛，史称"三国干涉还辽"。对此，日本怀恨在心，伺机报复。逼日还辽不久，沙俄便以"还辽有功"为借口，攫取了在中国东北修筑中东铁路及其支线等特权，又强行向清政府租借旅顺和大连。而日本经过 10 年备战，实力大增，决心在中国东北地区卷土重来，建立霸权，取代沙俄在东北的地位。

1900 年，中国爆发义和团运动，沙俄乘机出兵占领东北全境，企图据为己有，遭到中国人民的坚决反对和世界舆论的指责。日本借机与英国订立反俄军事同盟，要求沙俄撤出在中国东北的占领军。双方谈判没有结果。日本依仗英国的军事支持和英美等国的经济援助，于 1904 年 2 月 8 日派遣海军偷袭停泊在旅顺港外的沙俄太平洋舰队，并击沉在朝鲜仁川的沙俄军舰。日俄两国遂于 2 月 10 日同时宣战。

其时，日本现役兵员 13 个师，20 余万人，海军舰只 152 艘。沙俄实力远较日本强大，但沙俄陆军精锐集中于西部边境，驻扎远东的俄军仅 4 个师，12 万人。沙俄海军分布于太平洋、波罗的海和黑海，而且舰龄较老，战斗力弱。沙俄兵力分散，交通运输不便，如调集重兵来远东作战，需要较长时间，因此利在推迟决战。日本则力图一举夺取日本海和黄海的制海权，利在速战速决。

当时沙俄因国内爆发革命，无心再战；日本由于战争消耗，已筋疲力尽，也急欲结束战争。美国担心日本过分强大，就从中调停。1905 年 9 月 5 日，日俄两国在美国签订了《朴次茅斯和约》，背着中国，擅自在中国东北划分"势力范围"。根据条约，沙俄将过去所霸占我国的库页岛南半部（北纬 50 度以南）及其附近一切岛屿割让给日本，将旅顺、大连及附近领土领海的租借权让给日本。沙俄还承认朝鲜为日本的"保护国"。条约签订后，日俄两国立刻逼迫清朝政府给予承认。1905 年 12 月，在日本的压力下，清政府与日本签订了《中日会议东三省事宜条约》，除了接受日、俄《朴次茅斯和约》中的所有规定外，还额外给日本以某些权益。

这场战争发生在中国，而清政府却宣布中立，说到底，是近代中国长期积贫积弱，资本—帝国主义在中国横行霸道的结果，是资本—帝国主义在中国又一次赤裸裸的武装侵略。

（3）资本—帝国主义在发动侵略战争过程中，屠杀中国人民

教学案例：旅顺大屠杀

1894 年日军制造旅顺大屠杀惨案，在四天之内，屠杀中国居民两万人。

1894 年 11 月下旬，日军攻陷旅顺后，"戕杀百姓四日"，"中兵数群，被其执缚，先用洋枪击死，然后用刀肢解"，"得免杀戮之华人，全市内仅三十六人，然此三十六人为供埋葬其同胞之死尸而被救残留者"。当时目睹日军暴行的西方记者，将日本斥为"蒙文明皮肤，具野蛮筋骨之怪兽"。

1900 年，八国联军攻入北京后屠杀义和团团民和平民。这一次惨案的数字目前没有准确的统计，估计也不可能有准确的数字。

1900 年 8 月，八国联军入侵北京，烧杀抢掠，无恶不作。北京城内，"但闻枪炮轰击声，妇稚呼救声，街上尸骸枕藉……百家之中，所全不过十室"。联军"特许军队公开抢劫三日，然后其继以私人抢劫"。故宫、颐和园、中南海等处的奇珍异宝，国库中数百万两白银，天文台的古铜仪器，翰林院所藏《永乐大典》等数万册珍本图书，都被外国强盗劫掠一空。一般民家被掠去的财产更是无法统计。

八国联军侵占北京后，仅在庄王府一处，就烧死和杀死义和团团民和平民1700 多人。有一队侵略军竟把一群中国居民逼到一个死胡同内，用机关枪扫射，"直到不留一个人为止"。

1900 年沙皇俄国在中国东北制造江东六十四屯惨案。俄军烧光了中国的村庄，杀死和烧死中国居民，把中国居民赶入黑龙江活活地淹死。

2. 侵占中国领土，划分势力范围

资本—帝国主义列强通过侵略战争和进行武力威胁等，割占大片中国领土，强占租借地，强租中国港湾，并且在中国划分势力范围。

资本—帝国主义破坏中国领土完整，可以概括为四个方面。

（1）割占领土

英国：1842 年强迫清政府签订《南京条约》，割占香港。1860 年，又通过中英《北京条约》，割占香港岛对岸九龙半岛南端的九龙司。

葡萄牙：1849 年，武力强占澳门半岛。1887 年，胁迫清政府订立《中葡会议草约》，允许葡萄牙"永驻管理澳门"。

沙俄：利用英法发动第二次鸦片战争的机会，于 1858 年通过胁迫黑龙江将军奕山与之签订《瑷珲条约》，割占黑龙江以北 60 万平方公里领土。1860 年，通过签订中俄《北京条约》，割占乌苏里江以东 40 万平方公里土地。1864 年，强迫清政府签订《勘分西北界约记》，割占中国西北 44 万平方公里领土。1881年，通过《伊犁条约》和 5 个勘界议定书，割占中国西北 7 万多平方公里领土。

日本：1895 年通过《马关条约》，割占中国台湾和澎湖列岛。

（2）划分势力范围

1898 年前后列强强占租借地和划分势力范围：

国家	租借地	势力范围
德国	胶州湾（青岛）	山东
沙俄	旅顺口和大连湾	长城以北
英国	威海卫和新界	长江流域
法国	广州湾	广东、广西、云南
日本		福建

（3）设立租界

帝国主义列强还运用武力或欺诈手段，霸占中国通商口岸的土地，设立完全由外国直接控制和统治的租界。从 1845 年英国租得上海外滩附近 837 亩土地，设立上海英租界开始，至 1911 年，英、法、美、德、日、俄、意、比、奥等国，先后在上海、天津、汉口、广州、福州、重庆等 16 个城市，设立了 30 多个租界。租界里的一切都由外国列强管理，中国的法律在这里不发生效力，俨然是"国中之国"。租界成了"冒险家的乐园"和帝国主义侵略中国的据点。

（4）攫取驻兵特权

通过侵华战争，列强还获得了在中国领土上驻兵的特权。1901 年《辛丑条约》规定，外国军队有权在北京使馆区和北京至大沽、山海关一线包括天津、唐山等 12 处"留兵驻守"。以日本为例，日俄战争后，日本从沙俄手中攫得租自中国的旅顺口和大连湾、长春至旅顺口的铁路及其他有关权益，在旅顺设置"关东总督府"，并派兵驻守上述地区及南满铁路沿线。这支军队后来被称作"关东军"，成了日本侵略中国的先锋。

在外国侵略者的压迫和蹂躏下，中国几乎已经没有独立的主权可言。"四万万人齐下泪，天涯何处是神州？"这是当时爱国志士发出的悲愤呐喊。

3. 勒索赔款，抢掠财富

（1）向中国勒索巨额赔款

资本—帝国主义列强侵略中国、屠杀中国人民，却要中国人民加倍地承担其战争费用。它们向中国勒索巨额赔款，造成中国严重的财政危机，直接破坏和阻碍中国的经济发展。

在第一次鸦片战争期间，英国侵略者就强迫清朝地方政府交纳广州赎城费

600 万银元。其后，通过《南京条约》攫取赔款 2100 万银元。第二次鸦片战争，英法勒索了 1600 万两白银的赔款。日本通过《马关条约》勒索了赔款 2 亿两白银。庚子赔款总额为 4.5 亿两白银，分 39 年还清，本息合计近 10 亿两白银。资本—帝国主义在中国勒索了大量的赔款，造成了晚清政府严重的财政危机，致使中国在近代难以实现现代化，进而进入半殖民地半封建社会。

（2）公开抢劫中国的财富，肆意破坏中国的文物和古迹

晚清到民国初年，中国文物流失海外主要有三个途径：

一是战争期间的公然抢夺，如英法联军对圆明园的掠夺、"八国联军"对清宫珍宝的掠夺。这两次浩劫几乎把明代以来京城的文物精品扫荡一空，其规模之大，无法以数字去统计。

二是多年以来，外国的"探险队""考古队"大批盗取、骗取文物，在对文物集中地区进行"研究""考察""探险"过程中，大肆盗窃，非法挖掘。

三是来华的外国人，如外交官、商人、旅游者甚至学者，通过各种手段如骗买甚至直接盗窃等获取文物。

据中国文物学会统计，从 1840 年鸦片战争以来，因战争、不正当贸易等原因，致使大批中国珍贵文物流失海外。在此期间，超过 1000 万件中国文物流失到海外，其中国家一、二级文物达 100 余万件。

据联合国教科文组织统计：在 47 个国家的 200 多家博物馆中有中国文物164 万件，而民间藏中国文物是馆藏数量的 10 倍之多。这反映了一个接近的数据：在海外的中国文物超过 1000 万件。

这些自诩为"西方文明传播者"的侵略者在中国的所作所为，充分地暴露了帝国主义、殖民主义势力践踏文明的野蛮本性。

二、政治控制

为了统治中国，资本—帝国主义列强在政治上采取的主要方式是，控制中国政府，操纵中国的内政、外交，把中国当权者变成自己的代理人和驯服工具。

（一）控制中国的内政、外交

资本—帝国主义列强对中国政治的控制是逐步实现的。

1. 逼迫中国允许外国公使常驻北京

在第一次鸦片战争时期，外国侵略者还只是通过中国内部的妥协派来对清政府施加压力和影响。在第二次鸦片战争期间，英法联军采取又打又拉的手法，在强迫清政府签订《天津条约》《北京条约》的同时，表示愿意帮助清政府镇

压太平天国，终于使清政府基本屈服。当时西方列强的公使，是以战胜者的姿态进入北京的。他们不是普通的外交官，而是清政府的"太上皇"。外国公使可以在北京直接向清政府发号施令。

2. 北京政变后公开勾结

1861 年"北京政变"之后，仇视列强的顽固派被清除，而与列强交涉的洋务派受到侵略者的赏识。英国公使普鲁斯向政府报告："其表现最可能和外国人维持友好关系的那些政治家掌握政权了。""在北京建立了令人满意的关系，在某种程度上（我们）已成为这个政府的顾问。"

3. 在中国享有领事裁判权

1843 年中英《五口通商章程》规定，在通商口岸，中国人如与英侨"遇有交涉词讼"，英国领事有"查察""听诉"之权。1844 年中美《望厦条约》扩大领事裁判权的范围，即所有美国人在华之一切民事、刑事诉讼"由本国领事等官讯明办理"。外国人可以在中国不受中国法律之管辖。

4. 把持中国海关

把持中国海关，是外国侵略者控制中国的重要手段之一。中国海关的高级职员全部由外国人充任。海关总税务司俨然成了清朝中央政府的最高顾问，而各通商口岸的海关税务司则成了各地方政府的高级顾问。

英国人赫德自 1863 年任总税务司开始，直到 1908 年回国，掌握中国海关大权达 40 余年之久。他曾向清政府提出所谓《局外旁观论》，教训中国政府必须遵守不平等条约。他还帮助英国诱迫李鸿章签订《烟台条约》。中法战争期间，他指使其亲信英籍海关税务司金登干充当中国政府专使，到巴黎与法国签订和约。在《辛丑条约》的谈判中，赫德也起过重要的作用。

（二）镇压中国人民的反抗

1. 组织洋枪队镇压太平军

为了镇压太平天国运动，列强不但向清政府供应军火、船只，而且派外国军官指挥"洋枪队"，甚至直接动用陆海军，对太平军作战。现有史料证明，在外国侵略者武装干涉太平天国革命的同时，一些外国人也参加了太平军。太平天国的领导人称参加革命的外国友人为"洋兄弟"，现代史籍中称之为"洋将"。据史料记载，太平天国的外籍军人有数百人，忠王李秀成手下的洋人志愿军就有 200 人左右。但资本—帝国主义列强并没有因此而对太平军心慈手软。

2. 镇压反洋教斗争

当中国人民掀起反对外国教会侵略的斗争，即发生所谓"教案"时，外国侵略者指使清政府屠杀中国人民，惩办对人民镇压不力的地方官员。1870年发生天津教案，法、英、美、俄等国向清政府提出"抗议"，并调集军舰至大沽口进行威胁。清政府被迫妥协，满足列强的要求。

3. 血腥镇压义和团

义和团运动在山东兴起后，美国公使康格公开要求清政府派袁世凯去山东进行镇压。袁世凯随即采取血腥手段镇压义和团运动。在1901年签订的《辛丑条约》中，帝国主义列强强迫清政府作出永远禁止中国人成立或加入任何反帝组织的承诺。

1901年2月21日清政府接到了帝国主义列强要求处死的12人名单，即：瑞郡王载漪、辅国公载澜、庄亲王载勋、都察院左都御史英年、刑部尚书赵舒翘、山西巡抚毓贤、礼部尚书启秀、刑部左侍郎徐承煜、大学士徐桐、协办大学士吏部尚书刚毅、四川总督李秉衡、陕甘提督董福祥。其中除刚毅、徐桐、李秉衡三人已死，载漪、载澜"定以斩监候罪名……发往新疆，永远监禁，永不减免"，董福祥"事缓办"外，其余的人都令自尽或正法。

（三）扶植、收买代理人

第二次鸦片战争之后，奕䜣、文祥等满族贵族掌握总理各国事务衙门。清王朝的最高统治者慈禧太后在《辛丑条约》签订前夕，表示要"量中华之物力，结与国之欢心"。辛亥革命后，帝国主义列强支持袁世凯篡夺辛亥革命果实；袁世凯死后，又分别扶植皖系军阀段祺瑞、直系军阀冯国璋、奉系军阀张作霖等各派系军阀首领作为自己的代理人，牢牢控制中国的内政。帝国主义势力成为中国权势结构中的重要力量。

三、经济掠夺

资本—帝国主义列强对中国进行经济侵略，除了强迫中国支付巨额的战争赔款外，主要是利用其与清政府签订的不平等条约所赋予的特权，进一步扩大对中国的商品倾销和资本输出，进行掠夺和榨取。

（一）控制中国的通商口岸

鸦片战争前，清政府实行闭关政策，只允许外国商人在广州一地贸易，而且必须经过官方指定的公行即"十三行"进行。1842年《南京条约》规定，开放广州、厦门、福州、宁波、上海5个港口城市为通商口岸。1858年《天津条约》又规定，开放牛庄（后改营口）、登州（后改烟台）、台湾（后定为台南）、淡水、潮州（后改汕头）、琼州、汉口、九江、南京、镇江10个口岸。1860年

《北京条约》又规定增加开放天津为通商口岸。陆路方面，清政府还向沙俄开放伊犁、喀什噶尔等商埠。在这些通商口岸里，外国人依仗不平等条约享有种种特权，控制当地的工商、金融事业，甚至设立租界。这些通商口岸大多成了资本—帝国主义列强在中国进行经济侵略的基地。

（二）剥夺中国的关税自主权

关税自主权是国家重要的经济主权。《南京条约》规定，英国商人进出口货物的税率，要由中英两国"秉公议定则例"，这就开了所谓协定关税的恶例，使中国丧失了海关自主权。从 19 世纪 50 年代起，外国人逐步控制了中国海关的行政权。

关税不自主会给中国人带来什么？

首先，外国廉价商品依仗特权和低税，在中国市场上大量倾销，排挤中国工业品和手工业产品，并获取高额利润。从 19 世纪 50 年代起，外国人逐步控制了中国海关的行政权。中国海关不仅不能起抵制外国商品倾销、保护民族经济的作用，反而成为外国对中国进行经济侵略的一个重要工具。以农业为例，由于外国向中国倾销过剩农产品，中国的一些传统出口农产品如茶叶、生丝等遭到打击，不仅在国际市场上失去了销路，在国内市场上也遭到外国同类产品的排挤，导致了中国传统农业的萎缩和衰败。

其次，一旦外国产品凭借初期的低价优质获得消费者的青睐，大批进入中国，就会导致本国相关行业的萎缩甚至消亡。最终外国产品就会获得垄断。一旦它获得垄断地位，这个时候它绝不会再维持原有的服务态度。试想一下，一个国家国民赖以生存的物资都需要进口的话，它的政治独立性尚存几分？

（三）实行商品倾销和资本输出

1. 基本情况分析

资本—帝国主义凭借不平等条约所赋予的种种特权，把中国变成了它们倾销商品的市场和取得廉价原料的基地。这些都是在中国丧失了独立主权因而处于与外国不平等地位情况下进行的。中国的对外贸易，从 1865 年开始出现入超。在这以后，除 1872 年至 1876 年这 5 年曾一度小量出超外，一直是入超，而且逆差数额越来越大。

资本—帝国主义在中国的商品倾销和资本输出以《马关条约》为界，可以分为两个阶段：《马关条约》签订以前，帝国主义在中国投资的最主要部分是商业掠夺性资本，即投入进出口业以及与商品倾销相关的运输、保险、银行等事业的资本，而非工业资本。《马关条约》签订以后，资本—帝国主义开始在中国大量投资办厂、修铁路、开矿山，但是这些资本主要的不是由外国出资，而是从中国直接掠取的。

2. 学生讨论

近代帝国主义的商品倾销、资本输出与今日中国的引进外资、开发市场有什么不同？

教师总结：

（1）根本不同点是独立自主还是受制于人，是平等还是不平等。在近代的资本输出、商品倾销，是没有主权约束的商品倾销和资本输出。而今天中国的开放市场、引进外资，是有主权约束的；外资进来后，必须遵守中国的法律，必须接受中国政府的管理。如果遇到涉及中国的国家利益需要进行政策调整的时候，可以与贸易对手进行谈判。

（2）背景不同：今日中国民族工业具有一定的国际竞争力，而近代中国的民族工业无法与外国资本抗衡，双方实力相差悬殊。

（3）结果不同：当今的引进外资、开放市场促使经济发展，国力增强，但在近代中国，资本—帝国主义倾销商品、输出资本，造成中国经济极端落后，人民生活极端贫困。

（四）操纵中国的经济命脉

在半殖民地半封建社会的条件下，中国不可能在独立的基础上与外国发生经济往来。帝国主义列强同中国发生经济关系，不是为了推动中国经济的发展，而是为了控制中国经济，为自身获取最大限度的利润。

据统计，近代，中国政府举借的外债总共有230笔，总共有18亿两白银左右，每年还债付息数量就相当可观，并最终导致中国财政的崩溃。中国政府举借外债，主要是以关税和盐税为担保的。这两项收入，是中国政府财政收入的重要来源。清政府的这两项税收每年约4000万至5000万两白银，大部分用于偿付外债，自己只能得到一点"关余""盐余"。帝国主义列强直接控制了这两项税收，就等于扼住了中国财政的咽喉。

总之，帝国主义列强的入侵，使中国在经济上也丧失了独立性，中国成了西方大国的经济附庸。除了沿海、沿江少数城市的经济畸形繁荣以外，中国广大地区特别是农村的经济都濒临破产。外国帝国主义和中国封建主义的联合统治，导致了近代中国经济的落后和人民的贫困。

四、文化渗透

资本—帝国主义在对中国实行军事侵略、政治控制、经济掠夺的同时，还对中国进行文化渗透。其目的是麻醉中国人民的精神，美化帝国主义侵略，宣扬殖民主义奴化思想，摧毁中国人的民族自尊心和自信心。

（一）披着宗教外衣，进行侵略活动

帝国主义的文化渗透活动，有许多是披着宗教外衣，在传教的名义下进行的。

（二）为侵略中国制造舆论

教会报刊基本反映了当时外国侵略者对中国的态度和要求。列强们为了制造侵略有理的舆论，还大肆宣扬"种族优劣论"。

（三）掠夺中国的文化资源

播放视频资料：《敦煌国宝流失》

（四）外国列强对近代中国侵略罪行的小结

1. 从近代中国沦为半殖民地后，外国列强强迫中国签订了大量不平等的条约。

2. 外国列强强迫中国开放许多通商口岸。

3. 外国列强在中国强占的租界有几十处。

4. 据不完全统计，从 1840—1927 年，西方殖民主义者以鸦片走私的卑鄙手段，从中国掠走银圆约 284 亿元。

5. 从 1840—1925 年，西方殖民主义者共贩卖华工 1000 万人左右。不算华工创造的剩余价值，仅以"身价"300 美元计算，此项折合 30 亿美元。

6. 西方帝国主义通过殖民贸易、非法走私及控制外汇和关税等手段，从中国掠夺资财约五六百亿两白银。

7. 两次鸦片战争、中法战争、中日甲午战争、八国联军侵华战争，帝国主义通过战争勒索及抢劫，从中国掠走至少 14 亿两白银。

8. 据粗略统计，1913 年，帝国主义控制中国机械采煤总量的 93%；1925 年，帝国主义全部掌握了中国铁矿石和生铁的生产；1936 年，帝国主义控制了中国内航运输业的 80%；1937 年，帝国主义控制了中国铁路的 90.7%。

近百年，西方帝国主义共从中国掠走大约 1000 亿两白银。

9. 资本主义、帝国主义列强在近代霸占了中国大片领土，包括台湾、东北、西北，共计约 150 万平方公里。

由此，我们可以看出资本天生是追求利润，而利润来自市场。世界近代的历史告诉我们，资本的扩张史是一部西方列强恃强凌弱，以血腥暴力和残酷战争侵略、掠夺和殖民其他国家和民族的历史。资本—帝国主义对近代中国的侵略，给中华民族造成了深重的灾难。为了救亡图存，为了捍卫民族的尊严，中国人民从资本—帝国主义侵华之日起，不屈不挠、前赴后继英勇抗争。

二、近代中国成为半殖民地半封建社会

（一）中国半殖民地半封建社会的基本特征

半殖民地半封建中国的社会性质，体现在近代中国政治、经济、文化和社会的各个领域，两者是密切结合、互相联系的统一整体。

第一，资本—帝国主义侵略势力不但逐步操纵了中国的财政和经济命脉，而且逐步成为支配中国政治的决定性力量。

第二，中国的封建势力日益衰败并同外国侵略势力相勾结，成为资本—帝国主义压迫、奴役中国人民的社会基础和统治支柱。

第三，中国自然经济的基础虽然遭到破坏，但是封建剥削制度的根基即封建地主的土地所有制依然在广大地区保持着，成为中国走向现代化和民主化的严重障碍。

第四，中国新兴的民族资本主义经济虽然已经产生，并在政治、文化生活中起了一定的作用，但是在帝国主义和封建主义的压迫下，它的发展很缓慢，力量很弱，而且它的大部分与外国资本—帝国主义和本国封建主义都有或多或少的联系。

第五，由于近代中国处于资本—帝国主义列强的争夺和间接统治之下，加上中国地域广大，以及在地方性的农业经济的基础上形成的地方割据势力的存在，近代中国各地区经济、政治和文化的发展是极不平衡的。帝国主义国家还分别支持不同的政治势力以分裂中国，使中国各地处于割据状态。

第六，在资本—帝国主义和封建主义的双重压迫下，中国的广大人民尤其是农民日益贫困化以致大批破产，过着饥寒交迫和毫无政治权利的生活。

中国半殖民地半封建社会及其特征，是随着帝国主义侵略的扩大，帝国主义与中国封建势力结合的加深而逐渐形成的。它有一个演变的过程，而且在不同历史阶段和不同地区有所差别。在某些时期，中国的某些地区甚至沦为帝国主义直接统治的殖民地。

（二）社会阶级关系的新变动

随着近代中国从封建社会逐步演变为半殖民地半封建社会，社会的阶级关系也发生了深刻的变动，不仅旧的阶级发生了变化，还有新的阶级产生。

1. 地主阶级的变动

由于近代城市的发展、农民战争的冲击和乡村社会的动荡，有些地主从乡村迁往城市成为城居地主。一部分地主将土地剥削获得的货币投资于资本主义工商业。有的附股外资企业，有的入股洋务企业，有的直接创办或参股民营企业，转化为资本家。不过，大多数地主仍主要依靠地租剥削生活，一些城居地主也往往是兼营土地、高利贷和工商业。农民与地主的阶级矛盾，不仅没有缓和，而且更加激化了。

2. 工人阶级的发展壮大

由于土地兼并的加剧，不少自耕农失去土地，向贫农或雇农转化。有些农民破产或失去土地后流入城市，成为产业工人的后备军。近代中国的农民由于社会地位低下，受压迫、剥削严重，生活状况极度恶化，所以具有强烈的革命要求。他们是中国民主革命的主力军。但是，由于其作为小生产者的保守、散漫、狭隘等阶级局限性，农民单凭自身的力量不可能求得解放，更不可能把反帝反封建斗争引向胜利。

近代中国诞生的新兴的被压迫阶级是工人阶级。它的来源主要是城乡破产失业的农民、手工业者和城市贫民。中国工人阶级最早出现于 19 世纪 40 至 50 年代外国资本主义在华企业中，如船舶修造业、出口加工业和口岸码头等。因此，它是先于中国的资产阶级产生的。在 19 世纪 60 年代后洋务派创办的大型军用工业和民用企业以及 70 年代以后的中国民族企业中，又雇佣了一批工人。早期中国工人阶级人数不多，却是中国新生产力的代表。它深受帝国主义、封建势力、资产阶级三重压迫，工资低、劳动时间长、劳动条件恶劣，受剥削最深，革命性最强，而且它还有组织纪律性强，集中，团结，与广大农民有着天然联系等优点，因此是近代中国最革命的阶级。

3. 资产阶级的诞生和发展

中国资产阶级也是近代中国新产生的阶级。它不是像欧美国家那样，在原有手工业工场比较发达的基础上，由手工业工场主和包买商等演变而成，而是在外国资本主义入侵的影响和刺激下，主要由一些买办、商人、地主、官僚投资新式企业转化而成。近代中国的买办，是半殖民地中国的产物。他们最初是充当通商口岸外国洋行的雇员和代理人，在帮助外国资产阶级积累资本的过程中，通过获取佣金、分红、利息等手段积累财富，并利用与外国侵略势力及封建势力的密切关系，提高自己的政治、经济地位。由于同外国资本主义有较多的接触和了解，他们有的投资附股外国洋行，有的则投资洋务企业或协助洋务派官僚创办和经营企业，也有的直接创办和投资于民族工业。部分中国旧式商人如一些盐商、沙船主、钱庄老板、票号商人等，或经营资本主义商业或投资于洋务企业与民族企业。还有一些华侨商人，在国内投资或回国创办经营新式企业。一些地主、官僚，也开始把从地租剥削和贪污、搜刮积累起来的财富投资于工商业。从 19 世纪 70 年代开始，中国民族资本兴办的新式企业逐步发展起来。

中国资产阶级的来源不同，构成比较复杂。其中有一部分是官僚买办资本家。他们是大官僚与大买办的结合，利用政治特权和与外国资本的紧密联系，在剥削劳动人民和挤压民族资本的过程中，逐渐形成和发展起来的。

中国的民族资本主义经济由于原始积累不足，大多数企业规模小，设备落后，并受到外国资本主义和本国封建主义及官僚买办资产阶级的压迫，发展缓慢，始终未在中国社会经济中占主导地位。

民族资产阶级同外国资本主义、封建主义仍然有着千丝万缕的联系。由于工业不发达，商业畸形发展，工业资本家未能成为资产阶级的主体。有的资本家同时在农村占有大量土地，兼营封建剥削，或者还保留着封建官职、官衔和功名，从而集地主、官僚、企业主的身份于一身。正因为如此，中国的民族资产阶级在政治上表现出两面性。他们与外国资本主义和本国封建主义既有矛盾、斗争的一面，又有依赖、妥协的一面。他们在一定条件下可以参加反帝反封建的革命或者在斗争中保持中立，但是没有革命的彻底性，不可能引导中国的民主革命走向胜利。

三、近代中国社会的主要矛盾和历史任务

鸦片战争前，中国社会的主要矛盾是农民阶级和地主阶级之间的矛盾；之后，中国的社会矛盾变得复杂化了，又增加了外国资本主义与中华民族的矛盾，并且这种矛盾地位越来越突出。毛泽东同志说："帝国主义和中华民族的矛盾，封建主义和人民大众的矛盾，这些就是近代中国社会的主要的矛盾……而帝国主义和中华民族的矛盾，乃是各种矛盾中的最主要的矛盾。"①

为了使中国在世界上站起来，为了使中国人民过上幸福、富裕的生活，就必须推翻帝国主义、封建主义联合统治的半殖民半封建的社会制度，争取民族独立和人民解放；就必须改变中国经济技术落后的面貌，实现国家的富强和人

---

① 毛泽东选集：第 2 卷［M］. 北京：人民出版社，1991：631.

民的富裕。

　　争取民族独立、人民解放和实现国家富强、人民富裕这两个任务，是互相区别又互相紧密联系的。前者为后者扫清障碍，后者是前者的归宿。由于腐朽的社会制度束缚着生产力的发展，阻碍着经济技术的进步，必须首先改变这种社会制度，争得民族独立和人民解放，才能为实现国家富强和人民富裕创造前提，开辟道路。因为不经过反帝反封建的斗争，争得民族独立和人民解放，就不可能推翻帝国主义对中国的反动统治，不可能改变它们控制中国经济财政命脉，利用特权向中国大量倾销商品和输出资本，压迫中国民族工商业发展的局面；就不可能废除封建地主土地所有制和专制政治制度，不可能解放农村生产力，改善农民的生活，扩大民族工商业的国内市场；就不可能达到民族团结、社会稳定，从而集中力量进行经济、文化、教育等各方面的现代化建设，以实现国家的繁荣富强和人民的富裕幸福。

第三节　抵御外国武装侵略、争取民族独立的斗争

本节教学步骤一（5 分钟）

　　道光二十一年二月初六日（1841 年 2 月 26 日），英军大举进攻虎门诸炮台。关天培在孤军无援的绝境下，决心死守阵地。他将自己的财物全部分赠将士，鼓励他们英勇杀敌。他与游击麦廷章等昼夜督战。敌军在占领横档、永安等炮台后，集中兵力进攻靖远和威远炮台。关天培亲燃大炮，与敌激战。敌人自炮台背后进攻，关天培身被数十创，犹持刀拼杀，最后英勇牺牲。游击麦廷章及所部数十人也都壮烈捐躯。

教学步骤二（45 分钟）

一、反抗外来侵略的斗争历程

　　资本—帝国主义侵略、压迫中国人民的过程，同时也是中国人民反抗它们的侵略、压迫的过程。救亡图存，成了一代又一代中国人的神圣使命。为了捍卫民族生存的权利，中国人民在长时间里进行了不屈不挠、再接再厉的英勇斗争。近代风起云涌、波澜壮阔的反侵略斗争，主要包括两大部分，即人民群众

的反侵略斗争和广大爱国官兵的反侵略斗争。

（一）人民群众的反侵略斗争

1. 三元里人民的抗英斗争

1841年5月，英军在广州郊区三元里一带的淫掠暴行，激起当地乡民的义愤，三元里人民与英军展开激烈战斗。三元里人民的抗英斗争，是中国人民第一次大规模的反侵略武装斗争，显示了中国人民不甘屈服和敢于斗争的英雄气概。

2. 太平军多次重创洋枪队

太平天国农民战争后期，太平军曾多次重创英、法侵略军和外国侵略者指挥的洋枪队"常胜军""常捷军"。

3. 台湾人民坚决反抗侵略者

1895年签订的《马关条约》规定，割让台湾全岛及附属的岛屿和澎湖列岛给日本。台北人民闻讯后鸣锣罢市，表示抗议。台湾绅民还发布檄文，表示"愿人人战死而失台，决不愿拱手而让台"，表达了誓与台湾共存亡的决心。台湾人民与总兵刘永福所率领的黑旗军共同抗击日本侵略。吴汤兴、徐骧等指挥的台湾义军及吴彭年、杨泗洪指挥的黑旗军在新竹、彰化、嘉义、台南等地与日军激战，许多人英勇牺牲。从1895年6月至10月，台湾军民浴血奋战，抗击了日本两个近代化师团和一支海军舰队，日军死伤32000多人。台湾军民为保卫祖国神圣领土，写下了可歌可泣的一页。此后，在日本占据台湾的半个世纪里，台湾人民反抗日本侵略者的斗争从未间断过。

4. 义和团与八国联军拼死鏖战

播放视频资料：《义和团运动》

（二）爱国官兵的反侵略斗争

爱国官兵在历次反抗外国侵略的战争中，表现了英勇顽强的战斗精神，并在一些战役中取得了胜利。

在第一次鸦片战争期间，广东水师提督关天培、总兵葛云飞、郑国鸿、王锡鹏，江南提督陈化成，副都统海龄英勇抗敌而牺牲。

第二次鸦片战争期间，提督史荣椿、乐善以身殉国。

1884年8月法舰进犯台湾基隆，10月又进犯淡水，刘铭传指挥守军击退法军。老将冯子材于1885年3月，在中越边境镇南关，身先士卒，率部勇猛冲杀，大败法军，取得镇南关大捷。

中日甲午战争期间，致远舰管带邓世昌、经远舰管带林永升、北洋水师提督丁汝昌、总兵刘步蟾等，英勇抗敌，以身殉国。

八国联军侵华战争期间，直隶提督聂士成等清军将领英勇抗敌，以身殉国。

二、粉碎瓜分中国的图谋

（一）边疆危机和瓜分危机

1. 背景

19世纪70至90年代，资本主义由自由竞争向垄断过渡，出现了列强夺取殖民地的狂潮，成为"世界史上最大规模的掠夺领土的时代"。在这个世纪的最后30年里，欧洲列强在非洲的殖民地，从占非洲土地的10.8%扩张到占94.4%。列强基本上把非洲瓜分完毕。亚洲也大部分被列强瓜分。中国这个还保存着名义上独立的半殖民地国家，成了尚未被瓜分的"仅有的富源"中的最重要的部分。因此，列强展开了对中国的激烈争夺，并酝酿着瓜分中国的阴谋计划。

2. 边疆危机

国家	英国	法国	俄国	日本
入侵地	西藏、云南	广西	新疆	琉球、台湾

3. 三国干涉还辽

《马关条约》规定把中国台湾、澎湖列岛和辽东半岛割让给日本，更大大刺激了帝国主义列强瓜分中国领土的野心并激化了列强争夺中国的矛盾。沙皇俄国认为，日本割取辽东半岛损害了俄国在中国的侵略利益，便联合法国和德国共同干涉还辽，迫使日本放弃了割占辽东半岛的要求。日本则以再向中国勒索3000万两"赎辽费"作为补偿。俄、德、法三国又以干涉还辽"有功"为由，要求租借中国港湾作为报酬。由此，德、俄、英、法、日等国于1898年竞相租借港湾和划分势力范围，掀起了瓜分中国的狂潮。

（二）列强瓜分中国图谋的破产

帝国主义列强并没有能够实现瓜分中国的图谋。其原因何在？

首先，一个重要原因是帝国主义列强之间的矛盾和互相制约。列强经过反复争吵、协商，最后认定，还是暂缓瓜分中国，而采取保全清政府为其共同的统治工具，实行"以华治华"，对自己更为有利。"三国干涉还辽"即是很好的明证和注解。

其次，帝国主义列强不能灭亡和瓜分中国，最根本的原因，是中国人民进行的不屈不挠的反侵略斗争。在义和团反帝爱国运动时期，中国人民以不畏强暴、敢与敌人血战到底的英雄气概，打击和教训了帝国主义者，使列强不敢为所欲为地瓜分中国。

所以，正是包括义和团在内的中华民族为反抗侵略所进行的前赴后继、视死如归的战斗，从根本上粉碎了帝国主义列强灭亡和瓜分中国的图谋。

三、反侵略战争的失败与民族意识的觉醒

（一）反侵略战争的失败及其原因

从1840年至1919年的80年间，中国人民对外来侵略进行了英勇顽强反抗，这些斗争具有重大的历史作用。但是历次的反侵略战争，都是以中国失败、中国政府被迫签订丧权辱国的条约而告结束的。其原因，从中国内部因素来分析，主要有以下两个方面：一是社会制度的腐败，二是经济技术的落后。而前者则是更根本的原因。正是由于社会制度的腐败，才使得经济技术落后的状况长期得不到改变。

1. 社会制度的腐败

（1）吏治和军队腐败

1840年以后统治中国的清王朝，从皇帝到权贵，大都昏庸愚昧，不了解世界大势，不懂得御敌之策。许多官员贪污腐化，克扣军饷。不少将帅贪生怕死，临阵脱逃。

清末吏治腐败主要表现在：官僚机构膨胀，吏治黑暗，大小官吏贪污成风，营私舞弊，贿赂公行。社会上广泛流行"文官三只手，武将四条腿"的说法。

（2）战争指导思想错误

在中法战争后期，1885年3月，爱国将领冯子材指挥清军大败法军，取得镇南关大捷，使法国侵略者处于内外交困的境地。法国茹费理内阁还为此而垮台。可是清政府当权者却力主避战求和，竟以此为和谈资本，加紧妥协求和活动，接受法国条件，签订《中法新约》，并下令前线清军停战撤兵。中法战争最终以"中国不败而败，法国不胜而胜"而告结束。

（3）不谙世界大势

鸦片战争期间，清朝的最高统治者道光皇帝，对战争对手英国竟然一无所知，甚至仗打了一年多连英国与俄国是否接壤也不知道，对于英国为什么由一名年轻的女性统治全国无法理解，甚至怀疑来侵略中国的英国官员并不是由英

国女王任命的。清朝的一些官员、将领甚至认为英国的大炮有邪术，对英国军队的战略战术是完全不知道，当然就找不出对付的办法。

就是到了甲午战争之际，由于统治者安于享乐，不了解日本的最新态势，对日本军国主义的发展状况几乎一无所知，所以没有拿出最主要的财力进行近代工业的建设，特别是没有注意近代海军的建设，导致中国北洋海军的实力由强转弱；战争爆发后，大小官员考虑的头等大事不是如何抵抗外敌，而是给皇太后送什么礼物。日军攻陷大连之日，慈禧太后却照样在宫中升殿受贺，大宴群臣，还让皇帝与大臣们陪坐听戏，不问国事。指挥战争的李鸿章为了保存自己控制的北洋海军和淮军的实力，消极避战，积极求和。清政府还下令不许接济和支援台湾军民的浴血抗战。在这种情况下，中日甲午战争最后只能以中国的失败而告终。

很明显，吏治和军队腐败、战争指导思想错误、不了解世界大势只是外在的表现而已，最根本的还是在于社会制度。腐朽的半殖民地半封建的社会制度，阻碍了中国人民群众的广泛动员和组织，这是近代中国反侵略战争屡遭失败的最重要的原因。

2. 经济技术的落后

近代中国反侵略战争失败的另一个重要原因，是国家综合实力特别是经济技术和军事能力的落后。

（1）武器装备落后

就武器装备来看，鸦片战争时期多数清兵尚使用刀、矛、弓箭等冷兵器，火器也不过是用火绳点放的鸟枪、抬枪，炮台所用大炮有些还是明末制造的。而英军则普遍使用步枪，大炮则可打霰弹、开花弹，杀伤力强。中国水师的战船都是木船，吨位小，载炮少，经不起风浪，难于在远洋作战。而英国舰队帆船吨位大，载炮多，还拥有少量蒸汽动力的轮船。

（2）军队素质极差

再就军队的素质和战斗力来看，清军技战术落后于时代。相对而言，英军训练有素，海军、步兵、炮兵、工兵各军兵种协同作战，战斗力较强。

（3）指挥艺术缺乏

经济技术的落后还表现在对近代军事指挥上，清军军官不通近代战争的指挥艺术，不了解近代战争的规律和特点，对世界新式武器的掌握就更有限了。李鸿章任命丁汝昌统领北洋水师。而丁汝昌原为陆军将领，对海战就不太了解，所以指挥无方。

今天，我们指出经济技术的落后是中国反侵略战争失败的重要原因，并不意味着经济技术落后的中国就不应当进行反侵略战争或在战争中一定打败仗。因为武器不是战争的决定因素，人是决定的因素。而当时的中国，不仅武器装备等很落后，而且反动统治阶级实行错误的方针、政策，并压制人民群众的动员。中国的反侵略战争一再失败，才是不可避免的。

（二）民族意识的觉醒

鸦片战争的失败，在死水一潭的中国封建社会激起轩然大波。严酷的现实，引起了有识之士的反省：不但大刀、长矛抵挡不住外国坚船利炮的轰击，古老的思想文化也抵挡不住西学的传入；要救国，只有维新；要维新，只有学习西方。

先进的中国人学习西方，经历了一个逐步演进和深化的过程，首先是睁眼看世界，然后经历由物质层面到政治制度再到思想文化的艰辛探求和艰难跋涉的历程。

1. "睁眼看世界"到"师夷长技以制夷"

播放视频资料：《开眼看世界》

2. 物质层面的学习

地主阶级中较为开明的洋务派提出了"中体西用"，即采用西方先进技术的"用"，来维护已经完全不适应生产力发展的中国封建制度的"体"，并由此发起了历时三十多年的洋务运动。

3. 制度层面的学习

严复是宣传资产阶级政治学说的著名思想启蒙家。他翻译了英国著名生物学家赫胥黎的《天演论》，认为"物竞天择，适者生存"的生物进化规律同样适用于解释人类历史的发展。他指出：根据这个规律，中国如果拒绝变革，就将被先进的西方民族所淘汰。继之而起的以康有为、梁启超为代表的资产阶级维新派和以孙中山为代表的资产阶级革命派都积极宣传并力图在中国实现西方资产阶级政治学说。

4. 思想文化层面的学习

辛亥革命后的新文化运动提倡民主、科学，打击、动摇了封建思想文化的权威地位，破除了封建教条对人们思想的严重束缚，开启一场民主主义的思想启蒙运动。先进的中国人为了挽救民族危机，向西方寻求真理，给后人留下了理性的反思和深刻的思想启迪。

民族危机激发了中华民族的觉醒，增强了中华民族的凝聚力。中国自古以来"天下兴亡，匹夫有责"的优良传统得到发扬升华，救亡图存成了时代的主旋律。孙中山喊出了"振兴中华"的时代最强音。

甲午以后的戊戌维新、辛亥革命、五四运动都是在救亡图存、振兴中华这面爱国主义大旗下发生的。正是这些斗争和探索使中华民族看到了新的出路，标志着中华民族的进一步觉醒。

【思考并讨论】

近代历史上资本—帝国主义对中国侵略所带来的双重影响。

（学生讨论发言后，教师总结）

历史事实充分证明了资本—帝国主义对近代中国的侵略，给中华民族带来了深重的灾难。当然，我们不能否认，资本—帝国主义在对近代中国侵略的过程中，将西方资本主义的生产方式等捎带到了中国，并对近代中国的历史变化产生了一定的影响。但是对这种"捎带"及其所产生的影响必须有一个正确的认识。

第一，从主观动机与客观效果关系的角度。英国发动鸦片战争和资本—帝国主义列强侵略中国的主观动机都是要掠夺、压迫中国，企图把中国变成其殖民地或半殖民地。这完全是由它们"极卑鄙的利益所驱使的"，而绝不是为了给中国带来"近代文明"，帮助中国变成独立富强的现代化国家。但是，我们也应该承认列强在实现其利益和目的的过程中所带来的客观效果，如瓦解中国的封建自然经济，把中国卷入世界市场和世界资本主义的发展，为中国资产阶级、无产阶级、新型知识分子的产生创造了物质前提。这就是马克思所说的殖民主义充当了"历史的不自觉的工具"，具有破坏性和建设性的"双重使命"。

第二，从正义和非正义、是非善恶的道德角度。英国发动鸦片战争以及资本—帝国主义列强侵略中国是非正义的。它们向中国走私毒品鸦片，贩卖人口，发动战争，运用各种手段掠夺、屠杀、压迫、剥削中国人民，这些都是极其野蛮的、可耻的、不道德的罪行。因此决不能因其有"双重使命"客观效果而替资本—帝国主义侵略辩护、美化甚至评功摆好。

第三，从生产力和生产关系的角度。即使殖民主义有所谓"建设性使命"，为中国资本主义创造了物质前提，但这也使中国人民付出了极大牺牲和痛苦的代价，使中华民族遭受了"流血与污秽"，蒙受了"苦难与屈辱"。资本—帝国主义的侵略正是近代中国落后贫困的根源，也是中国实现独立、民主、富强和现代化的最大障碍。资本—帝国主义为了其自身利益，在把西方资本主义生产方式传入中国的同时，又有意保留中国的封建生产关系，扶植中国封建势力，阻碍中国民族资本主义的发展，并使中国走上半殖民地经济畸形发展道路。更重要的是：中国采用资本主义生产方式和物质文明所产生的成果和利益，绝大多数中国人民是享受不到的。因此中国人民必须首先通过革命推翻帝国主义和封建主义的统治，争取独立和民主，否则是不可能真正实现中国的富强和现代化的。

推荐阅读：

1. 马克思：《英人在华的残暴行动》（1857 年 3 月）。
2. 列宁：《对华战争》（1900 年 9—10 月）。
3. 毛泽东：《把我国建设成为社会主义的现代化强国（一）》（1963 年 9 月）。
4. 孙中山：《檀香山兴中会章程（节选）》（1894 年 11 月 24 日）。
5. 陈旭麓：《近代中国社会的新陈代谢》，上海人民出版社 1992 年版。
6. 萧致治：《鸦片战争与近代中国》，福建人民出版社 1996 年版。

【教学小结】

教学效果分析：

通过这一章的教学，学生基本能够把握近代中国历史发展的两条基本脉络，认识资本—帝国主义侵略给中国人民所带来的深重苦难，深刻领会近代中国所面临的争取民族独立、人民解放和实现国家富强、人民富裕这两项基本任务的历史根源和现实要求，并在此基础上进一步认识和了解国情，增强爱国主义意识和历史使命感。

教学经验：

首先，抓住两条基本线索，将教学内容条理清晰地传授给学生；其次，将网络资料、视频资料等感性材料巧妙地穿插于教学过程中，不仅易于激发学生的学习兴趣，更有利于引导学生思考历史与现实的紧密关系；再次，通过大量史实和古今对比，培养学生运用历史唯物主义和辩证唯物主义的科学方法理解历史现象，分析现实问题。

改进措施：

针对本章与现实的紧密联系，如近代通商口岸、外债与今天口岸开放、引进外资的区别，以及殖民主义"双重使命"等问题，在课后带领学生参观相关爱国教育基地，指导学生在实践中进一步思考，深入理解。

第二章

对国家出路的早期探索

【教学简况】

授课对象：大学一年级本科生。

学时安排：课堂教学 3 学时。

教学目的：通过讲授太平天国农民战争的历史意义、失败原因和教训，使学生认识到单纯的农民战争不可能完成争取民族独立和人民解放的历史任务；通过讲授洋务运动的历史意义、失败原因和教训，使学生认识到洋务运动不可能为中国摆脱贫弱找到出路；通过讲授戊戌维新运动的历史意义、失败原因和教训，使学生认识到封建统治者走自上而下的改良道路在根本上行不通。

重点难点：

1. 太平天国失败的原因和历史意义；

2.《天朝田亩制度》和《资政新编》的评价；

3. 洋务运动的评价和失败的原因；

4. 维新运动的性质和历史意义、失败的原因。

学习思考：

1. 如何认识太平天国农民战争的意义和失败的原因、教训？

2. 如何认识洋务运动的性质和失败的原因、教训？

3. 如何认识戊戌维新运动的意义和失败的原因、教训？

【教学过程】

教学内容设计：本章分三节。第一节农民群众斗争风暴的起落，计划用 1 学时；第二节地主阶级统治集团"自救"活动的兴衰，计划用 1 学时；第三节维新运动的进行和夭折，计划用 1 课时。

教学步骤：本章第一节通过两个步骤讲解农民群众斗争风暴的起落；第二节通过两个步骤讲解地主阶级统治集团"自救"活动的兴衰；第三节通过两个步骤讲解维新运动的进行和夭折。

教学组织：教师讲授、案例分析、课堂讨论。

板书设计：多媒体课件与黑板辅助板书结合。

教学方法：教师体系讲授、学生讨论相结合。

导入（2分钟）

19世纪中叶以来，随着洋人坚船利炮出现在中国海岸线，早期中国先进知识分子开始了对西方夷人的再认识，提出了"师夷长技以制夷"的策略。两次鸦片战争、中法战争、甲午战争、庚子事变成为中国民族危机日益加深的坐标轴。与外部民族危机相对应，中国内部的社会危机自18世纪晚期以来日益显现。

第一节　农民群众斗争风暴的起落

本节教学步骤一：导入（5分钟）

播放电视剧《水浒传》生辰纲片段，由此总结中国历史上的农民起义，如秦末陈胜吴广起义、明末李自成起义，原因主要有人地矛盾、上层建筑开支大、政治腐败。

本节教学步骤二（45分钟）

一、太平天国农民战争

（一）太平天国农民战争爆发的历史背景

1. 封建地主的地租剥削

中国地主平均地租率高达50%，农民生活负担重。由于地主阶级贪婪无厌地积累财富，出现了土地兼并的现象、商业与高利贷发达的现象。

2. 封建政府的沉重赋税

鸦片战争以后，为支付对列强的巨额赔款，同时也为了弥补财政亏空，清政府加重了赋税的征收科派。

3. 西方资本主义的殖民掠夺

鸦片战争后，中国逐渐沦为半殖民地半封建社会。西方列强凭借《南京条约》等一系列不平等条约，从政治、经济各方面大肆侵华。清政府将大笔军费和巨额赔款全部转嫁给劳动人民。由于五口通商，外国的工业产品涌进中国，质高价廉的工业产品，排斥了中国传统的家庭副业和手工业，使东南沿海地区的农民和手工业者纷纷破产，失去生计。特别是两广地区，由于受到鸦片战争的直接冲击，社会动荡更为激烈。

（二）金田起义和太平天国政权的建立

民族矛盾的加剧激化了国内阶级矛盾。农民饥寒交迫，纷纷揭竿而起。鸦片战争后十年间，反清起义达100多次。广西是多民族聚居区，清朝统治者对广大少数民族的民族压迫和阶级剥削十分严酷；又加以天灾人祸，广大农民苦不堪言，反抗斗争此伏彼起，在道光三十年末爆发了洪秀全领导的大规模的太平天国农民起义。

洪秀全被《劝世良言》中的单一神权思想和基督教的平等观所吸引，把基督教的平等观和中国农民的"天下太平""人人平等"的平均思想结合起来，从农民阶级的要求和利益出发，先后撰写了《原道救世歌》《原道醒世训》《原道觉世训》。

冯云山在紫荆山区的广大贫苦农民和烧炭工人中，宣传反清思想，开展拜上帝会的发动组织工作。1849年，拜上帝会众已达万余人。拜上帝会组织遍及浔州、林州各县和广东信宜、高州等地。1850年前后，拜上帝会与地主团练的冲突日趋尖锐。太平天国农民起义就是在这样的形势下酝酿和发动的。

道光三十年六月（1850年7月），洪秀全发布团营令，各地拜上帝会众1万多人云集金田，声势大振。1850年末至1851年初，由洪秀全、杨秀清、萧朝贵、冯云山、韦昌辉、石达开组成的领导集团经过筹备，在广西金田村组织团营，以武力对抗清王朝。洪秀全在金田村庄严宣告起义，后建国号"太平天国"，封五军主将，并颁布简明军律。全体将士蓄发易服，头裹红巾，从金田开始了轰轰烈烈的太平天国运动。

永安建制：太平军向东南发展受阻后转至武宣。3月23日，洪秀全在武宣东乡自称"天王"，并分封杨秀清为中军主将，萧朝贵为前军主将，冯云山为后军主将，韦昌辉为右军主将，石达开为左军主将。5月16日由东乡突围北上象州，因遭清军堵截，折回金田地区，被包围。9月下旬，突围北上攻占永安（蒙山），粉碎清军围攻。太平军在永安一面抗击清军进攻，一面进行军政建设。12月，天王洪秀全封杨秀清为东王，萧朝贵为西王，冯云山为南王，韦昌辉为北王，石达开为翼王；所封各王，俱受东王节制。

突围北上：1852年4月5日，太平军自永安突围，攻桂林不下，转攻全州，冯云山中炮身亡。后折入湖南道州（道县），整顿队伍，增修战具；制备军火，并作出"专意金陵，据为根本"的战略决策。8 月 10 日弃道州东进，占郴州，建立"土营"。9 月，攻长沙，萧朝贵阵亡。12 月，占岳州（岳阳），建立水营。1853 年 1 月，攻占武昌，震动清廷。2 月 9 日，洪秀全等率领号称 50 万众、船 1 万余艘，夹江东下，连克九江、安庆、芜湖，势如破竹。3 月 19 日占领江南重镇江宁（南京），定为都城，改称天京；旋派军两支攻占镇江、扬州，与天京形成掎角之势。

定都天京：太平军攻占江宁后不久，钦差大臣向荣率万余清军在天京城东建立江南大营，阻扼太平军东出苏、常；钦差大臣琦善率万余清军在扬州外围建立江北大营，遏止太平军北上中原，拟南北配合，伺机夺占天京。洪秀全、杨秀清决定固守天京，同时派兵北伐京师、西征长江中游。

出师北伐：1853 年 5 月 13 日，天官副丞相林凤祥和地官正丞相李开芳等率领 2 万余太平军由浦口出发，奉命"师行间道，疾取燕都"。太平军经安徽、河南、山西、直隶（河北）长驱北上，于 1853 年 10 月 29 日进抵天津西南的静海、独流镇，驻守待援。清廷震惊，以胜保为钦差大臣，后又任命惠亲王绵愉为奉命大将军、科尔沁郡王僧格林沁为参赞大臣，会同胜保"进剿"。北伐军陷于清军重兵包围之中，时值隆冬，军资缺乏，援军不至，处境日艰，被迫于 1854 年 2 月 5 日突围南走束城，旋又至阜城。清军紧追不舍，北伐军再度被围。洪秀全、杨秀清得知北伐军抵达天津附近时，才考虑派军增援。

1854 年 2 月 4 日，夏官又副丞相曾立昌、冬官副丞相许宗扬等统率北伐援军 7500 人，从安庆出发，经皖北、苏北，直入山东。4 月 12 日克临清，旋遭胜保部围攻，27 日在南退途中溃散覆灭。5 月天京再组援军未果，北伐军遂陷于孤军作战。林凤祥、李开芳得知援军北上，于 5 月 5 日由阜城突围东走，占领东光县连镇。为分敌兵势，迎接援军，李开芳率千余骑于 28 日突围南下，占据山东高唐；获悉北伐援军已败，乃筑垒固守。北伐军兵分两地，势更孤单。

1855 年 3 月 7 日，连镇被僧格林沁攻陷，林凤祥被俘。僧格林沁旋南下会胜保军猛攻高唐。李开芳突围南走茌平县冯官屯。5 月 31 日，冯官屯在僧格林沁引水浸灌下失守，李开芳被俘。北伐军将士英勇善战，但由于战略上犯了孤军深入的兵家大忌，终致全军覆没。

领军西征：在北伐的同时，1853 年 6 月 3 日，春官正丞相胡以晃、夏官副丞相赖汉英等率战船千余艘，步军两三万人，由天京溯江而上，开始西征；意欲夺取皖赣，进图湘鄂，控制安庆、九江、武汉等军事要地，以屏蔽天京。10 日西征军占领安庆，旋进围南昌，攻城 80 日未下，撤围北返。石达开至安庆主持西征战事，集中兵力进攻皖北，于1854年1月14日攻克庐州（合肥）；继率师西攻，于黄州堵城大败清军，乘胜再占汉口、汉阳，进围武昌。同时，分军两支向鄂北、湖南进军。与曾国藩所率湘军战于岳州、湘潭和靖港，失利退出。湘军乘势陷武汉，并突破太平军田家镇、半壁山防线；1855年1月，兵锋直逼九江。为阻遏湘军攻势，石达开率军驰援，于湖口、九江大败湘军水师，一举扭转不利战局；旋乘胜反攻，再克武汉三镇。清廷为挽救败局，调集兵力围攻武汉。西征军与湘军在武汉周围激烈争夺。1855年10月上旬，曾国藩自江西遣军援鄂，武汉形势危急。石达开又率部西上，败湘军于咸宁、崇阳，并乘虚挺进江西，连占7府40余县，困曾国藩于南昌。1856年3月，石达开奉命率主力回救天京，西征作战结束，基本实现预定战略目标。自太平军北伐、西征后，天京一直处于清军江南、江北大营的包围之中。1853年12月，太平军弃守扬州，江北仅占瓜洲。1854年夏，清军自广东调50艘"红单船"驶抵天京江面，天京上下游交通受阻。1855年8月，芜湖失守，镇江危急，天京外围的军事形势日趋严重。是年底，洪秀全、杨秀清决定从西征战场调兵回救。1856年2月，燕王秦日纲率数万人自天京援镇江，北渡瓜洲，4月攻破江北大营，重占扬州，旋又南渡，连破镇江外围清军营垒后撤回天京。石达开率部从江西前线赶回。太平军兵力更厚，6月攻破江南大营。向荣败走丹阳，不久忧愤而死。至此，天京所受到的威胁基本被解除。

（三）从天京事变到太平天国的失败

天京事变是1856年太平天国领导集团的一次公开的分裂。定都天京以后，太平天国主要领导人之间嫌隙日生，杨秀清、韦昌辉、石达开等各自结成自己的势力集团，争权夺利。东王杨秀清掌握大部分军政实权，其骄傲专横的作风加剧了他和洪秀全、韦昌辉、石达开、秦日纲等的矛盾。1856年清军江南大营被打垮之后，杨秀清逼迫天王洪秀全到东王府封其为万岁。洪秀全密令韦昌辉和石达开回部对付杨秀清。韦昌辉接令后立即率兵回天京，包围东王府，诛杀杨秀清及其眷属，在天京城内制造大屠杀，实行恐怖统治，并杀死石达开全家老小。石达开逃往安庆。韦昌辉的屠杀和暴虐统治激起了天京将士的愤怒，石达开也要求洪秀全惩办韦昌辉。洪秀全遂于11月初处死韦昌辉及其心腹200多人。11月底，石达开回天京，洪秀全命他掌管政务，但是对其心存疑忌，加封自己兄弟为王，处处牵制石达开。1857年6月石达开率部出走，1863年5月陷入清军包围，全军覆灭。天京事变使太平军元气大伤，并丧失了乘胜歼灭敌人的有利时机，是太平天国由盛转衰的转折点。

1864 年 6 月，洪秀全病逝，幼天王洪天贵福继位。1864 年 7 月 19 日，湘军轰塌天京太平门附近城墙 10 余丈，蜂拥入城，其他方向的湘军也缘梯而入，城内太平军或战死，或自焚。天京的陷落，标志着太平天国农民战争的失败。但分散在长江南北各个战场上的数十万太平军，仍英勇顽强地抗击清军的进攻。

（四）主要纲领性文件《天朝田亩制度》和《资政新篇》

《天朝田亩制度》初颁于 1853 年，是体现太平天国社会理想的纲领性文件。它的基本精神是建立一个"有田同耕，有饭同食，有衣同穿，有钱同使，无处不均匀，无人不饱暖"的理想社会。《天朝田亩制度》是农民阶级对地主土地所有制的否定，反映了广大农民强烈反对地主阶级残酷剥削的要求，以及获得土地、追求平等平均的理想社会的渴望，具有反封建的意义。但是，《天朝田亩制度》体现了农民的绝对平均主义思想。它把农业和家庭手工业相结合的自给自足的自然经济理想化、固定化，与社会发展的总趋势相悖离，不可能使社会生产力向前发展。

《资政新篇》，洪仁玕撰，1859 年（咸丰九年）刊行。洪仁玕于 1859 年 4 月被封为干王，总理全国政事。他向洪秀全提出了一个改革内政和建设国家的新方案——《资政新篇》，经洪秀全批准后，作为官方的文书正式颁行，是太平天国后期的重要文献。《资政新篇》具有鲜明的资本主义色彩，是近代中国的先进人士最早提出的发展资本主义的近代化纲领，集中反映了当时先进的中国人向西方寻找真理和探索救国救民道路的迫切愿望，但由于农民阶级自身的局限性以及没有付诸实施的客观环境和条件，对太平天国运动的发展未产生显著作用。

二、农民斗争的意义和局限

（一）太平天国的历史意义

第一，沉重打击了封建统治阶级，强烈撼动了清王朝的统治根基。

第二，是中国旧式农民战争的高峰，具有不同于以往农民战争的新的历史特点。

第三，打击了孔子和儒家经典的正规传统，在一定程度上削弱了封建统治的精神支柱。

第四，沉重打击了外国侵略势力。

第五，冲击了西方殖民主义在亚洲的统治。

（二）太平天国失败的原因和教训

1. 失败原因

第一，农民阶级不是新的生产力和生产关系的代表。他们无法克服小生产者所固有的阶级局限性。农民阶级有先天局限。太平天国起义带有旧式农民战争的烙印。农民阶级的分散性、守旧性，以及眼光短浅等毛病，在太平军中都有突出表现。许多太平军将士参加革命都是出于生活所迫，希望改变贫穷落后的经济地位。用太平天国名将李秀成的话说，当时太平军将领号召"凡拜上帝之人不必畏逃"，可以"同家食饭"。这和旧式农民起义者的动机是一致的。许多太平军将士在参加革命队伍时，就是抱着当将军、当丞相的目的来的。太平军将领也用这些来鼓动士兵英勇作战。例如，洪秀全在永安突围时，号召"男将女将尽持刀，同心放胆杀清妖"，因为这样做了，就能"脱尽凡情顶高天，金砖金屋光焕焕，高天享福极威风，最小最卑尽绸缎，男着龙袍女插花"。这样的许愿在杨秀清发布的布告中也出现过。为了达到这些不太清晰的目标，他们作战非常勇敢，不惧牺牲。他们付出的代价是惨重的，但最终归于失败。这是历史的规律，也是历史的局限。正是因为这样，历史上再高明的农民领袖也只能沿着封建政权的轨道行事。洪秀全本来是要建立一个新朝代新国家，但在永安封王时连一个合适的名称也找不到，只好"姑从凡间歪例"，把左辅、右弼、前导、后护各军师都封王，称为王爷，并相应地制订《太平礼制》来规定各级官员的尊卑和特权。洪秀全还在《天父诗》中公开宣扬封建道德中的三纲五常，说什么"只有媳错无爷错……只有臣错无主错"。由于历史和阶级的局限，政权形式一经沿着封建政权的轨道走下去，性质就变了，领导人的思想就变了，就失去了对革命事业的支撑力量。

第二，拜上帝教教义不是科学的思想理论。它不仅不能正确指导斗争，而且给农民战争带来了危害。神权左右皇权导致核心矛盾。历代农民起义常披着宗教外衣，即以神的意志和形式来发动群众、组织群众。例如，张角以太平道为号召，朱元璋信奉白莲教，等等。当这些宗教组织演化成农民起义，特别是建立了农民政权，或农民起义领袖称王称帝之后，一般都放弃宗教组织，专心夺取政权或发展革命势力。朱元璋称帝之后，立即取缔白莲教，禁止其活动。而在建都天京之后，洪秀全仍然依赖拜上帝教，教权就成了争权夺利的工具。洪秀全既是拜上帝教的教主，又是太平天国的天王。作为教主，他虽然享有至高无上的地位，但他却失去替天父、天兄传言的权利。金田起义前，出于革命斗争形势的需要，杨秀清代天父下凡，援救了革命，洪秀全只好加以承认。杨秀清作为天父的代言人，可以随时制约洪秀全。洪秀全作为天王，却没有实际权力。这就使杨秀清的权力过大，形成权力不能集中于洪秀全的局面。其实，洪秀全并不是没有解决这个问题的机会。假若在金田起义或永安封王时就取消拜上帝教，一切按新建立的组织行使职能，杨秀清代天父传言的资格就自然消失了，洪秀全作为天王的权力就能集中。由于王权和神权并行，神权实际上又高于王权，而神权又落在杨秀清手中，这就必然造成洪秀全和杨秀清的矛盾，而两人的矛盾又必然要延伸到太平天国领导集团之中。天京事变后，由于原先的天兄代言人萧朝贵在长沙牺牲，天父代言人杨秀清又在事变中被韦昌辉所杀，所谓天父、天兄人格化本来就是个骗局，杨秀清被杀更是骗局的暴露，太平天国出现了空前的信仰危机。洪秀全向教徒灌输的是上帝"无所不在、无所不知、无所不能"，而天父代言人被袭杀时并没有显示出这些权能，人们自然不会和先前一样，虔诚地去信所谓的皇上帝了。严重的信仰危机，导致分散主义滋生，使太平天国一步一步走向低谷，难有回天之力。

第三，腐败从根本上动摇了太平天国政权的根基。太平天国的腐败是和建都天京同时产生的。尽管洪秀全曾经提出要建立一个没有以强凌弱、尔虞我诈的公平世界，鼓吹凡天下男子皆为兄弟、凡天下女子皆为姊妹的平等思想，但他这些从西方基督教教义中捡来的货色，在洪秀全头脑中没有深化，也没有消化。洪秀全很难把这些平等思想付诸实践，只能按照封建王朝的等级制度，即《太平礼制》所规定的等级来规定自己所应该享受的待遇和特权。占据南京以后，洪秀全、杨秀清便以为可以立国，把享受和特权放在首要地位。洪秀全改两江总督府为天王府，尽其奢华营造天王府。东王府也是穷极工巧。在革命尚未成功之时，太平天国的领袖们就大造王府，广选后妃。洪秀全、杨秀清住进王宫，本是农民领袖司空见惯的通病。问题是，天王府不是当作指挥革命战争的中心，而是行使特权的神圣无比的宫殿。朝天门外大书曰："大小众臣工，到此止行踪，有诏方准进，否则雪中云。"一个"止行"诏，洪秀全就把自己和众位大臣隔开了。当年同生死共患难的杨秀清、韦昌辉、石达开等都不能随意出入天王府。昔日的兄弟、今日的丞相们，临朝时，也只好站在朝门外列队，对洪秀全不能仰视，否则就有杀身之祸。洪秀全俨然已成为"一人垂拱于上，万民咸归于下"的封建皇帝。

杨秀清是农民起义领袖中有才能的，不论是指挥战争，还是组织政府，他都有许多建树，为太平天国立下了不朽功勋。但是建都天京后，杨秀清的封建特权恶性膨胀。他建起了高大的王府，所有军国大事仅与东殿尚书侯谦芳、李寿春等一二人计议，严重脱离群众，加之作风极度张扬，每次出门都盛陈仪仗，不知自忌，甚至用代"天父下凡"来惩罚洪秀全，最后更是发展到"逼封万岁"。为了显示特权，杨秀清还设立各种酷刑，如鞭打、枷杖、斩首、五马分尸等，连韦昌辉、秦日纲等高级将领都被他杖责过。杨秀清的骄横，造成他和诸多朝臣的积怨，也导致洪秀全的不满，终于酿成了一场灾难——天京事变：杨秀清及其家属、部下两万多人被韦昌辉滥杀。天京事变后石达开回到天京，受到天京军民的热烈欢迎，满朝同举石达开提理政务。可洪秀全却对石达开大生疑忌，重用自己的兄弟安福二王，以牵制"翼王"，并有"阴图戕害之意"。在这种情况下，石达开率 20 万精兵远离天京。经过天京事变、石达开出走，太平天国运动处于十分困难的境地。虽经陈玉成、李秀成等后期太平天国名将的努力，军事上稍有起色，但终究缺乏回天之力，最后一步一步走向失败。

第四，太平天国也未能正确地对待儒学。开始时，他们把儒家经书笼统地斥之为"妖书"。后来，他们对儒学的态度有所变化，主张将《四书》《五经》删改后加以利用。不过，删去的主要是与太平天国宗教不相容的内容，而把儒学中的封建纲常伦理原则保留了下来。

第五，对西方帝国主义侵略者缺乏理性认识。太平天国的领袖们虽然不承认不平等条约，但他们不能把西方国家的侵略者与人民群众区别开来，而是笼统地把信奉天父上帝的西方人都视为"洋兄弟"。这说明他们对于西方帝国主义侵略者缺乏理性的认识。

2. 教训

太平天国起义及其失败表明，在半殖民地半封建的中国，农民具有伟大的革命潜力；但它自身不能担负起领导反帝反封建斗争取得胜利的重任。单纯的农民战争不可能完成争取民族独立和人民解放的历史任务。

第二节　地主阶级统治集团"自救"活动的兴衰

本节教学步骤一：导入（5 分钟）
用视频资料展示中国工业化的历程。

洋务运动是中国工业化的起点。当代中国处于工业化中后期，1978年改革开放以来年均经济增长率10%，三步走战略计划到2049年基本实现现代化。

本节教学步骤二（45分钟）

一、洋务运动的兴起

（一）洋务派的形成

第二次鸦片战争后，中国进一步沦为半殖民地国家，外有列强侵略、内有农民起义，面对内忧外患，清王朝内部开始出现了洋务派。洋务派以恭亲王奕䜣、曾国藩、左宗棠、李鸿章、张之洞等为代表。他们认识到列强船坚炮利的威力，主张用西方先进技术维护清王朝统治。

清朝中后期，满族官员早已腐化堕落，八旗军队因为长期养尊处优，而没有战斗力。为了镇压太平天国，各地方上的汉族官员自招兵将，逐渐形成独立的军事体系。慈禧太后为了镇压起义，维护自身统治，不得不依靠汉族官僚。所以当曾国藩这些掌握地方实权的官僚开始进行洋务运动时，慈禧选择暂时支持洋务派。在这样的大背景下，洋务派开始兴办工厂，办新式学校，在19世纪60年代至90年代，掀起了一场"师夷长技以自强"的洋务运动。

（二）洋务新政的兴办

从19世纪60年代至90年代，洋务派兴办的洋务事业归纳起来主要有以下三个方面：一是兴办近代企业。洋务派以自强为口号先后兴办规模不等的兵工厂达二十多个。此外，还以求富为口号兴办民用企业，经营轮船、电报、采矿冶炼（当时称为轮、电、矿）与纺织工业四个部门。二是建立新式海陆军。从19世纪70年代开始，至1894年，清政府分别建成福建水师、南洋水师和北洋水师，共有船舰六七十艘，有相当规模。就实力而言北洋水师最强，南洋水师第二，福建水师第三。北洋水师是清政府最主要的新式海军。它从始至终由李鸿章一手操办和控制。它从19世纪70年代即开始筹划，到1888年北洋海军正式成军，其时其有大小舰只二十余艘（不包括鱼雷艇及辅助船在内）。建成旅顺和威海卫两个主要的基地。训练新式陆军是洋务运动的主要内容之一。1861年，奕䜣、文祥等奏请训练八旗兵丁使用洋枪洋炮，聘用外国教练。接着，上海、广州、福州等地清军和李鸿章率领的淮军及湘军左宗棠部，都先后使用洋枪洋炮，成为新式陆军的精锐部队。三是创办新式学堂，派遣留学生。京师同文馆是洋务派最早创办的洋务学堂，附属于总理衙门，1902 年并入京师大学堂（后者于 1912 年更名为北京大学）。1872 年，包括詹天佑在内的首批幼童 30 人赴美国，至 1875 年，清政府共派 4 批一百多名幼童赴美学习，年龄最小 10 岁，最大 16 岁。

（三）洋务运动的宗旨

张之洞在《劝学篇》中提出"中学为体，西学为用"。洋务运动的最根本的指导思想是"自强""求富"。其分类思想就是"师夷制夷""中体西用"八个字。前四个字"师夷制夷"表明洋务运动与西方帝国主义侵略者的关系，即学习西方的长技用以抵制西方的侵略。后四个字"中体西用"，表明洋务运动与本国封建主义传统文化的关系，表明中学与西学各自在洋务运动中的地位，即以中学为主体，西学为辅用。"师夷制夷""中体西用"，也是洋务运动中洋务派处理中西方民族国家关系及中西方文化交流的基本原则。在洋务运动时期，从冯桂芬的"以中国之伦常名教为原本，辅以诸国富强之术"，到薛福成的"今诚取西人器数之学，以卫吾尧、舜、禹、汤、文、武、周、孔之道"，都是作为一种理论服务于"求强""求富"这一洋务运动主导思想的。

二、洋务运动的历史作用及其失败

（一）洋务运动的历史作用

1. 对近代军事的影响

洋务派一致主张师夷长技以富国强兵，抵抗外国侵略，挽救民族危机。洋务运动，是从军事自强开始的。为实现军事自强，洋务派主要做了三个方面的工作：一是建立近代军事工业；二是建立近代海防海军，同时改进陆军的武器装备和训练；三是建立近代军事学堂，培养新式陆海军人才。在李鸿章等人的主持下，一大批近代军事工业相继建立。1885 年设立海军衙门，统领海军、海防事宜，推进了海军建设和国防的现代化建设。清军战斗力有所提高，延缓了中国半殖民地半封建社会的历史进程。洋务运动的军事自强，开启了中国军队的近代化进程。

2. 对近代经济的影响

洋务运动兴办军事工业的过程中，最难解决的问题就是资金、原料、交通等方面的问题。于是在"自强"口号下兴办军事工业之后，洋务派又在"求富"口号之下开始兴办民用企业，着重点在于采矿、冶炼、航运、铁路等一系列配合军事工业的项目。在洋务派的倡导下，许多达官显贵以兴办洋务为荣，动摇了从商鞅变法开始的中国几千年文明中"重农轻商"理念，促进中国近代经济、资本主义的发展，使资本主义经济成分在社会经济中明显增长，对中国民族资本主义的诞生、发展具有重大意义。

3. 对近代政治的影响

洋务运动的创办者自身的封建性和腐朽性导致了洋务运动的失败，而洋务运动的失败使中国其他有志之士看到了洋务运动的缺陷，刺激了中国近代化的进程。

4. 对近代文化的影响

洋务运动是近代教育的开端。要搞洋务运动，兴办洋务就必须要有精通洋务的人才，但是中国传统的科举制教育却无法满足洋务运动对人才的需要。因此兴办新式学堂，派遣留学生，就成了确保洋务运动进行下去的一项重要举措。从19世纪60年代到90年代，洋务派共创办二十多所新式学堂，主要培养翻译、工程、兵器、通讯、医务等新型人才。虽然学堂规模不大，但是打破了古老的科举制度，培养了一批不同于传统的知识分子，为后面科举制的废除奠定了一定的基础。为了更系统地学习西方先进的科学技术，清政府向西方派遣200多位留学生，为洋务事业培养了一大批具有西学知识的新式人才，对中国的教育近代化起了极大的推动作用，为中国社会迈向近代化准备了最初始的文化条件。

（二）洋务运动失败的原因

在当时的中国，洋务运动失败是不可避免的。

第一，在不触动腐朽的封建制度的前提下，洋务派试图利用西方资本主义的某些长处来维护封建专制统治。这种手段和基础的矛盾，使洋务运动注定是不可能成功的。同时，洋务运动处处受到顽固派的阻挠和破坏。

第二，洋务派本身的阶级局限性，决定了他们既是近代工业的创办者和经营者，也是其摧残者和破坏者。封建衙门和官僚式的体制，必定导致洋务企业的失败。

第三，洋务运动的目的之一是抵御外侮，但洋务派在主持外交活动中，坚持"外须和戎"，对外妥协投降。他们所创办的近代企业有抵御外侮"稍分洋人之利"作用，却不能改变中国半殖民地半封建社会地位。甲午战争标志着洋务派的"自强""求富"目标未能实现，洋务运动基本失败。

第四，当时的大多数中国人对洋务知之甚少，思想还处于被愚昧迷信和封建礼教束缚的阶段。

第三节 维新运动的进行和夭折

本节教学步骤一：导入（5 分钟）

提问：为什么说维新运动是一场"昙花一现"的运动？

同学们都知道，这场运动只持续了一百零三天，时间非常短，所以称为"昙花一现"。同学们注意到了这场运动的时间短，但忽略了这场运动"玉质芳华"的一面。这场运动，也是寻求中国出路一次宝贵的探索，但由于其局限性，使这场运动如昙花一般转瞬凋谢。思之令人感叹。

本节教学步骤二（45 分钟）

一、戊戌维新运动的兴起

（一）维新运动兴起的原因

1. 甲午战争后空前严重的民族危机

鸦片战争之后，中国近代民族危机日益加深，帝国主义掀起了瓜分中国的狂潮。列强纷纷在中国划分势力范围和强租租借地。改革思潮继冯桂芬等早期维新派传播以来，日益在中国扩大影响力，以康有为为代表的主张改良的平民知识分子日益成长起来。

2. 近代中国民族资本主义的初步发展

甲午战争后清政府为了广求利源，放松了对民间设厂的限制，中国的民族资本主义得到初步发展，为维新变法运动提供了必要的社会条件。

3. "公车上书"

1895 年 4 月，日本逼签《马关条约》的消息传到北京，举国上下一片愤慨。正在北京参加会试的康有为组织了 1300 多名举人于 5 月 2 日联名上书，请求皇帝"下诏鼓天下之气""迁都定天下之本""练兵强天下之势""变法成天下之治"。"公车上书"，标志着酝酿多年的资产阶级维新变法思潮和爱国救亡运动有机地联系在一起。

（二）维新派与守旧派的论战

维新派与守旧派的论战主要围绕三个方面的问题：要不要变法？要不要兴民权，实行君主立宪？要不要废八股、改科举、兴西学？

维新派与守旧派的论战，实质上是资产阶级思想与封建主义思想的一次正面交锋。论战涉及的领域十分广泛，进一步开阔了新型知识分子的眼界，解放了人们长期受到束缚的思想。

（三）维新派代表人物

1. 康有为

康有为出生于封建官僚家庭，自幼学习儒家思想，1879 年开始接触西方文化。1882 年，康有为到北京参加顺天乡试，没有考取；南归时途经上海，购买了大量西方书籍，汲取了西方的进化论和政治观点，初步形成了维新变法的思想体系。

1888 年，康有为再一次到北京参加顺天乡试，借机第一次上书光绪帝，请求变法，受阻未上达。1891 年后，他在广州设立万木草堂，收徒讲学，弟子有梁启超、陈千秋等人。1895 年，他到北京参加会试，得知中日签订《马关条约》，联合 1300 多名举人，上万言书，即"公车上书"，又未上达。当年 5 月底，他第三次上书，得到了光绪帝的赞许。7 月，他和梁启超创办《中外纪闻》，不久又在北京组织强学会。1897 年，德国强占胶州湾，康有为再次上书请求变法。1898 年 1 月，光绪皇帝下令康有为条陈变法意见。他呈上《应诏统筹全局折》。4 月，他和梁启超组织保国会，号召救国图强。6 月 16 日，光绪帝在颐和园勤政殿召见康有为，任命他为总理衙门章京，准其专折奏事，筹备变法事宜。

2. 梁启超

梁启超出生于小地主家庭，自幼在家接受启蒙教育。11 岁至广州应学院试，中秀才。后在"学海堂"就读，于经史子集无不涉猎，17 岁中举人。18 岁购得《瀛环志略》，从此开始接触西学。不久，以弟子礼拜见康有为，并于 1891 年受业于万木草堂，其"一生学问之得力，皆在此年"。

1895 年，甲午战败，遂随其师康有为并各省 1300 多名举人联名上书。从此开始了他鼓吹变法、高倡改革的政治活动。1896 年，任上海《时务报》主笔，发表《变法通议》《西学书目表》等，为传播变法思想作出了重大贡献，成为当时知名的风云人物。1897 年 11 月，梁启超赴长沙任时务学堂总教习，在教学中积极宣传变法思想。1898 年，入京协助康有为等促成"百日维新"。其间，梁启超活跃非凡，为变法事业鞠躬尽瘁，显示了卓越的宣传和组织才能。戊戌变法失败后，梁启超亡命日本等地，耳闻目睹西方之学，思想又有新变。在日本创办《清议报》《新民丛报》，继续鼓吹变法维新。

从 1901 年至 1903 年短短的三年间，梁启超撰写了近百篇文章，广泛介绍了西方资产阶级的学术思想，其人物涉及霍布士、斯宾诺莎、卢梭、培根、笛卡儿、达尔文、孟德斯鸠、康德等，其领域遍及历史、地理、教育、政治、名人等各个方面，对当时的中国思想界产生了很大的积极影响，被誉为"舆论界骄子"。1905 年以后，国内革命形势继续发展，但梁启超对清王朝心存幻想，思想逐渐落后于时代，成为保皇立宪的积极鼓吹者和参与者。

（三）昙花一现的百日维新

1. 光绪皇帝下诏变法

1898 年 1 月，康有为将变法意见写成奏折上呈光绪。这就是《应诏统筹全局折》。在奏折中他陈述了必须变法的道理和比较具体的三项变法措施，实际上这是资产阶级改良派的政治纲领。从 1898 年 6 月 11 日，光绪帝颁布《明定国是诏》开始，到同年 9 月 21 日慈禧太后发动戊戌政变，变法失败，共 103 天，史称"百日维新"。

新政主要内容包括：

举办京师大学堂，所有书院、祠庙、义学、社学一律改为兼习中西学的学堂；各省会设高等学堂，郡城设中等学堂，州县设小学，鼓励私人开办学堂；设立翻译、医学、农务、商学、路、矿、茶务、蚕桑速成学堂；派皇族宗室出国游历，挑选学生到日本游学；废八股、乡会试及生童岁科试，改考历史、政治、时务及四书五经，以及定期举行经济特科；设译书局，颁发著书及发明给奖章程，保荐格致人才。

设矿务铁路总局、农工商总局，并在各省设分局；广泛开设农会，刊印农报，购买农具，订立奖励学艺、农业程序，编译外国农学书籍，采用中西各法切实开垦；颁发制器及振兴工艺给奖章程；在各地设立工厂；在各省设商务局、商会，保护商务，推广口岸商埠；开放八旗经商的禁令，名其学习士农工商自谋生计。

改用西洋军事训练；遣散老弱残兵，削减军饷须支，实行团练，裁减绿营，举办民兵；颁发兴造枪炮特赏章程；筹设武备大学堂；武科停试弓箭骑剑，改试学科。

裁减冗员；设置京卿学士，以集思广益；准许地方官与士民上书；改上海

《时务报》为官报，创设京师报馆；开放新闻自由；按月分类列明每年收支。

康有为还有好些未发表的新政，如尊孔圣为国教，立教部、教会，以孔子纪年，制订宪法，开国会，军民合治，满汉平等，皇帝亲自统帅陆海军，改年号为"维新"，断发易服，迁都上海等。根据康有为所讲，自军民合治以下的新政都得到了光绪的同意。

2. 戊戌变法经过

1898 年 6 月 11 日，光绪帝颁布了《明定国是诏》，变法正式开始。变法期间，光绪帝先后发布上百道变法诏令，除旧布新。

1898 年 6 月 16 日，慈禧太后迫使光绪连下三谕，控制了人事任免和京津地区的军政大权，准备发动政变。

变法开始后，清政府中的守旧派不能容忍变法运动的开展。有人上书慈禧太后，要求诛杀康有为、梁启超；奕劻、李莲英跪请太后"垂帘听政"；御史杨崇伊多次到天津与荣禄密谋；甚至宫廷内外传言将废除光绪，另立皇帝。

1898 年 7 月 30 日，光绪帝颁密诏给杨锐，嘱维新派妥筹良策，推进变法。光绪帝已经意识到将有变故，自己处在危险境地，流露出焦急心情，要维新派筹商对策。

1898 年 9 月 1 日，礼部主事王照疏请光绪帝游历日本等国，以考察各国情况。怀塔布、许应骙不肯代送。怀塔布遭王照面诉，勉强代奏。许应骙则上奏弹劾王照"咆哮署堂，借端挟制"。

1898 年 9 月 4 日，光绪下令将怀塔布、许应骙、堃岫、徐会沣、溥颐、曾广汉等阻碍变法的礼部六堂官革职；赏给王照三品顶戴，以四品京堂候补，以昭激励。怀塔布老婆与慈禧太后有亲戚关系，遂向太后哭诉。

1898 年 9 月 5 日，光绪降谕，赏加谭嗣同与刘光第、杨锐、林旭四品卿衔在军机章京上行走。

1898 年 9 月 11 日，光绪帝召直隶按察使袁世凯来京陛见。湖南举人曾廉上书请杀康有为。

1898 年 9 月 13 日，光绪帝拟开懋勤殿，设顾问官；慈禧太后不允。光绪帝手谕杨锐以变法之难，命康有为等详细筹议。

1898 年 9 月 14 日，直隶按察使袁世凯抵达北京。前日本首相伊藤博文经天津抵达北京。

1898 年 9 月 16 日，光绪在颐和园召见直隶按察使袁世凯，面谈后恩赏他候补侍郎。另一方面，直隶总督荣禄以英俄开战，催袁急回天津。毕永年与谭嗣同议软禁太后事。

　　1898 年 9 月 17 日，光绪帝再召见袁世凯，命与直隶总督荣禄各办各事。光绪命康有为即离京赴上海督办官报局，通过杨锐带给康有为密诏。

　　1898 年 9 月 18 日，御史杨崇伊上书慈禧，称大同学会蛊惑士心，紊乱朝政，引用东人，深恐贻祸宗社，吁恳皇太后即日训政以遏乱萌。据袁世凯的日记，之后谭嗣同于 9 月 18 日去法华寺夜访袁世凯，透露慈禧联同荣禄，要废除光绪；并说皇上希望袁世凯可以起兵勤王，诛杀荣禄及包围慈禧住的颐和园。9 月 20 日袁世凯回到天津，将谭嗣同的计划向荣禄报告。另一种说法是，袁世凯离京前密告给军机大臣礼亲王世铎。

　　1898 年 9 月 19 日，康有为访英国传教士李提摩太，请英国公使相助，不成；又访伊藤博文，请游说慈禧太后。当晚黄绍箕劝康有为迅速离京。深夜，梁启超、康广仁等恳求康尽快出走。

　　1898 年 9 月 20 日凌晨，康有为携仆人李唐离京。光绪皇帝第三次召见袁世凯，之后袁回天津。光绪皇帝接见日本前首相伊藤博文，亲密交谈。太后垂帘旁听，极为不满。

　　1898 年 9 月 21 日凌晨，慈禧太后从颐和园赶回紫禁城，直入光绪皇帝寝宫，将光绪皇帝囚禁于中南海瀛台；然后发布训政诏书，再次临朝"训政"，"戊戌变法"失败。戊戌政变后，慈禧太后下令捕杀在逃的康有为、梁启超；逮捕谭嗣同、杨深秀、林旭、杨锐、刘光第、康广仁、徐致靖、张荫桓等人。

　　1898 年 9 月 24 日，刚毅奉太后谕令开始搜捕四军机章京等变法分子。杨锐、林旭当日被捕。刘光第投案自首。杨深秀因诘问慈禧太后为何罢黜光绪帝，在闻喜会馆住处被捕。

　　1898 年 9 月 25 日，谭嗣同在浏阳会馆被捕。

　　1898 年 9 月 28 日，在北京菜市口将谭嗣同、杨锐、刘光第、林旭、杨深秀、康广仁六人杀害；徐致靖处以永远监禁；张荫桓被遣戍新疆。所有新政措施，除 7 月开办的京师大学堂（今北京大学）外，全部被废止。

二、戊戌维新运动的意义及教训

（一）戊戌维新运动的意义

　　第一，戊戌维新运动是一次爱国救亡运动。①推动了中国的思想解放运动。变法理论更加深入人心。人们普遍认为，不变没有出路，变是古今通理，中国还应该大变、全变。②民主思想得以进一步传播。维新派只敢讲"民权"，承认人民有参与管理政治的权利，但是不敢讲"民主"，不肯承认人民是国家和社会的主人。戊戌维新之后，民主思潮就充分发展起来了。③引发了新一轮向西方寻求救国真理的热潮。

第二，戊戌维新运动是一场资产阶级性质的政治改革运动。①戊戌维新推动了清政府的自我改革。1900年八国联军入侵，慈禧太后带着光绪逃到西安。这给慈禧以惨痛教训。签订《辛丑和约》后，慈禧太后下令实行新政，其内容有：编练新军；废科举，建学堂；奖励民办工厂；改革法制；派五大臣出洋考察，预备立宪；成立咨政院、咨议局等。其中有些改策已经超出了当年维新变法的内容。②激起了民众对清政府的愤恨，推动知识分子由维新向革命转化。戊戌政变失败后，支持孙中山革命的人增多了，不少对清政府抱有幻想的知识分子转变为革命党人。

第三，戊戌维新运动更是一场思想启蒙运动。①戊戌维新失败后，更多的年轻人出国留学，更多的西方学说被译介到中国，中国的思想界更为活跃。②成为五四新文化运动的前奏。戊戌维新后，新式文化事业勃兴，国内出现办学热，创办新式报刊热，出版新书热。③戊戌时期，维新派为了对人民进行"启蒙"，曾提倡白话文和"小说界革命"。维新运动失败后，更多白话报刊出现，白话文得到提倡。④除"小说界革命"外，维新派继续倡导"诗界革命""曲界革命""思想革命""道德革命""宗教革命"以至"史学革命"。

（二）戊戌维新运动失败的原因和教训

1. 戊戌维新运动失败的原因

失败的主要原因是维新派自身的局限性和以慈禧太后为首的强大的守旧势力的反对。维新派自身的局限性突出表现在以下四个方面：

第一，不敢否定封建主义。

第二，对帝国主义抱有幻想。

第三，惧怕人民群众。

第四，没有严密的组织，不掌握军队和实权。

值得思考的其他方面：

其一，守旧派势力强大。当时国家的最高领导权不在光绪皇帝手中，而为以西太后为首的王公、大臣所掌握。维新派只有少数几个人，没有实权。西太后最初曾指示"今宜专讲西学"，但是，当她感到变法触及她自己的权力和清廷王公贵族的利益时，就进行遏制、镇压。

其二，维新派缺乏正确的理论指导。康有为所著的《新学伪经考》指责西汉的古文经书全系刘歆伪造，《孔子改制考》将孔子打扮为"改制立法"的祖师爷。两书都没有充分的、有说服力的证据，不用说守旧派反对，当时的一些开明人士也不赞成。此外，维新派某些激进的宣传也增加了社会阻力。

其三，维新派缺乏坚强的组织领导，脱离广大人民群众，只寄希望于没有实权的皇帝和极少数的官僚，甚至对帝国主义抱有不切实际的幻想。

其四，维新派及光绪皇帝在实施变法上冒进。变法一开始，光绪皇帝就因不满自己的老师、军机重臣翁同龢的持重、顶撞，将其开缺回籍。大量裁减冗官，仅京师一地，涉及闲散衙门十多处，失去职务者近万人，但是又没有安排出路。因王照上书被阻而一下子罢免六个大员，也操之过急，并且失之过重。

其五，变法手段单一：采取单纯的自上而下的"和平""合法"方式。

3. 戊戌维新失败的教训

①戊戌维新是中国民族资产阶级第一次登上政治舞台，竟失败得这么快，暴露了这个阶级的软弱性；

②说明在半殖民地半封建的旧中国企图通过统治者走自上而下的改良的道路，是根本行不通的；

③要想争取国家的独立、民主、富强，必须用革命的手段，推翻帝国主义、封建主义联合统治的半殖民地半封建的社会制度。

推荐阅读：

1. 马克思：《中国革命和欧洲革命》（1853 年 6 月）

2.《天朝田亩制度》（1853 年）

3. 洪仁玕：《资政新篇》（1859 年）

4. 康有为：《上清帝第二书》（1895 年 5 月）

5. 梁启超：《变法通义（节选）》（1896 年）

6. 严复：《原强》（1895 年 3 月）

【教学小结】

教学效果分析：

1. 在本章教学中，教师紧扣教材内容，同时紧密联系当下我国经济体制改革，使学生把历史与现实结合起来，明确当代中国工业化的开端——洋务运动，提高了对工业化、现代化长期性的认识。

2. 比较洋务运动与日本明治维新，启发学生对近代中国命运之思考。

教学经验：

1. 针对问题。中国近代为什么要改良？改良的效果如何？教师针对这两个问题，进行了重点讲授，并力求精心设计，着力突破。

2. 激发热情。在本章教学中，教师开讲时师生共唱一曲《万里长城永不倒》，新颖活泼，吸引学生，激发了大学生立志做一个忠诚爱国者的热情。

改进措施：

如何将学生对近代中国命运之关注与当代中国改革开放事业建立起知性统一的联系，这需要在以后几章的讲授过程中有一个线索，启发学生能动地分析近代中国之走势，使之真正建立起对改革事业的参与热情。

第三章

辛亥革命与君主专制制度的终结

【教学简况】

授课对象：大学一年级本科生。

学时安排：课堂教学 2 学时。

教学目的和要求：要求学生掌握辛亥革命作为中国第一次比较完整意义上的资产阶级革命的历史背景、基本过程、历史价值等知识，并通过对辛亥革命的胜利和失败的表象及实质的探讨，进一步认识中国民主革命的必然历史走向和规律。

重点难点：

1. 为什么说辛亥革命的爆发是历史的必然？

2. 如何评价三民主义？

3. 如何评价辛亥革命的成败？

学习思考：

1. 辛亥革命爆发的历史原因有哪些？

2. 如何评价三民主义？

3. 辛亥革命为什么没能使中国真正走上民主富强的道路？

【教学过程】

教学内容设计：本章分两节。第一节举起近代民族民主革命的旗帜，计划用 1 学时；第二节辛亥革命的胜利与失败，计划用 1 学时。

教学步骤：本章第一节通过两个步骤讲解近代资产阶级的萌生与壮大；第二节通过两个步骤讲解辛亥革命的爆发、取得的伟大成果与失败的表现。

教学组织：教师讲授、案例分析、课堂讨论。

板书设计：多媒体课件与黑板辅助板书结合。

教学方法：教师体系讲授、学生讨论相结合。

导入（3 分钟）

19 世纪 60 年代封建统治阶级中的开明分子为挽救清王朝的内外危机而创设近代企业，兴办洋务，一度出现"同治中兴"，但中日甲午战争实际宣告了洋务运动的破产。甲午之战不仅大大加深了中国的半殖民地化程度，也震撼了士大夫阶层。康有为、梁启超等人试图通过依靠光绪皇帝发起自上而下的政治革新，也失败了。统治阶级中的部分顽固分子试图利用义和团对抗外来侵略，被迫签订了丧权辱国的《辛丑条约》，一方面是民族危机的不断加剧，另一方面是一次次救亡运动的失败。在此背景下，一些接受了西方资产阶级革命思想的有识之士，认识到只有推翻清王朝的封建专制统治，才能够挽救国家和民族。

第一节　举起近代民族民主革命的旗帜

本节教学步骤一：导入（5 分钟）

19 世纪末期，外来侵略不断加剧，尤其是资本主义国家在进入垄断阶段之后，生产力飞速提高，需要更为广阔的原料产地和商品倾销地。后发的列强如德国、日本等国也积极投入到殖民扩张中。

播放视频资料：《第二次科技革命的影响》

本节教学步骤二（45 分钟）

一、辛亥革命爆发的历史条件

（一）民族危机的加深

1. 帝国主义对中国侵略的加剧

①加强对清政府的政治控制。通过签订《辛丑条约》等不平等条约，列强不允许清政府任用排外的官员。

②多方扩展在华经济势力，如争夺在中国的铁路修筑权。1909 年《民呼日报》发表了反映帝国主义掠夺中国铁路权益的漫画。

③英国侵入中国西藏地区（1903—1904 年）。

④列强在中国厮杀争斗（1904—1905 年）。日本在东北亚不断扩大势力范

围，与沙皇俄国发生了冲突，双方为争夺对朝鲜和中国东北的控制权，矛盾不断激化，最终爆发战争。清政府宣布"局外中立"。双方的战争给中国东三省的老百姓带来深重的灾难。鲁迅在《藤野先生》中对此有记载，这也是刺激他从学医转向执笔唤醒国民的原因之一。

2. 群众的反抗斗争风起云涌

《马关条约》《辛丑条约》等不平等条约规定的巨额赔款，最终转嫁到中国劳苦大众身上，其负担不断加重，民不聊生，遇到大规模的自然灾害，难以生存。民众纷纷起来进行抗争，反抗运动在 1905 年 103 次，1906 年 199 次，1907年 188 次，1908 年 122 次，1909 年 149 次，1910 年 226 次。其中 1910 年长沙抢米风潮影响颇大。1910 年春，湖南因水灾而导致粮食歉收，米价飞涨，民不聊生。长沙城中一贫民全家因为无法买到米而集体自杀，激起民愤，引发了抢米风潮。清湖南巡抚岑春萱严厉镇压，导致冲突扩大化。此次民变参与人数超过两万人，使长沙城中的许多教堂、洋行、领事住宅被捣毁并波及周边多个城市。最终清政府和列强联合将民变镇压下去，同时又罢免岑春萱，出示平粜，才暂时稳定了局面。

（二）清末新政及其破产

为了维护自身的统治，应对外来的侵略和民众的反抗，清政府进一步施行改革。1901 年 1 月 29 日，慈禧太后以光绪帝的名义颁布变法上谕。4 月 21 日成立了以奕劻为首的督办政务处，总揽一切新政事宜。1901 年至 1905 年，清政府先后颁布了一系列上谕，陆续推行新政。

1. 设学堂、废科举、奖游学

1901 年 9 月 4 日，清政府命令各省城书院改成大学堂，各府及直隶州改设中学堂，各县改设小学堂，并多设蒙养学堂。规定学堂毕业生可得贡生、举人、进士等出身。1905 年 9 月 2 日，下令"立停科举以广学校"，存在 1300 多年的科举制被废除。"奖游学"，要求各省筹集经费选派学生出洋学习。对毕业留学生，分别赏给进士、举人等出身。对自备旅费出洋留学的，与派出学生同等对待（受政策影响，1905 年至 1906 年间，仅留日学生就多达 8000 余人）。

2. 振兴商务、奖励实业

在甲午战争之后，清政府逐步放开了对民间开矿设厂的限制，"商战"思潮逐渐兴起。1903 年 9 月 7 日，清政府设立商部，倡导官商创办工商企业，接着颁布了一系列工商业规章和奖励实业办法，如《钦定大清商律》《商会章程》等。这些章程规定，允许自由发展实业，奖励兴办工商企业，鼓励组织商会团

体。这些做法，都有利于民族工商业的发展，有利于社会经济的繁荣。其中张
謇以状元身份投身实业，在当时影响颇大。1894 年，张謇考中状元，任翰林院
修撰。甲午战争之后，为了实现"救贫""塞漏"的抱负，在南通开始"实业
救国"的实践。随着资本的不断积累，张謇的大生集团不断扩充。同时，他参
与了清政府振兴商务、奖励实业章程的制定。

3. 编练新军

清政府在军事上也进行了变革。1901—1905 年，相继设立外务部、商部、
学部、巡警部等新机构，改六部为十一部。其中袁世凯在天津开创了近代警察
的先河。在地方进行行政改革，如 1904 年裁云南、湖北两省巡抚，由云贵总
督、湖广总督兼管。1901—1905 年，先后停止了报捐实官和捐纳武职。

1901 年 9 月下谕全国各省裁汰旧军，编练"常备军"。编练"新军"的工
作在全国铺开。1903 年 12 月 4 日设立练兵处，任庆亲王奕劻总理练兵事务，袁
世凯为会办练兵大臣，实权由袁掌握。这也是袁世凯后来权力不断膨胀的重要
原因。

4. "种瓜得豆"——清末新政的破产

1905 年被派往欧洲考察宪政的"五大臣"及随员到国外考察，随后进行政
治制度变革，推行君主立宪制，认为可以通过立宪"皇位永固，外患渐轻，内
乱可弥"。国内的士绅也积极推动清政府立宪，发起了多次请愿运动。1911 年 5
月 8 日清政府实行所谓责任内阁制，成立了以庆亲王奕劻为总理大臣的新内阁，
其中有 7 人为皇族，9 人为满族，故时人称之为"皇族内阁"。至此，国人逐渐
丧失了对清政府信任，很多人转而投向革命。

清朝统治者的本意是维护其统治，但诸多的改革措施开阔了人们的视野，
社会风气为之一变，尤其是留学生、新式学堂培养的学生和新军等在接触各种
社会思潮后投身到推翻清政府的运动中。清末新政为自己培养了掘墓人，可谓
是"种瓜得豆"。

播放视频资料：《张之洞在湖北的改革措施》

（三）资产阶级革命派的阶级基础和骨干力量

19 世纪末 20 世纪初，中国的资本主义有了进一步的发展，设厂地区主要集
中在江浙、两湖和广东一带，发展较快的是轻工业，其中以棉纺织、面粉加工
等行业最为显著。设立厂矿的数目和投资额增加，1872—1900 年创办的资金万
元以上的企业 156 家，1901—1911 年创办的资金万元以上企业 340 家，除此外
还有年月不详的 25 家企业，增长速度很快。这是资产阶级革命派形成的阶级

基础。

二、资产阶级革命派的活动

资产阶级革命派，是从中国封建社会的旧土壤上生产起来的，在其成长的过程中大都接受了传统的儒家教育，一定程度上受到儒家思想的影响，在接受资产阶级革命思想后，两种截然不同的文化都成了其思想的养料。如伟大的革命先行者孙中山先生，1866 年 11 月生于广东省香山县翠亨村，少年时期就受深受儒家思想熏陶，1875 年他入村塾读书，接受传统教育，直至 1878 年随母亲离开家乡前往檀香山。他自幼熟读《千字文》《三字经》等儒家经典，刻苦治学，研经读史，手不释卷，但并不是机械背诵，而是"深入经书的意义中间"。这种求学方法使他非常熟悉、精通以儒学为核心的中华传统文化。他是一位伟大的爱国者，对本民族的文化有着深深的眷恋和热爱。儒家文化的诸多资源，给予了他丰富的给养，也构成了他思想的底色之一，更成为其革命思想的重要来源。在革命实践过程中，孙中山的一些谈话、演讲、政文、论战就多次引用传统典籍中的"天视自我民视，天听自我民听""先天下之忧而忧，后天下之乐而乐""民惟邦本，本固邦宁"等箴言。

（一）孙中山与资产阶级革命派活动的开始

资产阶级革命派也尝试采用和平的手段来推进中国的变革与进步。1894 年，孙中山北上天津向李鸿章上书，提出"人能尽其才，地能尽其力，物能尽其用，货能畅其流"。但这种尝试失败了，孙中山认识到和平方法行不通，最终决定采取革命的方式推翻清王朝的统治。

对于儒家文化理想境界"天下为公"的追求，可以说是其走上革命道路的重要原因之一。"天下为公"和"大同"二词皆出自《礼记·礼运》之大同篇。该篇描绘的是社会财富共享，人人平等互助、各得其所的一幅未来社会图景，几千年来一直为后世人们所向往和追求。孙中山对"天下为公"的大同理想十分向往，称之为"人类宝筏，政治极则"，是"吾人无穷之希望，最伟大之思想"。在晚年的题词中，他两次全文抄录过《礼记·礼运》大同篇，并将之写成条幅。可见，"大同世界"应是孙中山毕生追求的革命理想和蓝图。

1894 年孙中山在檀香山创设了第一个革命团体——兴中会，提出"驱除鞑虏，恢复中华，创立合众政府"的口号。

（二）资产阶级革命派的宣传和组织工作

这一时期，宣传革命思想的书籍报刊纷纷涌现，资产阶级革命分子大力鼓吹革命思想，试图唤醒民众认识到专制制度的黑暗腐朽，进而投身到革命中。

①陈天华（1875—1905 年），《猛回头》《警世钟》。

②章炳麟（1869—1936 年），号太炎，著名的资产阶级革命人士，著有《驳康有为论革命书》。《驳康有为论革命书》是为了反驳康有为《与南北美洲诸华商书》中反对革命排满、主张立宪保皇的立场，宣传革命而作。他总结了革命思想发展的理论，吹响了鼓舞革命志士继续前进的号角，对以后资产阶级革命运动的发展有很大的理论影响作用。

③邹容（1885—1905 年），在《革命军》中提及革命的必要性——"我中国今日不可不革命。我中国今日欲脱满洲人之羁缚，不可不革命；我中国欲独立，不可不革命；我中国欲与世界列强并雄，不可不革命；我中国欲长存于二十世纪新世界上，不可不革命；我中国欲为地球上名国、地球上主人翁，不可不革命。"

（三）资产阶级革命政党的建立

这一时期革命团体在各地纷纷出现。兴中会，1894 年成立于檀香山（夏威夷），宗旨是"驱除鞑虏，恢复中国，创立合众政府"；华兴会，1904 年创立；光复会，1904 年创立。最终革命团体从分散走向联合——同盟会的成立。1905 年，同盟会成立，领导人孙中山、宋教仁、廖仲恺、朱执信等。同盟会是中国近代第一个资产阶级革命政党。

同盟会的成立具有重要的意义：

①有统一的革命纲领——"驱逐鞑虏，恢复中华，创立民国，平均地权"；

②有自上而下的全国统一的领导机构，中央成立总部，国内外各地设支部；

③有全国革命党人公认的领袖——孙中山；

④主张采取武装斗争的手段，推翻清王朝的统治。

三、三民主义和资产阶级共和国方案

（一）民族主义

"驱除鞑虏，恢复中华"。任务：以革命手段推翻清王朝的腐朽统治，在国内各民族平等的基础下建立民族独立的国家，实行民族革命。缺陷：没有从正面提出反对帝国主义的主张。

（二）民权主义

"创立民国"。任务：推翻君主专制制度，建立资产阶级共和国，完成政治革命。缺陷：没有提出推翻地主阶级统治的主张。

（三）民生主义

"平均地权"。任务：防止资本主义制度下的贫富分化与对立，达成社会革命的目的。缺陷：带有浓厚的空想色彩，在实践上缺乏社会基础。

孙中山先生继承了传统文化中"民本思想"，提出了"民生主义"。香山县距离太平天国领袖洪秀全的家乡花县并不远。孙中山出生时太平天国运动刚刚被清政府镇压，他在很大程度上受到了农民"平均主义"思想的影响。他接受了传统文化中的民本思想，强调保民养民，尤其是游历欧美世界后，见识到资本主义世界经济危机下巨大的贫富差距、普通百姓的悲惨生活，了解到只单纯地发展资本主义工商业，不建立合理的分配制度，没有办法救民于水火。因此，他提出了"平均地权、节制资本"的民生主义思想。

四、关于革命和改良的辩论

当时，资产阶级革命派和康梁维新派对于挽救国家和民族的路径进行了激烈的辩论，即究竟是实行革命还是实行改良？

①民族主义，要不要以革命手段推翻清王朝的统治？

②民权主义，要不要推翻帝制，实行共和？

③民生主义，要不要平均地权，实行社会革命

辩论结果：第一，在中国必须进行一场革命。第二，现行的君主专制制度是中国"恶劣政治的根本"，只有兴民权、改民主，才是中国唯一的出路。第三，必须通过平均地权实现社会革命，才能避免贫富不均等社会问题的出现。

第二节　辛亥革命的胜利与失败

本节教学步骤一：导入（5分钟）

白孔子、孟子以降，中国的仁人志士大都有着深刻的社会关怀，自觉承担起救黎民于水火的职责。我们所熟知的"知其不可而为之""为天地立心，为生民立命，为往圣继绝学，为万世开太平""风声雨声读书声，声声入耳；家事国事天下事，事事关心"，概括了他们的使命感和责任感。资产阶级革命党人在确立了武装推翻清王朝专制统治的目标后，前仆后继为之流血牺牲。

本节教学步骤二（45分钟）

一、封建帝制的覆灭

（一）武装起义与保路风潮

要推翻清王朝绝非易事。在革命过程中孙中山强调传统文化中对于道德品质的追求，重视革命者的道德修养。孙中山将"修身"赋予重大的社会责任，认为修身是治国的根本。孙中山强调，一个革命者应该将"格物、致知、诚意、正心、修身、齐家、治国、平天下"作为人生目标，从"修身"出发，以锻炼革命意志，以实现"人格救国"，以达到振兴中华的目的。正是肩负"修齐治平""以天下为己任"的使命，无数的资产阶级革命党人走上了流血牺牲的革命道路。

1900年发动惠州起义，孙中山从台湾走私枪支，日本黑龙会也派人参加，其中有宫崎寅藏、平山周、山田良政（为中国革命牺牲之第一人）。其枪械精良，使用的是毛瑟后膛枪，被清政府镇压。

1906年革命党人联络会党在萍乡、浏阳、醴陵发难。会党分子热心躁动，但无组织无纪律。会党有万余人，而浏阳清军不足两个营。会党分子钢刀锅盖，清军枪一响，就散了。

1911年4月27日（农历三月二十九日）孙中山、黄兴等在广州发动武装起义，花费17万元，武器精良，足够装备清军一个镇的军队，但是实际上起义前动员只有800余人。

历次起义失败的原因：没有充分发动人民群众，力量较为弱小。多次起义主力是留日学生，武器装备精良，但是人数少。

（二）武昌起义与各地响应

1911年四川保路运动成为辛亥革命的导火索。1911年5月，清政府宣布实行铁路"国有"政策，引发四川等省人民的保路运动。9月7日，四川总督赵尔丰诱捕四川咨议局和保路同志会领导人，成都数万民众赴督署请愿。赵尔丰下令卫队开枪，打死打伤数十人，激起四川全省范围起义。清政府从湖北调派新军前去镇压保路运动。

1911年10月10日湖北新军在武昌暴动，11日将武昌完全光复。汉口、汉阳亦先后光复。

播放视频资料：《武昌起义》

当时，孙中山远在美洲，黄兴在香港，宋教仁在上海，孙武与蒋翊武失去联络。革命党人错误地自认为"资望"不够，以手枪逼迫黎元洪担任湖北军政府都督。随后各省纷纷宣布独立。

辛亥革命期间，南方的革命党人和北方的袁世凯进行和谈。1911 年武昌起义后，帝国主义为诱胁革命军向袁世凯妥协，11 月 26 日向湖北军政府提出议和条件。12 月初，南北双方达成停战协议，双方代表随即在上海英租界市政厅举行谈判。

革命军方面代表伍廷芳提出清帝退位、选举总统、建立共和政府等条件。袁世凯方代表唐绍仪对革命军进行要挟。而混入革命阵营的旧官僚和立宪派也竭力把南方引向拥袁的道路。与此同时，英、美、德、俄、日、法等帝国主义对议和施加压力，促使双方尽快达成协议。

二、中华民国成立

（一）中华民国临时政府宣告成立

1911 年 12 月 29 日，17 省代表在南京开会，正式选举临时大总统，在有候选资格的孙中山、黎元洪、黄兴三人中，孙中山以 16 票当选为临时大总统。1912 年 1 月 1 日，孙中山在南京举行了临时大总统就任典礼。在典礼上，孙中山宣读了誓词，定国号为"中华民国"，改用阳历，以 1912 年为中华民国元年，中华民国宣告正式成立。资产阶级民主共和国在中华大地上诞生了。

1912 年 1 月 28 日，中华民国临时参议院在南京成立。

（二）南京临时政府的性质

1. 资产阶级共和国性质：资产阶级革命政权

①组成人员：以资产阶级革命派为主体。

②政策和措施：反映了民族资产阶级的利益和愿望。

③根本大法（《中华民国临时约法》）：中国历史上第一部具有资产阶级共和国宪法性质的法典。

2. 内外政策

孙中山在《临时大总统宣言书》中明确宣布了临时政府的对内对外方针。

①对内方针：实现"民族之统一""领土之统一""军政之统一""内治之统一""财政之统一"；

②对外方针："满清时代辱国之举措，与排外之心理，务一洗而去之"。

3.《中华民国临时约法》

毛泽东同志评价："民国元年的《中华民国临时约法》，在那个时期是一个比较好的东西；当然，是不完全的、有缺点的，是资产阶级性的，但它带有革命性、民主性。"

①主权在民：中华民国之主权，属于国民全体。

②平等自由：中华民国人民一律平等，无种族、阶级、宗教之区别。人民得平等享有……各项之自由权。

③三权分立：中华民国之立法权，以参议院行之。临时大总统、副总统由参议院选举之。法院以临时大总统及司法总长分别任命之法官组织之。

4. 为什么说中华民国临时约法具有革命性和民主性？

①充分肯定了辛亥革命的伟大成果，宣判封建制度的死刑，使资产阶级共和国方案和民权主义思想在法律上得以体现。

②使资产阶级民主思想进一步具体化，反映了广大人民的民主愿望。

③颁布的目的是为了防范袁世凯专制独裁，把袁世凯的权力限制在一定范围之内，以使刚建立的民主共和制免遭破坏，促使中国走上民主政治的轨道。

（三）辛亥革命的历史意义

江泽民同志在党的十五大报告中对辛亥革命予以高度评价："一个世纪以来，中国人民在前进道上经历了三次历史性的巨大变化……第一次是辛亥革命，推翻统治中国几千年的君主专制制度。"习近平同志高度评价了辛亥革命的历史意义："由于历史进程和社会条件的制约，辛亥革命虽然没有改变旧中国半殖民地半封建的社会性质，没有改变中国人民的悲惨命运，没有完成实现民族独立、人民解放的历史任务，但开创了完全意义上的近代民族民主革命，打开了中国进步闸门，传播了民主共和理念，极大推动了中华民族思想解放，以巨大的震撼力和影响力推动了中国社会变革。"

①推翻了封建势力的政治代表、帝国主义在中国的代理人——清王朝的统治，沉重打击了中外反动势力，使中国反动统治者在政治上乱了阵脚。

②结束了统治中国两千多年的封建君主专制制度，建立了中国历史上第一个资产界阶级共和政府，使民主共和的观念开始深入人心。

③给人们带来一次思想上的解放。

④促使社会经济、思想习惯和社会风俗等方面发生了新的积极变化。

⑤不仅在一定程度上打击了帝国主义的侵略势力，而且推动了亚洲各国民族解放运动的高涨。

辛亥革命后，中华民国临时政府开始实行强制剪辫法令。1912 年，孙中山令内务部通饬各省劝禁缠足。在开放言论的基础上，全国的新闻事业也获得了发展。1912 年，全国的报纸约达五百多家。

三、辛亥革命的失败

毛泽东在说到辛亥革命成败时指出："从孙先生开始的革命，五十年来，有它胜利的地方，也有它失败的地方。你们看，辛亥革命把皇帝赶跑，这不是胜利了吗？说它失败，是说辛亥革命只把一个皇帝赶跑，中国仍旧在帝国主义和封建主义的压迫之下，反帝反封建的革命任务并没有完成。"[1]

（一）封建军阀专制统治的形成

1. 袁世凯窃国，辛亥革命流产

1912 年 2 月 12 日，清廷宣布清帝接受优待条例退位。这标志着清王朝的垮台和封建帝制的终结。在内外胁迫下，革命势力作出让步。1912 年 2 月 13 日，孙中山向南京临时参议院提出辞职咨文。

袁世凯，字慰亭，河南项城人。早年被李鸿章派去过朝鲜。甲午战争后，他又受李鸿章推荐，从小站练兵开始，羽毛逐渐丰满，将北洋六镇牢牢抓在自己手里。庚子事变后，受李推荐，他受任为直隶总督、北洋大臣，宰相当国，权倾一时；直到 1908 年，光绪帝与慈禧太后驾崩，溥仪登基，他被摄政王载沣开缺回籍。1911 年武昌起义爆发，他被重新启用。1912 年 3 月 10 日，袁世凯在北京就任临时大总统。辛亥革命的胜利果实落入到以袁世凯为主的北洋军阀手中。中国进入了北洋军阀专制统治的时代。

2. 封建军阀的专制统治

①政治上，北洋政府实行军阀官僚的专制统治。

②经济上，北洋政府竭力维护帝国主义、地主阶级和买办资产阶级的利益。

③文化思想方面，尊孔复古思潮猖獗一时。

④外交上，出卖国家主权。

（二）旧民主主义革命的失败

孙中山辞去临时大总统之后，被袁世凯拥护民主共和的假象所迷惑；他认为清帝退位了，民国建立了，民族主义、民权主义两个目的已经达到了，今后要专心致力于民生主义，搞实业。1912 年 9 月袁世凯授孙中山筹划全国铁路权，

---

[1] 毛泽东选集：第 2 卷 [M]. 北京：人民出版社，1991：564.

孙中山出任"全国铁路督办"。他力图筹借外资修筑铁路干线，但因政权落在袁世凯手中，孙中山的努力并未取得成果。

1. 宋教仁案

1913 年 3 月 20 日，袁世凯的国务总理赵秉钧指使他人暗杀热衷于议会民主的宋教仁。孙中山终于看清了袁世凯的反动面目，认识到"非去袁不可"，极力主张出兵讨袁，发动"二次革命"。以孙中山为首的革命党人发起了"二次革命"。1913 年 4 月 26 日夜至 27 日凌晨，袁世凯派代表在北京汇丰银行大楼与英、法、德、俄、日五国银团谈判，签署了金额达 2500 万英镑的《善后借款合同》。有了帝国主义的支持，袁世凯先后罢免了李烈钧、胡汉民、柏文蔚的都督职务。在国民党发起二次革命后，袁命令事先已集结在九江、南京附近的军队发起进攻。

"二次革命"的领导者没有发动广大人民群众参加，仓促上阵讨伐袁军，缺乏战略计划和统一指挥，缺乏战略协同。袁世凯靠帝国主义的支持，以占优势的武力，很快击败讨袁军，"二次革命"即告失败。

2. 护国运动

1915 年 12 月 12 日袁世凯宣布接受帝位，改中华民国为中华帝国，改民国五年为洪宪元年，准备于 1916 年元旦登基。袁世凯的倒行逆施激起中国人民的反对。1915 年 12 月 25 日，蔡锷在云南宣布独立，组织护国军兴师讨袁，发动护国战争。随后，贵州、广西、广东、浙江、陕西等省相继宣布独立。在护国军的打击下和全国一片讨伐声中，袁世凯不得不于 1916 年 3 月 22 日宣布取消帝制。袁世凯取消帝制后还以大总统自居。全国各地纷纷组织武装起义，要求惩办袁世凯。袁世凯恼羞成病，于 1916 年 6 月 6 日在全国人民的唾骂声中死去。

3. 护法运动的失败

袁世凯死后，北洋军阀群龙无首、割据一方。袁世凯死后，黎元洪继任大总统职位，与在中央掌实权的段祺瑞争权夺利，发生"府院之争"。1917 年 7 月，张勋应黎元洪"调停"之邀，率三千"辫子军"入京，复辟帝制，史称"张勋复辟"。张勋复辟消息传出，立即遭到全国人民的反对。孙中山在上海发表《讨逆宣言》。段祺瑞在日本帝国主义的支持下，组成"讨逆军"。"辫子军"一触即溃，张勋逃入荷兰使馆。复辟丑剧仅仅上演了 12 天，就在唾骂声中收场了。

段祺瑞再次出任总理，变本加厉地推行独裁卖国的反动统治，拒绝恢复《中华民国临时约法》和国会。为了护法，孙中山南下广东。1917 年秋，赞成孙中山护法主张的国会议员在广州召开非常国会，决定成立护法军政府，孙中山为大元帅，西南军阀唐继尧和陆荣廷为元帅。

1917 年 11 月下旬，桂系在军政府内挑起争端。1918 年 2 月 26 日，拥护孙中山的程璧光被刺。5 月，桂系操纵国会非常会议，用"总裁会议制"代替大元帅制。孙中山被迫辞职，第一次护法运动失败。

1919 年 10 月，孙中山将中华革命党改组为中国国民党，继续探索救国救民的道路。

孙中山在领导人民推翻帝制、建立共和国的斗争中建立了历史功勋，是 20 世纪初期推动中国发生历史性巨变的主要代表。

四、辛亥革命失败的原因及教训

（一）失败原因

①根本原因：资本主义的建国方案在半殖民地半封建的中国行不通。

②客观原因：中外反动势力的联合绞杀。

③主观原因：资产阶级革命派政治上的软弱性和妥协性。

（二）经验教训

辛亥革命的失败证明了资产阶级共和方案不能解救中国。要彻底改变中国半殖民地半封建社会的性质，实现民族独立、人民解放和国家繁荣富强、人民共同富裕，必须进行新的探索，谋求新的出路。

推荐阅读：

1. 列宁：《中国的民主主义与民粹主义》（1912 年 7 月）

2. 毛泽东：《纪念孙中山先生》（1956 年 11 月 12 日）

3. 孙中山：《〈民报〉发刊词》（1905 年 10 月 20 日）

4. 习近平：《在纪念孙中山先生诞辰 150 周年大会上的讲话》，（2016 年 11 月 11 日）

5.《孙中山革命思想对中华传统文化的传承与超越》（《广西社会科学》，2013 年第 6 期）

【教学小结】

教学效果分析：

通过讲授，使学生清晰认识到清王朝黑暗的统治给中国人民带来的巨大灾难，深刻了解清王朝腐朽的统治制度严重阻碍了社会的进步，认清资产阶级革命的必然性和正当性。激发学生的爱国热情，积极投身到学习生活中，励志做社会主义建设的接班人。

教学经验：

1. 在教学内容上，围绕教学目的，使学生认识到清王朝的新政只是维护其统治的工具，"三民主义"的具体内容及其缺陷，民族资产阶级的软弱性和妥协性。揭示孙中山革命思想中蕴含的优秀传统文化，使学生了解其革命思想的源头。

2. 在教学方法上，注重启发式教学。指导学生朗诵林觉民的《与妻书》，引导学生一起讨论"民族资产阶级为什么有软弱性和妥协性，有哪些表现""袁世凯为什么要称帝"，让学生在讨论后自然而然得出结论，突出强调资产阶级的民主共和在中国行不通、资产阶级革命不能救中国。

3. 在教学手段上，充分利用视频影像资料。精心选择图片和视频资料，运用到教学中，并予以讲解，使学生对有关教学内容产生强烈的思想情感共鸣。

改进措施：

1. 进一步合理安排教学内容。本章教学内容非常丰富，涉及的时间、人物、事件较多，而课时非常有限，因此要进一步合理安排教学内容，做到详略得当，突出重点。

2. 推荐课外书。由于章节内容过多，线索不易厘清，推荐学生阅读一定的课外书，尤其是人物传记，有助于加深对教学内容的理解。

第四章

开天辟地的大事变

【教学简况】

授课对象：大学一年级本科生。

学时安排：课堂教学 3.5 学时，讨论 0.5 学时。

教学目的：使学生了解俄国十月革命对中国的影响，认识新文化运动和五四运动的历史意义，知道五四运动是中国新民主主义革命的开端，继承和发扬五四运动的光荣传统；了解五四时期马克思主义在中国的传播，把握中国先进分子为什么和怎样选择了马克思主义；认识中国共产党成立的社会历史条件，理解中国共产党的诞生是近代中国社会发展和革命发展的客观要求，是马克思主义与中国工人运动相结合的产物，掌握中国共产党成立的意义；了解第一次国共合作以及国民革命的兴起与高潮，认识到中国共产党的成立使中国革命的面貌焕然一新。

重点难点：

本章重点是新文化运动的兴起及其意义，中国共产党的成立及其意义；本章难点是中国先进分子为什么和怎样选择了马克思主义，为什么说五四运动是中国新民主主义革命的开端。

学习思考：

1. 中国的先进分子为什么和怎么选择了马克思主义？

2. 为什么说中国共产党的成立是"开天辟地的大事变"？

3. 中国共产党成立后，中国革命呈现了哪些新面貌？

【教学过程】

教学内容设计：本章分三节。第一节新文化运动和五四运动，计划用 1.5 学时；第二节马克思主义进一步传播与中国共产党诞生，计划用 1 学时；第三节国共合作与国民革命，计划用 1.5 学时。

教学步骤：本章第一节通过五个步骤讲解新文化运动和五四运动；第二节

通过三个步骤讲解马克思主义进一步传播与中国共产党诞生；第三节通过四个步骤讲解国共合作与国民革命。

教学组织：教师讲授、案例分析、课堂讨论。

板书设计：多媒体课件与黑板辅助板书结合。

教学方法：教师体系讲授、学生讨论相结合。

导入（5分钟）

第四章：开天辟地的大事变，在整个教材体系中处于承上启下的重要地位。为什么这样说呢？正如本课程导言部分所讲，通过本课程的学习，让同学们"深刻领会历史和人民是怎样选择了马克思主义，选择了中国共产党，选择了社会主义道路，选择了改革开放"，而在这一章就突出了前两个选择——选择了马克思主义和中国共产党。通过前三章内容的讲述，我们知道围绕着近代以来的两大历史任务，中国社会各阶级、阶层展开了不懈的救国探索，有地主阶级的洋务运动，有资产阶级的维新改良运动与辛亥革命，但无一例外都失败了。事实证明资产阶级共和国的道路在中国走不通，资产阶级领导的旧民主主义革命彻底走进了死胡同。然而，"山重水复疑无路，柳暗花明又一村"，从本章开始到第七章，我们将进入新民主主义革命历史的学习。在新民主主义革命阶段，中国共产党诞生并在马克思主义的指导下最终取得了革命的胜利。在第四章的学习中，我们将会认识到，十月革命后，马克思主义传入中国，并在与中国工人运动结合的基础上诞生了新型的政党——中国共产党，使中国革命的面貌发生了翻天覆地的变化。

第一节　新文化运动与五四运动

本节教学步骤一：导入（2分钟）

中国共产党的诞生不是偶然的历史事件，同样需要深刻的思想、阶级与组织基础，这离不开新文化运动尤其是五四运动对马克思主义在中国的传播及其与工人运动相结合的促进作用。因而这一节是本章核心内容的背景和铺垫，需要重点讲授。

本节教学步骤二（25 分钟）

一、新文化运动与思想解放的潮流

（一）新文化运动兴起的背景

1. 民国初年的社会危机

辛亥革命推翻了封建帝制，建立了资产阶级民主共和国，但很快又失败了，中国陷入了北洋军阀的黑暗专制统治（展示图片：专制卖国、政局动荡、经济凋敝、尊孔复古、割据混战、民不聊生）。

对此，孙中山在 1918 年的《建国方略·自序》中写道："夫去一满洲之专制，转生出无数强盗之专制，其为毒之烈，较前尤甚。于是而民愈不聊生矣！"① 资产阶级革命派所追求的独立、民主、共和进而实现国家富强的梦想最终破灭。

中国的出路是什么？这个问题再一次被置于中国人民的面前。

一些先进的知识分子在失望、苦闷和痛苦中反思辛亥革命失败的教训，认为广大人民群众对革命"若观对岸之火，熟视而无所容心"。因此，要建立名副其实的共和国，必须根本改造国民性。他们决心发起一场新的启蒙运动，把西方的民主思想和科学精神引到中国，唤起人们民主意识的觉醒，涤荡人们头脑中的愚昧无知，把人们从封建思想的束缚中解放出来。这个运动后来被称为新文化运动。

2. 近代中国人向西方寻求真理的路径步步深入的结果

鸦片战争以后，为了救亡图存，中国人开始了西学运动，并一步步深入。其学习的路径主要体现为：第一次鸦片战争后，以魏源、林则徐为代表的地主阶级改革派，提出"师夷之长技以制夷"的口号，主张学习西方军事和科学技术，以期富国强兵、抵御外侮；第二次鸦片战争后，洋务派在中体西用思想指导下，追求船坚炮利，仍以器物层次改良为目标；洋务运动失败后，中国的资产阶级登上了历史舞台，学习外国政治制度。先是改良派领导的戊戌变法追求君主立宪，后是革命派领导的辛亥革命致力于民主共和，但都失败了。面对辛亥革命后政治上的专而不制，文化领域的复古倒退，先进的知识分子在反思辛亥革命失败的教训时，认识到近代中国所面临的危机，不仅是国力的落后，更是文化发展的落差，是中国传统文化在向近代转型过程中，在外来文化冲击下

---

① 孙中山选集：上 [M]. 北京：人民出版社，1956：116.

所遭遇的适应性危机。传统文化中"三纲五常"的封建伦理观念，"礼不下庶人，刑不上大夫"的封建特权思想，"别尊卑，明贵贱"的封建等级制度，"天不变道亦不变"的因循守旧思想、皇权思想、官本位、专制主义、权力与个人崇拜、男尊女卑、愚昧迷信、重农抑商、重群体轻个体、依附性人格，等等，缺乏现代社会所需要的国民与公民意识，民主、科学、自由与独立精神。他们认为，革命失败的根源在于国民脑中缺乏民主共和的意识，为了建立名副其实的共和国，必须从思想文化上冲击封建思想意识，重塑价值观，通过普及民主共和思想进而塑造新国民。在这种情况下，中国的先进知识分子把向西方学习由制度层面推进到文化层面，进行了新文化运动，提出了民主和科学的口号。可见，近代中国人向西方学习经历了"器物—制度—心理"的三个层次。无疑，新文化运动的发生也是近代中国人向西方学习逐步深入的结果。

近代中国人对国家出路的探索，是基于民族忧患意识。忧患意识是中国传统文化的重要组成部分。中国传统忧患意识源于人们对大自然不可抗拒威力的警觉。面对大自然，人们无法通过自身力量与之抗衡，于是对自身生存产生了忧患意识。人们臣服于上天的意志，所做的一切事务，都是在执行上天的意愿。随着社会的发展，人们的忧患意识内涵也发生了变化，由执行上天意志到通过反思完善自身德行修养来应"天命"。

《周易·乾卦》载："君子终日乾乾，夕惕若厉，无咎。"意为君子应该整日自强不息，夜晚小心谨慎，就像如临危境，不能稍懈，如此就没有灾难了。人们除具有自身忧患意识外，还应有国家忧患意识。"危者，安其位者也。亡者，保其存者也。乱者，有其治者也。是故君子安而不忘危，存而不忘亡，治而不忘乱，是以身安而国家可保也。"

传统文化中的忧患意识，也深深影响着后人。近代，帝国主义列强蜂拥而至，中国面临严重的内忧外患，无约不损，无战不败，神州陆沉，山河破碎，中华民族到了危如累卵、大厦将倾的时刻，中国人的忧患意识表现得尤为突出。李鸿章在《筹议制造轮船未可裁撤折》中写道："欧洲诸国，百十年来，由印度而南洋，由南洋而……凡前史所未载，亘古所未通，无不款关而求互市……此三千余年一大变局也。"

（二）新文化运动的主要内容

新文化运动以 1919 年五四运动为界，前后可分为两个历史时期。1919 年五四运动以前的新文化运动是资产阶级民主主义的新文化反对封建主义旧文化的斗争。1915 年 9 月，陈独秀在上海创办《青年》杂志（后改为《新青年》），标志着新文化运动的兴起。1917 年 1 月，蔡元培出任北京大学校长。他支持新文化运动，提倡学术研究，主张"思想自由，兼容并包"，聘请陈独秀为北大文科学长，还聘了许多有新思想的学者来校任教。《新青年》编辑部也迁往北京。李大钊、鲁迅、胡适、钱玄同等加入编辑部并成为主要撰稿人。《新青年》杂志和北京大学成为新文化运动的主要阵地。

新文化运动作为一场思想启蒙运动，其核心内容可以概括为：更新文化价值观念以改造国民性的运动。①

1. 基本口号

"德先生"和"赛先生"，即民主和科学。陈独秀借"民主"和"科学"两个名词英文译音的第一个音节，称"民主"（Democracy）为"德先生"，"科学"（Science）为"赛先生"。他提倡民主和科学，是为了实现在中国"建设西洋式之新国家"，即西方式的资产阶级国家这个目标。

2. 主要内容

新文化运动高举科学和民主的大旗，向封建主义展开了猛烈进攻，主要内容可以概括为"四个提倡，四个反对"。

（1）提倡民主，反对独裁专制

民主，既是指资产阶级民主主义的制度，也是指资产阶级民主主义的思想。新文化运动的领导者们认为，辛亥革命建立起来的民主制度缺乏普遍的民主思想根基，使民主制度流于形式。所以他们一方面要提倡个性解放，使人摆脱奴隶地位，成为自由自主的人；另一方面提倡民治，使人民成为社会的主人。

"德主刑辅"是儒家关于道德与刑罚关系的基本观点。儒家十分看重宗法伦理道德，突出德治、礼治和人治的重要性。孔子在处理德和刑的关系时，要求刑必须符合德，提出"道之以政，齐之以刑，民免而无耻；道之以德，齐之以礼，有耻且格"（《论语·为政》）。孟子的仁政思想虽主张贤人与良法并重，但更重视圣贤和仁人的作用。荀子虽主张礼义与刑罚是治理国家的两大基本原则，"治之经，礼与刑，君子以修百姓宁。明德慎罚，国家既治四海平"（《荀子·成相》），但在"礼"与"刑"之关系上，他还是主张"礼"居主导地位。至董仲舒时，明确指出"刑者德之辅"（《春秋繁露·天辨在人》），将德与刑归结为主辅、本末的关系。

儒家这种"德主刑辅"思想，虽对社会的稳定和发展起过重要作用，但也有消极影响。在"德主刑辅"思想中，德是永恒存在的，而刑是实现德的工具

---

① 朱志敏. 中国历史和人民为什么选择马克思主义［J］. 教学与研究，2007（12）：5–13.

和方法，是为以德治国服务的。这种过分强调道德仁义的思想，客观上造成中国传统文化中缺乏法治精神，人治大于法治，造成独裁专制。

（2）提倡科学，反对迷信盲从

当时提倡的科学，狭义上指自然科学，即具体的科学技术、科学知识；广义上指社会科学，包括科学思想、科学精神以及认识和判断事物的科学方法。新文化运动的领袖们认为，迷信盲从往往与专制社会相联系，而科学精神往往和现代民主政治相联系。具有科学精神的人，敢于追求真理与自由，不会盲从。

中国传统文化具有重人伦轻自然的传统。人伦是指我国封建礼教所规定的君臣、父子、夫妇、兄弟等各种尊卑长幼关系；自然即科学，是关于发现发明创造实践的学问，是人类探索研究宇宙万物变化规律的知识体系的总称。儒家十分重视伦理道德在政治中的重要地位，而对自然科学漠不关心。如孔子虽对自然科学有一定了解，但他认为技艺"虽小道，必有可观者焉；致远恐泥，是以君子不为也"（《论语·子张》）。他认为自然科学解决不了人安身立命的根本问题，故主张"志于道，据于德，依于仁，游于艺"（《论语·述而》）。孔子虽是大教育家，但他的讲学内容主要是"文、行、忠、信"四教，不讲自然科学。所以，尽管《论语》中也有多处关于自然的记载，内容涉及天文、物理、化学、农业、手工业、动植物等方面，但目的都是利用自然知识来说明政治、道德主张，而非研究自然本身。孟子更是从社会分工的角度来贬低自然科学。他把人分为"劳力者"和"劳心者"，把从事各类实用技艺的人归入"劳力者"之列，认为"劳心者治人，劳力者治于人；治于人者食人，治人者食于人。天下之通义也"（《孟子·滕文公上》）。荀子也把学业分为两类：一是"精于物者"，即对某一种具体技艺有一技之长者，如农精于田、贾精于市、工精于器；二是"精于道者"，即长于管理和使用有技艺者的人。荀子认为"精于道者"优于"精于物者"，"精于道者"是君子应该努力的目标，应掌握用人、治人之道。

儒家这种重人伦轻自然的思想，虽有助于增强人的主体意识，但也忽视了对自然科学的研究。唐太宗将品评大臣的标准定为"一曰德性，二曰忠直，三曰博学，四曰词藻，五曰书翰"（《贞观政要·任贤》）。朱熹的"格物致知"说虽主张通过接触具体事物来获得关于理的知识，但他同时认为只局限于具体事物的研究是做不成大学问的，甚至会迷失做人的方向。儒家重人伦轻自然思想也影响到我国古代的教育。科举制使人注重儒家经典的考订和解释，自然科学被看成"雕虫小技"，为士林不齿。专心研究自然科学者，多是身份较低的人。如唐代"六学"中的书学、算学、律学被排在最后，其学生为八品以下官员的子弟以及庶人子弟。这些人所取得的成就往往也得不到社会承认，其著作基本无人问津。当然，在 16 世纪以前，中国自然科学的发展一直处于世界前列，也曾取得过辉煌的成就，如"四大发明"。但此后，当西方近代自然科学大踏步前进的时候，中国却落后了。这其中的原因是多方面的，但很大程度应归因于儒家重人伦轻自然思想的影响。

（3）提倡新道德，反对旧道德

新道德即"自主的、独立的、平等的道德"，旧道德即以三纲五常为核心的封建伦理道德。五四以前新文化运动的倡导者们为了提倡民主和科学，给资本主义的发展扫清思想障碍，把批判的矛头集中指向封建主义的正统思想——儒学，因而排孔、反孔成为观念形态革命的起点。尊孔与反孔成了斗争的焦点。

（4）提倡新文学，反对旧文学

旧的文学形式和内容，已经成为传播和发展新文化的障碍。提倡新文学，是要求以白话文代替文言文，进行文学革命。这种取代是文学语言的重建，也是思维的重建。1917 年，胡适在《新青年》上发表《文学改良刍议》一文，较系统地提出了文学改良的主张。陈独秀随即写了《文学革命论》一文以示声援。鲁迅则在他的文学作品中将反封建的革命内容与白话文的形式结合起来。《狂人日记》《孔乙己》《药》等作品，堪称文学革命的典范。

（三）五四以前新文化运动的意义及局限性

1. 意义

①形成一场空前深刻的反封建思想解放运动。新文化运动的内容切中时弊，口号振聋发聩。它对旧文化、旧民俗、旧礼教的批判，严重动摇了孔学的绝对权威地位，给封建主义一次前所未有的沉重打击。当然，新文化运动的倡导者们并没有因批判孔学而否定中国的全部传统文化。首先，他们指出，孔学并不等于全部国学。"非孔学之小，实国学范围之大也。"其次，他们并没有否定孔学的历史作用。再次，他们也没有把孔学说得一无是处。他们批判孔学，是为了指明它在根本上已经不适于现代生活，反对孔学对人民思想的禁锢，促使人们独立思考，以追求真理。

②客观上为马克思主义的传播提供了条件。新文化运动作为一场民主主义的思想启蒙运动，在社会上掀起了一股思想解放的潮流。形形色色的新思想、新观念迅速涌入沉闷的中国，整个社会风气为之一变，这就为马克思主义的传播准备了条件。正如毛泽东所评价："这个运动是生动活泼的，前进的，革命

的"①，"自有中国历史以来，还没有过这样伟大而彻底的文化革命"②。

2. 局限性

由于阶级和时代的局限，五四以前的新文化运动不可避免地存在这样或那样的弱点。

①在指导思想上，新文化运动的倡导者批判孔学，是为了给中国发展资本主义扫清障碍。但是，以往的革命实践已经证明，资产阶级共和国的方案在中国行不通，所以从根本上说，提倡资产阶级民主主义，并不能为人们提供一种有效的思想武器去认识中国，去对中国社会进行改造。

②在思想认识上，他们把改造国民性置于优先地位，夸大了文化在社会发展中的作用。他们以为依靠思想文化领域的斗争，通过新思想、新道德、新文化的宣传就可以改造国民性，使中国成为一个真正的民主共和国。但是，离开根本改造产生封建思想的社会环境的革命实践，仅仅依靠少数人有限的宣传，是不可能达到最终目的的。

③在思想方法上，那时的许多领导人物缺乏马克思主义的批判精神，普遍存在着形式主义看问题的偏向，即绝对肯定或绝对否定。把传统与现代、中国和西方对立起来，把复杂的文化现象作简单化处理。这种形式主义看问题的方法影响了这个运动后来的发展。

（四）新文化运动先进分子对资产阶级民主主义产生怀疑的原因

正因为五四运动以前的新文化运动存在这样或那样的弱点，它也就不能停留在这个水平上而不往前发展。事实上，在当时的先进分子中，有的人在宣传西方资产阶级民主主义时，就已经开始对它怀疑和有保留了。他们之所以对西方资本主义的方案产生怀疑，是因为：

第一，在帝国主义时代，资本主义制度的内在矛盾已经比较充分地暴露出来。例如，严重的贫富分化、劳资对抗等问题，显示了资本主义文明的缺点。

第二，第一次世界大战以极端形式进一步暴露了资本主义制度固有的不可克服的矛盾。长期以来，中国的先进知识分子一直将西方资本主义国家作为效仿的榜样，他们狂热地学习和研究西方的种种新学说和新思潮。然而，第一次世界大战将资本主义社会内部所固有的种种矛盾，如政治经济发展不平衡、贫富分化、劳资冲突等问题暴露无遗。战争的空前残酷，战后社会的极度混乱，

① 毛泽东选集：第3卷 ［M］. 北京：人民出版社，1991：831.
② 毛泽东选集：第2卷 ［M］. 北京：人民出版社，1991：700.

使世人为之震惊，引起世人对西方文明价值的怀疑。这无疑向先进的中国人向西方学习的热情迎头泼了一盆冷水，西方的社会制度已丧失了原有的吸引力。

第三，中国人学习西方一再碰壁，对资本主义方案的可行性产生了极大的怀疑。正如毛泽东所说："帝国主义的侵略打破了中国人学西方的迷梦。很奇怪，为什么先生老是侵略学生呢？中国人向西方学得很不少，但是行不通，理想总是不能实现。多次奋斗，包括辛亥革命那样全国规模的运动，都失败了。国家的情况一天天坏，环境迫使人们活不下去。怀疑产生了，增长了，发展了。"①

新文化运动左翼人士对资产阶级民主主义的怀疑，推动着他们去探索挽救危亡的新途径，为他们以后接受马克思主义准备了合宜的土壤。这样，后期新文化运动的知识分子队伍发生了分化：以李大钊为代表的一部分人，继承了它的科学和民主精神，并在马克思主义的基础上加以改造，寻求科学的社会主义来改造中国；以胡适为代表的另一部分人，则继续沿着资产阶级的道路走下去。

本节教学步骤三（8分钟）

二、十月革命与马克思主义在中国的传播

以李大钊为代表的先进知识分子对西方的怀疑只是说明了转向的必然性，为什么转向东方、转向马克思主义？这与十月革命对中国思想界的影响是分不开的。

1917年俄国爆发的十月革命，震动了世界，更是让中国人看到了民族解放的希望。十月革命的炮声惊醒了正在寻求救国救民出路而不得其解的中国先进知识分子，推动他们把自己的目光从西方转向东方，从资产阶级民主主义转向社会主义。正如毛泽东所说："十月革命一声炮响，给我们送来了马克思列宁主义。十月革命帮助了全世界的也包括中国的先进分子，用无产阶级的宇宙观作为观察国家命运的工具，重新考虑自己的问题。走俄国人的路——这就是结论。"②

那么十月革命是怎样推动中国的先进分子从资产阶级民主主义转向社会主义的呢？

---

① 毛泽东选集：第4卷［M］．北京：人民出版社，1991：1470.
② 毛泽东选集：第4卷［M］．北京：人民出版社，1991：1471.

第一，十月革命给予中国先进的知识分子一个启示，即经济文化落后的国家也可以用社会主义思想指引自己走向解放之路。

第二，十月革命后新生的社会主义俄国号召反对帝国主义，并以平等态度对待中国，有力地推动中国的先进分子转向社会主义。十月革命后，1919 年苏俄政府就发表宣言，宣布放弃帝制时代在中国取得的特权，归还租界、废除不平等条约。1923 年 12 月，北京大学投票选举世界第一伟人的民意测验，列宁在全部 497 票中得 227 票，高居榜首，比第二名美国总统威尔逊多 176 票。这说明，马克思主义和社会主义在中国的传播已经有了接受基础。

第三，十月革命中俄国工人、农民和士兵群众的广泛发动并由此赢得胜利的事实，给予中国的先进分子以新的革命方法的启示，推动他们去研究这个革命所遵循的主义。

这样，在十月革命以后的中国思想界，就产生了一批赞成俄国十月社会主义革命、具有初步共产主义思想的知识分子。社会主义开始在中国形成一股相当有影响的思想潮流。

在这股宣传社会主义思想的潮流中，最早和最具有代表性的人物，当属李大钊。我们以李大钊为例来了解一下，十月革命是怎样推动中国的先进分子由资产阶级民主主义转向社会主义的？

辛亥革命时，李大钊已经在政治舞台上初露头角，他热情地向往资产阶级民主共和国，欢呼资产阶级民主共和国的建立。1913 年，他留学日本；在这之前，他并没有读过或者谈过社会主义。东渡日本后，他开始接触社会主义思想；1915 年参加留日学生反对"二十一条"的斗争；1916 年回国，参加反对袁世凯的斗争。1918 年 1 月，李大钊任北京大学图书馆主任，并担任《新青年》编辑。他非常关心并潜心研究和热情宣传十月革命，从十月革命的胜利中感受到了世界的变动和中国的希望。1918 年 7 月，他发表了《法俄革命之比较观》一文，认定资本主义文明"当入盛极而衰之运"。这表明他的世界观开始转变。同年11 月、12 月他发表《庶民的胜利》《布尔什维主义的胜利》两文。他确信"将来的环球，必是赤旗的世界"，进一步走向马克思主义。1918 年 12 月，他创办《每周评论》，评价包括马克思主义在内的各种思潮。1919 年 9 月、11 月，他发表了《我的马克思主义观》一文，系统介绍了马克思主义的基础理论，明确地把马克思主义称为"世界改造原动的学说"。这表明李大钊已经成为中国的第一个马克思主义者，在中国率先举起了马克思主义的旗帜。1920 年 3 月，他还与邓中夏等人在北京大学组建了我国第一个"马克思学说研究会"，团结一批进步青年学习马克思主义，研究中国社会问题。

本节教学步骤四（20 分钟）

三、五四运动：新民主主义革命的开端

（一）背景

1919 年 5 月爆发的五四运动，是在新的时代条件和社会历史条件下发生的。基本背景如下：

首先，中国新的社会力量成长、壮大。第一次世界大战期间，中国的资本主义经济获得了发展，资产阶级和工人阶级的力量也随之得到进一步壮大。五四运动前夕，中国工人阶级已经达到 200 余万人。这就为五四运动准备了广泛的社会基础。

其次，新文化运动掀起思想解放的潮流。受到这个潮流影响的年轻一代知识分子，尤其是那些具有初步共产主义思想的知识分子（如陈独秀、李大钊等），为五四运动准备了最初的群众队伍和骨干力量。

再次，俄国十月革命对中国的影响。十月革命的胜利，使中国人民看到了民族解放的新希望及新方法，极大地鼓舞了追求民族解放和人民幸福的中国人民革命斗争的激情。

最后，直接导火线是巴黎和会上中国外交的失败及北洋政府的卖国媚外。

1919 年初，在第一次世界大战中获胜的帝国主义列强，为了重新瓜分世界，在巴黎召开战后和平会议。中国作为协约国之一，曾对德、奥宣战，并派数万华工赴欧参战，因此也得以战胜国的资格派代表参加巴黎和会。北洋政府派出以外交总长陆征祥为首席代表的五人代表团，提出废除外国在华势力范围，撤退外国在华驻军、巡警等七项要求和取消"二十一条"及换文的陈述书，遭到无理拒绝。巴黎和会决定把德国在山东的一切特权移交给日本，北洋政府竟然准备签字承认。作为战胜国的中国竟和战败国一样受到宰割。人们原以为可以从"公理战胜强权"的和会上争得中国在国际上的独立平等地位，但一无所获的严酷现实无情地粉碎了这种幻想。巴黎和会上中国外交失败的消息传来，立即激起了知识分子和青年学生的强烈愤慨，蕴藏在中国人民心中的反帝怒潮如火山一样爆发了。

五四运动爆发的原因有多方面，但是维护国家利益是最根本的，充分体现了中华民族爱国主义的优良传统。爱国主义是一种崇高的思想品德，是中华民族的优良传统。中华民族之所以历史悠久，爱国主义作为一种精神支柱和精神财富起了重要作用。在历史上曾涌现出许多著名的爱国者和民族英雄，他们都具有为祖国奉献一切的献身精神。英勇抗击匈奴的卫青、霍去病，精忠报国的岳飞，"男儿到死心如铁"的辛弃疾，保卫北京的于谦，抗击倭寇的戚继光，横戈戍边抗清的袁崇焕，收复台湾的郑成功等，他们的爱国献身精神至今仍具有巨大的精神感召力。

（二）过程

五四运动分为两个阶段，其中运动的中心、主力和斗争方式都发生了变化。

5月4日到6月5日，以学生罢课游行示威为主，运动中心在北京。

1919年5月4日，北京大学等北京十几所大专院校3000余名学生在天安门前集会，会后举行游行示威，高呼"外争国权，内惩国贼""拒绝在和约上签字"，强烈要求惩办曹汝霖、陆宗舆、章宗祥三个亲日派卖国贼。示威群众不顾反动军警的阻挠，愤怒冲进曹汝霖住宅，"痛打章宗祥，火烧赵家楼"。北洋政府出动大批军警进行镇压。运动很快波及全国。从5月7日起，济南、天津、长沙、武汉、上海等地学生纷纷举行集会、游行、罢课。5月11日，上海学联成立；26日，上海2万学生举行总罢课。

自6月5日起，以无产阶级为主，"三罢斗争"，运动中心转向上海。

北洋政府在北京逮捕学生的行为，进一步激起了全国人民的义愤。正是在这个时候，中国工人阶级开始以独立的姿态登上历史舞台。从6月5日起，上海六七万工人先后举行政治罢工，支援学生的反帝爱国运动。工人罢工推动了商人罢市、学生罢课。随后，这场反帝爱国运动扩展到20多个省区、100多个城市。这样，以6月5日为界，五四运动由最初的学生爱国运动发展成为包括工人阶级、小资产阶级及民族资产阶级参加的全国范围的爱国民主运动，斗争的主力由学生转向工人，运动的中心也由北京转到了上海。

迫于全国人民的压力，北洋政府不得不于6月10日释放被捕学生，并宣布罢免亲日派官僚曹汝霖、章宗祥、陆宗舆的职务。6月28日，中国政府代表也没有出席巴黎和约的签字仪式。五四运动实现了直接的斗争目标。

（三）历史特点

五四运动是在新的社会历史条件下发生的，具有以辛亥革命为代表的旧民主义革命所不具备的一些特点。

第一，五四运动表现了反帝反封建的彻底性。所谓"彻底性"，一是指斗争的坚决性、不妥协性，而不是指完成了反帝反封建的任务。正如毛泽东所说："五四运动的杰出的历史意义，在于它带着为辛亥革命还不曾有的姿态，这就是彻底地不妥协地反帝国主义和彻底地不妥协地反封建主义。"①　二是从感性地排外到理性地认识到帝国主义的内部和外部的各种矛盾，并看出了帝国主义联合中国买办阶级和封建阶级压榨中国人民大众的实质。在这场运动中，提出了"改造强盗世界，不认秘密外交，实行民族自决"和"另起炉灶，组织新政府"的口号。这表明，中国人民反帝反封建的斗争提升到了一个新的水平。

第二，五四运动是一次真正的群众运动。辛亥革命失败的主要教训之一在于没有广泛动员和组织群众，而五四运动本身是一场群众性的革命运动。五四运动是中国近代历史上第一次由青年学生、工人阶级和其他阶级联合起来的反帝反封建的爱国运动。

第三，五四运动促进了马克思主义在中国的传播及其与中国工人运动的结合。巴黎和会上中国外交的失败，打破了人们对资本主义列强的幻想。在倾向社会主义的知识分子中，一些人经过比较，最终选择了马克思主义。

五四运动显示了中国工人阶级的伟大力量，使具有初步共产主义思想的知识分子看到了中国工人阶级和广大民众的力量，促使他们到工人中去宣传马克思主义。这就促进了马克思主义和中国工人运动的结合，从而为 1921 年中国共产党的成立作了思想上和干部上的准备。

正因为五四运动具备了上述新的历史特点，它也就成了中国革命的新阶段即新民主主义革命阶段的开端。

本节教学步骤五（15 分钟）

讨论："五四精神"有哪些核心内涵？新时代的大学生该如何继承、发扬"五四精神"？

---

① 毛泽东选集：第 2 卷［M］. 北京：人民出版社，1991：699.

第二节　马克思主义进一步传播与中国共产党诞生

本节教学步骤一：导入（2分钟）

马克思主义在中国广泛地传播开来，则是在五四运动之后。五四运动促进了马克思主义的传播，社会主义思潮在中国蓬勃兴起，马克思主义开始在知识界中得到广泛传播并取得指导地位。

本节教学步骤二（10分钟）

一、中国早期马克思主义思想运动

（一）早期马克思主义者的队伍

中国早期信仰马克思主义的人物，主要有三种类型：

第一种类型是五四运动以前新文化运动的精神领袖。代表人物为李大钊、陈独秀。

陈独秀原来是一个典型的欧化派。但是，1919年中国在巴黎和会上的外交失败给他上了严峻的一课，促使他开始批判资本主义而接受了马克思主义。1920年5月，他与李达等人在上海建立了马克思主义研究会，为中国共产党的创建作了思想与组织上的准备。

第二种类型是五四爱国运动的左翼骨干。代表人物为毛泽东、周恩来、蔡和森等。在李大钊、陈独秀的引领下，毛泽东、邓中夏、蔡和森、恽代英、瞿秋白、周恩来、赵世炎、李达、李汉俊等一大批先进青年和具有初步共产主义思想的知识分子通过对各种学说、主张的鉴别、比较之后，最终也选择了马克思主义。

第三种类型是一部分原中国同盟会会员、辛亥革命时期的活动家。代表人物为董必武等。他们是在学习十月革命成功的经验、总结辛亥革命失败的教训的基础上，开始学习并转向马克思主义。

中国早期的马克思主义者，自身都具备深厚的传统文化底蕴。马克思主义与中国传统文化的契合性，尤其是共产主义与"大同社会"的契合，也是他们接受马克思主义的原因之一。

中国传统文化包含对社会理想的深刻关注。先秦时期，诸子百家多有对理想社会的描述。墨家的理想社会集中表现在"老而无妻子者，有所侍养以终其寿；幼弱孤童之无父母者，有所放依以长其身"（《墨子·兼爱下》）。《礼记·礼运》在全面总结先秦诸子社会理想的前提下，描绘出了"大同社会"的蓝图："大道之行也，天下为公，选贤与能，讲信修睦。故人不独亲其亲，不独子其子，使老有所终，壮有所用，幼有所长，矜寡孤独废疾者皆有所养……是故谋闭而不兴，盗窃乱贼而不作，故外户不闭。是谓大同。"

《礼记·礼运》描绘的"大同社会"与马克思描述的共产主义社会具有类似性："在共产主义社会高级阶段，在迫使个人奴隶般地服从分工的情形已经消失，从而脑力劳动和体力劳动的对立也随之消失之后；在劳动已经不仅仅是谋生的手段，而且本身成了生活的第一需要之后；在随着个人的全面发展，他们的生产力也增长起来，而集体财富的一切源泉都充分涌流之后，——只有在那个时候，才能完全超出资产阶级权利的狭隘眼界，社会才能在自己的旗帜上写上：各尽所能，按需分配！"[①] 正是这种类似性，成为马克思主义在中国得以广泛传播的重要文化根基。

（二）早期马克思主义思想运动的特点

为适应中国社会发展和革命发展的需要，早期马克思主义者在中国掀起了一场研究、传播马克思主义的思想运动。这个运动一开始就具有以下几个方面的特点：

第一，重视对马克思主义基本理论的学习，明确地同第二国际的社会民主主义划清了界限。当时，中国的先进分子对马克思主义的了解尽管还不深入，但他们对当时能够找到的马克思主义基本著作进行了认真学习，并且把它作为一个科学体系，对它的各个组成部分及其相互关联获得了基本正确的理解。在当时的国际共产主义运动中，存在着马克思主义与社会民主主义、修正主义的严重对立。社会民主主义、修正主义都否定马克思主义的基本原则和普遍真理，实质是一种与科学社会主义相背离的社会改良主义。中国的先进分子对此采取了明确的批判态度。

第二，注意从中国的实际出发，学习、运用马克思主义的理论，做到"有的放矢"，是中国马克思主义思想运动具有的一个特点和优点。中国的先进分子接受马克思主义，从一开始就不是把它当作单纯的学理来探讨，而是把它作为观察国家命运的工具，主张用马克思主义去研究和解决中国所面临的实际问题，注重把马克思主义与中国的实际相结合。尽管当时还没有提出马克思主义中国

---

① 马克思恩格斯选集：第3卷［M］. 北京：人民出版社 2012：364-365.

化这个命题，但中国的先进分子一开始就有这种意识。

第三，开始提出知识分子应当同劳动群众相结合的思想。五四运动直接目标的实现，使中国先进的知识分子看到了中国广大劳动群众的巨大力量。"劳工神圣"成为五四时期的响亮口号。因此，在五四运动以后，先进的知识分子主张从事群众运动，走与劳动群众相结合的道路。他们主动到群众当中去，不仅重视工人，而且重视农民，"向农村去""到民间去"成为当时流行的口号。在李大钊的指引下，北京大学的邓中夏等开始到工人中进行活动。

（三）新文化运动的发展

中国的先进分子在接受马克思主义之后，继承了新文化运动提倡的民主和科学精神，并赋予其新的含义。民主不再是指狭隘的资产阶级民主，而是指多数人的民主、以劳动群众为主体的民主；科学除指自然科学外，主要是指马克思主义的科学世界观和方法论。

马克思主义的传播，并没有中断或取消五四运动以前开始的反封建的思想启蒙工作；相反，中国的先进分子以唯物史观为武器，克服以往启蒙者的弱点，将反封建运动推向深入：他们从反对封建思想入手，进而提出必须反对产生封建思想的社会制度；把反封建思想斗争的立足点，从争取个人的个性解放，扩展到争取人民群众的社会解放的高度；把反封建的斗争方式，从少数人进行的思想批判，逐步地发展为人民群众的革命实践。这样，他们就使反封建的启蒙工作，在量上得到了空前的扩大、在质上得到了根本的提高，从而推动了中国人的思想在更大的范围内和更深刻的程度上获得解放。

所以，五四运动以后，新文化运动已经发展到了一个新的阶段，已经由前期的资产阶级民主主义新文化反对封建主义旧文化的斗争，发展为以宣传马克思主义为主要内容的属于新民主主义革命范畴的文化运动了。马克思主义开始逐步地在思想文化领域中发挥指导作用，成为五四新文化运动的主流。

本节教学步骤三（23分钟）

二、中国共产党的创立及历史特点

（一）中国共产党的早期组织

五四运动中，工人阶级作为一支独立的政治力量登上了历史舞台，并于此后进行了多次反帝反军阀的政治罢工。随着工人运动的进一步发展和马克思主义的逐步传播，建立一个以马克思主义理论为指导的无产阶级政党的任务被提上了日程。李大钊、陈独秀等早期的马克思主义者敏锐地看到了这一点。早在1920年2月，李大钊为掩护陈独秀逃离北京，以免再次遭受北洋政府的迫害，二人化妆为商人乘骡车前往天津，在路上两人共商建党大计，相约分别在上海和北京筹建中国共产党，留下了"南陈北李，相约建党"的佳话。1920年3月，李大钊发起成立北京大学马克思学说研究会。5月，陈独秀在上海组建了马克思主义研究会，探讨社会主义学说和中国社会改造问题。中国革命形势的发展，也引起了共产国际的重视。1920年4月，共产国际代表维经斯基（伍廷康）来到中国，先后在北京、上海会见了李大钊、陈独秀等，讨论了中国的建党问题，促进了中国共产党的创建。在维经斯基的帮助下，陈独秀开始进行建党活动。

中国工人阶级政党最早的组织，是在中国工人阶级最密集的中心城市——上海建立的。1920年6月，陈独秀与李汉俊、俞秀松、施存统等上海的社会主义者开会商议，决定建立共产党组织，还起草了一个简单的党纲。关于党的名称，陈独秀征求李大钊的意见后，定名为"共产党"。8月，陈独秀与俞秀松、李达、李汉俊、陈望道等在上海成立共产党的发起组织，名叫"共产党"，陈独秀为小组书记，并约函各地社会主义分子组织支部。上海发起组成立后，自觉地担负起发起、筹名、组织中国共产党的任务，成为各地共产主义者进行建党活动的联络中心。

从1920年秋至1921年春，李大钊、张国焘等在北京，董必武、陈潭秋、包惠僧等在武汉，毛泽东、何叔衡等在长沙，王烬美、邓恩铭等在济南，谭平山、谭植棠等在广州，成立了共产党的早期组织。在日本、法国留学的中国先进分子，也成立了这样的组织。由于这些党的地方组织当时名称并不统一，后来习惯通称为共产主义小组。各地共产主义小组的建立，把中国早期马克思主义者和具有初步共产主义思想的进步分子组织了起来，为建立全国性的政党作了组织上的准备。

（二）中国共产党早期组织的活动

1. 研究和宣传马克思主义

（1）创办报刊，发表文章。

（2）组织社团，研讨宣传。

（3）展开论战，成为主流。

每一种新思潮的传播都不会是一帆风顺的。马克思主义在中国的传播过程中，也遇到了反马克思主义思潮的挑战。在1919年至1921年间，马克思主义者同反马克思主义流派开展了三次大规模的论战：与胡适的"问题与主义之争"，与梁启超、张东荪的"社会主义之争"，与黄凌霜、区声白等人的"无政府主义之争"。

问题与主义之争：1919年7月，从五四运动中分化出来的资产阶级右翼知识分子胡适，在《每周评论》上发表《多研究些问题，少谈些"主义"》一文，公开反对在中国传播马克思主义，反对从根本上解决中国社会问题。8月，李大钊在同一刊物上发表了《再论问题与主义》一文，指出：中国社会问题的根本解决，必须以马克思主义为指导。只有用革命的方法解决中国社会的问题，一个一个具体问题才有解决的希望。在这个时期，陈独秀、瞿秋白等也曾发表文章，批判了胡适的观点。

关于社会主义的论战：1920年11月，梁启超、张东荪先后在上海《时事新报》《改造》等刊物上发表文章，反对社会主义。他们在"资本主义必倒，社会主义必兴"的幌子下，宣传英国资产阶级哲学家罗素鼓吹的基尔特社会主义，宣扬劳资协调，反对暴力革命；认为中国当时受帝国主义压迫，经济窘困，最为迫切的问题是发展资本主义，先解决人民的生计问题，将来可以通过资本家发展实业，逐渐蜕变为社会主义。这实质上是打着社会主义旗号的资产阶级改良主义。陈独秀、李大钊、李达、蔡和森等在《新青年》等刊物上发表文章，对上述论点进行了驳斥。他们指出：在中国这样的半殖民地，要想独立地发展资本主义是不可能的。要改变中国的落后面貌，唯一的出路就是实现社会主义。而要实现社会主义，就要走十月革命的道路，建立无产阶级的先进政党，通过暴力革命夺取政权，建立无产阶级专政。

与无政府主义的论战：无政府主义是一种小资产阶级的社会政治思想，主张不要政府，不要国家，完全自由，一度在当时流行的社会思潮中占据优势地位。1919年2月，无政府主义者黄凌霜在《进化》月刊上发表《评〈新潮杂志〉所谓今日世界之新潮》一文，把马克思主义歪曲成所谓"集体主义"加以攻击，其实质是反对建立无产阶级政党。从1920年起，陈独秀、李达、毛泽东、周恩来等在《新青年》《共产党》《先驱》等刊物上发表文章，同无政府主义者论战。

通过论战，扩大了马克思主义的影响，帮助一批倾向社会主义的进步分子划清了社会主义同资本主义的界限，科学社会主义同资产阶级、小资产阶级社会主义流派的界限，认识到只有科学社会主义才能实现救国救民和从根本上改造中国社会的目标，推动他们走上了马克思主义的道路。

2. 到工人中去进行宣传和组织工作

为了能够用马克思主义指导中国的工人运动，各地共产主义小组的成员，自觉地深入到工人群众中去。他们一方面深入工厂直接接触工人，穿着工人的服装，使用工人的语言，从事工人的劳动，力求与工人打成一片；一方面出版各种工人刊物，向工人进行马克思主义理论宣传，促使两者结合。他们还创办各种形式的工人学校，如北京小组邓中夏在长辛店、上海小组李启汉在沪西小沙渡分别开办的劳动补习学校，借此接近群众。经过宣传教育，觉悟的工人有组织起来的要求。1920 年 11 月，共产党早期组织领导的第一个工会——上海机器工会宣告成立；不久，又成立了上海印刷工会。1921 年五一国际劳动节，长辛店有 1000 余工人参加庆祝游行，并成立工人俱乐部（工会）。武汉、长沙、广州、济南等地的工人也相继成立工会。工会开始领导工人开展罢工斗争，工人的觉悟程度和组织程度在斗争中得到进一步的提高。

3. 进行关于建党的讨论和实际组织工作

在马克思主义进一步广泛传播和中国工人运动大发展的情况下，各地的共产主义者对建党的有关问题展开了讨论。1920 年 11 月，在上海共产主义小组领导下，社会主义青年团在上海宣告成立。其后，北京、天津、武汉、长沙等地也相继成立了团的组织。各地团组织通过引导青年学习马克思主义，参加实际斗争，为党造就了一批后备力量。

总之，中国共产党早期组织成立后的这些活动，促进了马克思主义的传播及其与中国工人运动的结合。在此过程中，初步确立了共产主义信念的知识分子，其思想感情进一步转变到工人阶级方面来；同时，一部分工人由于受到马克思主义的教育而提高了阶级觉悟。这样，就形成了一批工人阶级的先进分子，在中国创建工人阶级的先锋队——中国共产党的条件基本具备了。

（三）中国共产党的创建及其意义

1. 中国共产党成立的历史必然性

中国共产党的诞生，是近现代中国历史发展的必然产物，是中国人民在救亡图存斗争中顽强求索的必然产物。

①近代中国半殖民地半封建的基本国情，要求人民进行反帝反封建的革命斗争。而中国革命的敌人异常强大。为了战胜这个敌人，革命营垒需要一个坚强的领导者、组织者。正如毛泽东所说："既要革命，就要有一个革命党。没有一个革命的党，没有一个按照马克思列宁主义的革命理论和革命风格建立起来的革命党，就不可能领导工人阶级和广大人民群众战胜帝国主义及其走狗。"①

②面对异常强大的敌人，为了救亡图存，农民阶级、地主阶级及资产阶级

---

① 毛泽东选集：第 4 卷［M］．北京：人民出版社，1991：1357.

相继进行了英勇的探索，但无一例外地失败了。历史呼唤新的阶级的领导、新的指导思想的指导。成立新的革命政党来领导人民的斗争，已经成为中国革命发展的客观要求。

③成立无产阶级政党的条件已经成熟。第一次世界大战期间中国工人阶级力量的壮大、五四运动后马克思主义的广泛传播及其与工人运动的结合、各地共产主义小组的成立，为中国共产党的成立奠定了思想、阶级与组织基础。此外，列宁领导的共产国际给予人员、理论及物质上的帮助，对中国共产党的创建起了推动作用。

2. 中国共产党第一次全国代表大会

1921 年 7 月 23 日至 31 日，中国共产党第一次全国代表大会在上海法租界望志路 106 号召开，其间由于会场受到暗探注意和法租界巡捕房搜查，最后一天的会议改在浙江嘉兴南湖的游船上举行。参加会议的代表有 13 人，代表全国 50 多名党员，他们是：李达、李汉俊（上海），张国焘、刘仁静（北京），毛泽东、何叔衡（长沙），董必武、陈潭秋（武汉），王烬美、邓恩铭（济南），陈公博（广州），周佛海（日本东京）；陈独秀和李大钊因故未能出席，包惠僧受陈独秀派遣出席了会议。列席会议的还有共产国际代表马林和共产国际远东书记处代表尼科尔斯基。大会的中心任务是讨论成立中国共产党。大会的议程是：听取各地共产主义小组的工作情况报告，起草并通过党的纲领和工作计划，选举党的中央领导机构。

3. 中国共产党成立的历史特点

中国共产党是在特定的历史条件下成立的，和西欧许多资本主义国家的工人阶级政党相比，中国特殊的历史条件和社会环境使中国共产党的诞生具有如下特点：

第一，中国共产党成立于俄国十月革命取得胜利，第二国际社会民主主义、修正主义破产之后。它所接受的是没有被修正主义阉割的马克思主义的完整的科学世界观和社会革命论，是在帝国主义和无产阶级革命时代发展了的马克思主义（即列宁主义），是在斗争中同资产阶级、小资产阶级社会主义划清了界限的科学社会主义。因而中国共产党从一开始，在思想和组织上都没有受到欧洲社会民主党和第二国际的影响。

第二，中国共产党是在半殖民地半封建社会环境中产生的。在这样的社会条件下，中国的工人阶级深受帝国主义、本国资产阶级和封建势力的压迫，具有坚定的革命性。在这个阶级中，不存在欧洲那种工人贵族阶层，没有社会改良主义的基础。而且在半殖民地的中国，也没有经过欧洲那样的资本主义和平发展时期，不存在进行和平议会斗争的条件，工人阶级很少对资产阶级民主制度抱有幻想。

4. 中国共产党成立的历史意义

中国共产党的成立，使中国革命斗争有了：

①新的领导核心。中国革命的长期性、艰巨性和复杂性决定了中国需要强有力的领导核心，但以往革命斗争失败的重要原因就是没有一个先进的坚强的政党作为凝聚自己力量的领导核心。自从有了中国共产党，这种局面就从根本上改变了。中国共产党不仅是中国工人阶级的先锋队，也是中国人民可以信赖的组织者和领导者。中国共产党自觉肩负起实现民族复兴的重任，带领人民为推翻三座大山的压迫，实现民族独立、人民解放展开了英勇顽强的不懈斗争并一步步取得胜利，开启了实现国家富强、人民富裕的历史征程。

②新的指导思想。以往在资产阶级民主主义指导下的旧民主主义革命之所以失败，其根本原因在于这种思想不符合中国国情。中国共产党成立后，中国革命从此有了一个科学的指导思想——马克思主义，指导中国革命一步步走向胜利。

③新的革命纲领。以往的斗争之所以成效甚少，一个重要的原因就在于不能团结真正的朋友以攻击真正的敌人。对于这个在长时间里没有得到解决的问题，中国共产党成立不久，就给予了一个基本的解决。1922 年召开的中共二大第一次提出了彻底地反帝反封建的革命纲领，为中国人民指出了明确的斗争目标与任务。

④新的斗争策略和革命方法。以往的斗争之所以成效甚少，一个重要的原因就在于未能充分地发动群众。这种情况，在中国共产党成立之后，也有了根本的改变。中共二大发出了"深入群众，到群众中去"的号召，改变以往依靠单一阶级的做法，开始采取民族资产阶级、小资产阶级的政党和政治派别没有采取过也不可能采取的革命方法，即群众路线的方法。

⑤新的前途。建立人民民主专政而非资产阶级专政的共和国，最终达到共产主义。

此外，中国共产党的成立，还沟通了中国革命与世界革命的联系，使中国革命成了世界无产阶级社会主义革命的一部分。

因此，中国共产党的成立，具有伟大的历史意义。正如毛泽东所说："中国产生了共产党，这是开天辟地的大事变。"① "自从有了中国共产党，中国革命

---

① 毛泽东选集：第 4 卷 [M]. 北京：人民出版社，1991：1514.

的面目就焕然一新了。"①

本节教学步骤四（15 分钟）

三、反帝反封建革命纲领的制定和工农运动的发动

（一）制定反帝反封建的民主革命纲领

1922 年 7 月 16 日至 23 日，中国共产党第二次全国代表大会在上海召开。会议的中心议题是进一步讨论和确定党在民主革命时期的纲领问题。主要内容：①大会根据列宁关于民族和殖民地问题的理论和中国社会半殖民地半封建的性质，阐明了中国革命的性质、动力、对象和前途。《中国共产党第二次全国代表大会宣言》指出，当前的中国革命性质是民主主义革命；革命的动力是无产阶级、农民和其他小资产阶级，民族资产阶级也是革命的力量之一；革命的对象是帝国主义和封建军阀；革命的前途是向社会主义革命转变。②制定了党的最高纲领和最低纲领。党的最高纲领是："要组织无产阶级，用阶级斗争的手段，建立劳农专政的政治，铲除私有财产制度，渐次达到一个共产主义社会。"最低纲领（即在当前民主革命阶段的纲领）为："消除内乱，打倒军阀，建设国内和平""推翻国际帝国主义的压迫，达到中华民族完全独立""统一中国本部（东三省在内）为真正民主共和国"。这是在半殖民地半封建社会的条件下，走向社会主义、共产主义不可逾越的一个阶段。③提出采取"联合战线"的策略，即群众路线的方法。

中共二大在中国人民面前第一次旗帜鲜明地提出了彻底地反帝反封建的民主革命纲领，正确区分了民主革命和社会主义革命，初步解决了中国革命必须分两步走的问题，指明了中国民主革命的性质、对象、动力和前途，成为动员、组织和鼓舞中国人民争取解放的一面旗帜。这表明党已经开始把马克思主义基本原理与中国的具体实践结合起来，对中国国情和中国革命基本问题的认识在不断深化。

（二）发动工农群众开展革命斗争

根据中共一大、二大精神，中国共产党积极领导工农群众开展革命斗争。1921 年 8 月 11 日，党中央在上海成立了领导工人运动的总机关——中国劳动组合书记部，并在各处建立分部，一方面在工人中进行宣传工作，一方面组织工

---

① 毛泽东选集：第 4 卷 [M]. 北京：人民出版社，1991：1357.

会领导工人开展罢工斗争。正是在中国共产党的领导、组织、推动下，以 1922 年 1 月香港海员罢工为起点到 1923 月 2 月京汉铁路工人罢工为止，中国掀起了第一个工人运动的高潮。在持续 13 个月的时间里，全国发生了大小工人罢工 100 余次，参加者达 30 余万人。1923 年 2 月 7 日，京汉铁路大罢工遭到军阀吴佩孚的血腥镇压，共产党员林祥谦和施洋等被杀害。"二七惨案"发生后，各地的工会组织除广东、湖南外都遭封闭，全国工人运动暂时转入了低潮。

中国工人运动的第一次高潮，显示了工人阶级坚定的革命性和坚强的战斗力，提高了中国共产党在全国人民中的威望，为党建立同其他革命力量的合作、掀起全国规模的大革命准备了一定的条件。通过领导工人的斗争，中国共产党密切了同中国工人阶级的联系，党的自身建设也由此得到了加强。在工人阶级中涌现出来的一批优秀人物，如苏兆征、项英等先后加入了党的队伍，后来成为重要的领导骨干。党在工矿企业的基层组织逐步建立起来了。1924 年上半年，650 名党员中，工人党员占到 40%；次年 1 月，已占到 50% 以上。

在集中力量领导工人运动的同时，中国共产党也开始发动农民运动。在中国共产党党员沈玄庐的领导下，浙江萧山衙前农民于 1921 年 9 月 27 日成立了中国第一个农民协会，并发表了斗争宣言——《衙前农民协会宣言》，揭开了中国现代农民革命的序幕。1922 年 6 月，彭湃在广东海丰县的赤山约成立了农会。1923 年元旦，海丰总农会宣告成立，全县范围的农民运动轰轰烈烈地开展了起来。粤东农民运动有力打击了封建地主经济和传统势力，为后来广东革命根据地的发展和巩固创造了有利条件。湖南的农民运动也兴起得较早，虽然很快遭到军阀赵恒惕的武力镇压，但为后来的湖南农民革命运动高潮奠定了基础。

第三节　国共合作与国民革命

本节教学步骤一：导入（2 分钟）

中共二大后，为完成党在民主革命阶段的纲领，中国共产党不仅开展了轰轰烈烈的工农运动，而且实现了与国民党的第一次合作。两党联手掀起了大革命的高潮，尽管失败了，但在中国近现代史上书写了浓墨重彩的一笔，具有重要的历史意义。中国共产党从中总结经验教训，迈上了新的历史征程。

本节教学步骤二（18分钟）

一、第一次国共合作的形成

（一）国共合作的原因

1. 革命形势和任务的要求

20世纪20年代的中国，外有帝国主义侵略，内有军阀压迫，中国革命的敌人异常强大而且残暴，"打倒列强，除军阀"成为全国人民的共同愿望。据此形成的反帝反封建的革命任务成为国共两党合作的政治纽带。

2. 国共两党的共同需要

从中国共产党来看，国共合作有利于实现国民革命的目标。

第一，"二七惨案"的发生，使中国共产党认识到，仅仅依靠工人阶级孤军奋战是不能战胜强大敌人的，必须团结一切可能团结的力量，建立广泛的革命统一战线，才能取得中国革命的胜利。

第二，孙中山及其领导的国民党是旧民主主义革命的一面旗帜，在社会上享有崇高威望。

第三，共产党虽为一支不可忽视的政治力量，但还处于幼年，处于秘密活动状态。通过国共合作既可以恢复工农运动，又有利于争取国民党影响下的资产阶级和小资产阶级，更好地组织革命力量。

从中国国民党来说，国共合作有利于实现对国民党的改造，寻求革命的新出路。

第一，孙中山领导的中国国民党大体上是代表民族资产阶级和城市小资产阶级利益的政党。这个党在几经挫折后，并没有多少实力，并且成分复杂，严重脱离群众。特别是第二次护法运动的失败，使孙中山深刻认识到，依靠军阀打军阀，革命不能成功；必须改组国民党，寻找新出路，革命才有望成功。

第二，十月革命、五四运动、中国共产党的成立及第一次工人运动的高潮，使孙中山的思想逐渐发生转变，认识到广大人民群众及共产党这支新兴革命力量的蓬勃生机。出于对国民党自身生存和长远发展的战略利益考虑，他开始同中国共产党人建立联系，真诚地欢迎共产党员同他合作，欢迎苏联对中国国民革命的援助，毅然改组国民党，实行联俄联共扶助农工的政策。

3. 列宁和共产国际的帮助，推动了第一次国共合作的实现

列宁领导下的共产国际在国共合作中起着重要作用。它是国共两党进行党

内合作的倡议者，也是两党之间的联络者。早在 1921 年 12 月，共产国际就三次派代表马林向孙中山提出改组国民党、进行国共合作等问题，并提出了两党进行党内合作的建议。1923 年 1 月，苏联特使越飞来上海与孙中山会晤，进一步商讨改组国民党、建立革命军以及共产国际援助中国革命问题；1 月 26 日双方联名发表《孙文越飞联合宣言》，表明孙中山开始抛弃对帝国主义的幻想和寻求国际进步势力援助的愿望，使国共第一次合作有了基础。1923 年 10 月 18 日，孙中山委任苏联政府代表鲍罗廷为国民党组织教练员，具体帮助和指导国民党改组。

（二）国共合作的方式——党内合作

国共合作经历了一个从独立、排斥到合作，从党外合作到党内合作的进程。中共一大《关于当前实际工作的决议》强调，中国共产党应该采取完全独立的政策，维护无产阶级的利益。在共产国际和列宁的帮助下，中国共产党对统一战线问题有了初步认识。1922 年中共二大制定了反帝反封建的民主革命纲领，通过《关于"民主的联合战线"议决案》，决定实行"党外合作"。中共二大以后不久，共产国际代表马林来到中国，向中国共产党传达了共产国际关于建立国共合作的建议，要求国共两党实行党内合作，即共产党员、青年团员以个人身份加入国民党，把国民党改组成为工人阶级、农民阶级、城市小资产阶级和民族资产阶级的联盟。在马林的提议下，1922 年 8 月，中共中央在杭州召开特别会议，经过激烈讨论，大会最终决定同意共产国际关于国共两党实行"党内合作"的建议。1923 年 6 月 12 日至 20 日，中国共产党第三次全国代表大会在广州召开，对国共合作的方针和办法作出了正式的决定；会议决定共产党员以个人名义加入国民党，同时保持在政治上、思想上、组织上的独立性。

（三）国共合作的实现——国民党一大

1924 年 1 月 20 日至 30 日，中国国民党第一次全国代表大会在广州举行。出席开幕式的代表 165 人，其中有李大钊、谭平山、毛泽东等共产党员 20 多人，主要解决了三个问题：①大会审议并通过《中国国民党第一次全国代表大会宣言》，对三民主义作出了新的解释：在民族主义中突出了反帝的内容，主张对外"免除帝国主义之侵略"，对内"中国境内各民族一律平等"；在民权主义中主张民主权利"为一般平民所共有"，不应为"少数人所得而私"；把民生主义概括为"平均地权"和"节制资本"两大原则（会后又提出了"耕者有其田"的思想），并提出要改善工农的生活状况。新三民主义与中国共产党在民主革命阶段的纲领基本一致，成为国共两党合作的政治基础。②正式确立了联俄、联共、扶助农工的三大革命政策。③按照国共合作的精神选举了国民党中央执行委员会。共产党员李大钊、谭平山、毛泽东、林祖涵、瞿秋白等 10 人当选为中央执行委员或候补执行委员，约占委员总数的 1/4。国民党第一次全国代表大会的召开，标志着第一次国共合作的正式形成，极大地推动了全国革命形势的高涨。

本节教学步骤三（15 分钟）

二、国民革命的兴起

（一）建立革命武装

在苏联的帮助下，1924 年 5 月，孙中山在广州黄埔仿苏联的军事建制创办了"中国国民党陆军军官学校"，即黄埔军校，蒋介石任校长，周恩来担任政治部主任。黄埔军校采取军事与政治并重、理论与实践结合的教育方针，为中国革命培养了大批优秀军政人才。他们成为国民革命军的骨干力量，也是未来中国革命战争的重要力量。

（二）国共两党力量获得极大发展

国民党一大后，国民党的各级机构和党员数量增长迅速。截至 1926 年 1 月国民党第二次全国代表大会召开的时候，全国已有正式的省党部 12 个处，临时省党部 9 处，特别市党部 4 处，除新疆、云南、西藏、贵州外，党部组织遍布全国，党员人数达 14 万余人。党员成分也发生了变化，农民约占 40%，工人约占 25%，学生约占 25%，商人所占比例不足 1%，其余军、警、法、政、报、自由职业和其他人员共占 9%，改组后的国民党呈现一派生机勃勃的气象①。与此同时，到 1925 年底，共产党员也发展到 1 万人；1927 年 4 月中共五大召开时党员已发展到将近 6 万人。两党力量的大发展为进行大革命奠定了重要的基础。

（三）全国工农运动开始复兴并蓬勃发展

1. 工人运动

1924 年 7 月，中国共产党领导了广州沙面工人罢工并取得胜利，以此为起点，工人运动在经历了低潮后开始复兴。为了迎接全国革命高潮，加强党对工农运动的领导，中国共产党于 1925 年 1 月在上海举行了第四次全国代表大会，明确提出了无产阶级在革命中的领导权问题和工农联盟的思想，为革命运动的

---

① 李金花. 从国民党方面看第一次国共合作［J］. 法制与社会，2013，18.

新高涨作了组织上的准备。1925 年 5 月 30 日，五卅运动在上海爆发，在中国共产党的正确领导和推动下，运动很快席卷全国，掀起了全国范围的反帝斗争高潮，揭开了大革命的序幕。在各地支援五卅运动的斗争中，规模和影响最大的是 1925 年 6 月 29 日中国共产党领导的广州和香港工人的省港大罢工，坚持了 16 个月，沉重打击了英帝国主义的殖民统治，有力地支持了广东革命政府。

2. 农民运动

广东的农民运动发展尤为迅速，成为全国农民运动的中心。主要表现有：①开办广州农民运动讲习所，培训农民运动骨干。②发展农民协会和农民武装，组织和壮大农民力量。③发动和领导农民开展经济斗争和政治斗争，努力发挥广大农民的革命主力军作用。

（四）统一和巩固广东革命根据地

1924 年秋，广东革命政权平定了商团叛乱；1925 年，又通过两次东征和南征，彻底消灭了陈炯明部和邓本殷部，期间平定了杨希闵、刘震寰发动的广州叛乱，从而为北伐战争准备了比较巩固的后方基地。

（五）改组国民政府和国民军

平定杨、刘叛乱后，广东革命政权进行了改组政府和改编军队的工作。1925 年 7 月 1 日，国民政府在广州成立。随后，将黄埔军校校军和驻广东的粤、湘、滇军先后改编为国民革命军 6 个军，共 8.5 万人，准备出师北伐。

（六）北伐战争

在全国革命形势大发展的情况下，国共合作领导了以推翻北洋军阀统治为目的的反帝反封建的革命战争——北伐战争。1926 年 7 月 4 日，广东国民政府发表《北伐宣言》。7 月 9 日，国民革命军分三路出师北伐。

北伐的主要对象是吴佩孚、孙传芳、张作霖三派军阀。直系军阀吴佩孚，控制着湖南、湖北、河南三省及直隶保定一带，约有兵力 20 万人；由直系分立出来的孙传芳，盘踞在江苏、浙江、安徽、江西、福建五省，约有兵力 20 万人；奉系军阀张作霖控制着东北三省、热河、察哈尔、京津地区和山东，约有兵力 30 万人。

国民革命军总司令部在苏联军事顾问建议下，根据敌我双方军事力量对比和军阀之间的矛盾，制定了集中兵力、各个击破的战略方针——首先消灭吴佩孚军，然后歼灭孙传芳军，最后消灭张作霖军。根据这个作战方针，战争首先在两湖战场拉开序幕，首讨吴佩孚。1926 年 5 月，由共产党员和共青团员为骨干的第四军叶挺独立团，担任北伐先遣队，从广东出发向湖南挺进，揭开了北伐战争的序幕。7 月 9 日，国民革命军正式北伐，11 日胜利进入长沙，8 月进入湖北。在战区和后方广大工农群众的大力支持下，北伐战争进展迅速。8 月下旬，北伐军取得了汀泗桥、贺胜桥战役的胜利，相继攻克汉阳、汉口和武昌，歼灭吴佩孚主力。叶挺独立团因战功卓著，赢得"铁军"的称号。9 月，国民革命军转入江西战场，至 11 月基本歼灭孙传芳部主力，控制了江浙大部地区。与此同时，在苏联和中国共产党帮助下，国民党将领冯玉祥于 1926 年 9 月 17 日在绥远五原誓师，挥军南下，至年底也控制了陕西、甘肃等西北地区。这样，不到十个月的时间，国民革命军基本上消灭了吴佩孚、孙传芳的主力，占领了湖南、湖北、江西、福建、浙江、安徽、江苏等省的全部或大部，革命势力也从珠江流域发展到了长江流域和黄河流域的大部分地区。"打倒列强，除军阀"的口号响彻大江南北。

随着北伐的胜利进军，以湖南为中心，广大农村掀起了大革命的风暴，农民纷纷参加农民协会，打土豪、分田地，在农村向反动的封建势力展开各种斗争。工人运动也迅速走向高涨。1927 年 1 月，在中国共产党的领导下，汉口、九江的几十万工人分别举行反帝示威和罢工斗争，先后收回汉口和九江英租界。为配合北伐进军，中国共产党于 1926 年 10 月、1927 年 2 月和 3 月领导上海工人进行了三次武装起义，一度成立了上海特别市临时政府。工农运动的发展，有力地推动了北伐战争的胜利进军，打击、动摇了帝国主义及军阀的反动统治。

总之，1925 年至 1927 年的北伐战争，比之以往任何一次革命，包括辛亥革命和五四运动，群众的动员程度更为广泛，斗争的规模更加宏伟，革命的社会内涵更为深刻，因此被称作大革命。由于这场大革命以"国民革命"为口号，所以又称国民革命运动。

本节教学步骤四（40 分钟）

三、国共合作的破裂与国民革命的失败

正当大革命迅速走向高潮之际，帝国主义加紧对中国革命的干涉。国民党右派在帝国主义和国内反动势力的支持下，于 1927 年先后发动了"四一二"和"七一五"反革命政变，第一次国共合作破裂，大革命失败。

（一）大革命失败的原因

播放视频资料：《路·初试锋芒》

第一，从客观方面来讲，是三个"由于"：由于反革命力量的强大，由于资产阶级发生严重动摇，由于蒋介石集团、汪精卫集团先后被中国革命的敌人拉进反革命营垒。具体表现在：

一是帝国主义的干涉。

北伐战争沉重打击了北洋军阀和帝国主义的势力，使帝国主义看到北洋军阀的统治已无可救药。于是帝国主义一方面积极干涉中国革命，制造了万县惨案、一三惨案、南京惨案等，企图破坏中国革命；另一方面又在积极物色新的代理人，看中了当时任国民革命军总司令并控制国民党军政大权的蒋介石，于是对他进行积极拉拢，从而分化革命阵营。

二是国民党右派叛变革命。

西山会议派破坏国共合作：国民党内部早就有左、中、右三派的分化。国民党右派的反共、反国共合作的活动一直没有停止过。孙中山逝世后，这种分化越来越公开了。国民党内的右派谢持、居正等人猖狂反苏反共、公然分裂国共合作、分裂国民党。从 1925 年 11 月 23 日开始，他们在北京西山碧云寺开会，讨论国民党的去向和解决国民党内的共产党问题，中心内容是反共，会后又另立了中央。这些参加会议的右派及其支持者被称为"西山会议派"。西山会议派的反共分裂活动遭到了中国共产党和国民党左派的坚决批判和抵制。但是，此后国民党右派排斥共产党、争夺领导权的活动日益加剧。

四一二反革命政变：1926 年 1 月国民党二大在广州召开，蒋介石当选为国民党中央执行委员，后又被选为常务委员，国民革命军总监。国民党二大后，随着权力、声望的提高，蒋介石利用已经取得的权力，加紧夺取革命领导权的活动，先后于该年 3 月和 5 月制造了打击和排挤共产党的"中山舰事件"和"整理党务案"，夺取了国民革命军第一军的军权和国民党党权。至北伐前，蒋介石担任国民党军事委员会主席、中央组织部部长兼军人部部长，随后任国民党中央常务委员会主席等职务，成为国民党的第一号领袖人物。从此，右派势力在国民党中央占据了优势。

蒋介石在攫得了国民党的党政军大权后，又利用北伐，一路收编了许多大小军阀，极大地扩充了自己的武装力量，为最终背叛革命准备了条件。为了实现其反革命野心，他还积极寻找靠山，加紧同帝国主义、封建买办阶级及帮会势力相勾结，密谋发动反革命政变。在一切准备就绪后，蒋介石于 1927 年 4 月 12 日用暴力手段实行"清党"，发动了血腥的四一二反革命政变，在东南各省大规模屠杀共产党员和革命群众，东南各省陷入反革命白色恐怖之中。四一二反革命政变使国共合作遭到巨大破坏，共产党遭到巨大损失。而此时的蒋介石已经成为革命的敌人，成为大地主、大资产阶级利益的代表。4 月 18 日，蒋介石在南京成立了与武汉国民政府相对抗的南京国民政府。

七一五反革命政变：蒋介石发动四一二反革命政变和在南京成立国民政府后，以汪精卫为首的武汉国民党中央党部掀起了声势浩大的讨蒋运动，宣布开除其党籍，免去本兼各职并号召全国军民联合讨蒋，国民党内出现了宁汉对峙局面。虽然如此，但汪精卫的阶级立场与蒋介石是一致的；在工农运动持续高涨、武汉政府内外受困之下，他逐渐右倾，开始公开压制工农运动和抨击共产党。在共产党的一再妥协退让下，汪精卫最终叛变革命。1927 年 7 月 15 日，汪精卫在武汉公开举行"分共会议"，宣布与共产党决裂，接着在军队中清共，取缔共产党的一切革命活动，封闭工会、农会等革命组织，提出"宁可错杀一千，不可使一人漏网"的口号，在其辖区内血腥屠杀共产党人和革命群众。此即七一五反革命政变。至此，第一次国共合作完全破裂，大革命宣告失败。

第二，从主观方面来说，当时中国共产党正处于幼年时期，没有经验，缺乏对中国社会和中国革命基本问题的深刻认识，还不善于将马克思主义基本原理和中国革命的具体实践结合起来，致使以陈独秀为代表的右倾机会主义在大革命后期的中央领导机关占据了统治地位。他错误地判断了中国革命的性质和前途，主张"二次革命论"，过高地估计了资产阶级的力量而低估了无产阶级及农民的革命力量，不注意争取甚至放弃无产阶级对革命的领导权，尤其是武装力量的领导权，对资产阶级只讲联合、不讲斗争，幻想以退让求团结，助长了反革命集团的野心，最终导致了大革命的失败。例如，中山舰事件发生后，毛泽东、周恩来等主张坚决反击，但陈独秀害怕反击会造成分裂不利于北伐，采取以退让求团结的政策，党代表制度被取消，全体共产党员被迫退出第一军，蒋介石轻而易举地夺取了第一军的军权。此后，蒋介石又提出了整理党务案。以陈独秀为首的中共中央在鲍罗廷、张国焘的影响下，"对于此项议案并未表示异议"，蒋介石的"提案"得以顺利通过；原任国民党中央部长的共产党员全部离职，换上了国民党右派分子。

事实说明，在统一战线中，共产党人必须坚持独立自主。这也符合中国传统文化"和而不同"的精神。

在我国，"和"字出现很早，在甲骨文和金文中既已存在了，且其本义一直未变，即指不同事物间的平衡、协调、融洽、和睦。在我国传统文化中，处处充满着贵和思想。如《论语》中的"礼之用，和为贵"，《老子》中的"万物负阴而抱阳，冲气以为和"，《荀子》中的"天地和而万物生，阴阳接而变化起"，《管子》中的"畜之以道，则民和；养之以德，则民合"，等等，都是关于"和"的精辟论述。古人这些对"和"的论述，除了具有"和谐"之意外，还有"和而不同"之意。早在西周末年，史伯对"和"与"同"就有所论述："和实生物，同则不继。以他平他谓之和，故能丰长而物生之。若以同裨同，尽乃弃矣。"（《国语·郑语》）在他看来，不同事物相配合达到平衡即是"和"，"和"才能产生新事物。如果把相同事物放在一起，统一体将缺乏活力，丧失进一步发展的内在动因，事物的发展也就停止了。春秋末年，齐相晏婴进一步丰富了"和"与"同"的内涵，并将其运用于君臣关系上，谓"君所谓可，而有否焉，臣献其否，以成其可；君所谓否，而有可焉，臣献其可，以去其否"（《左传·昭公二十年》）。君主制定决策、发布命令时，要善于倾听各种不同的意见，如此方能使决策或命令更加完善合理。孔子继承了"和而不同"的思想，把对"和"与"同"的不同取舍作为评判"君子"和"小人"的标准，谓"君子和而不同，小人同而不和"（《论语·子路》）。自此，"和而不同"就成为中国传统文化中一个十分重要的命题。

第三，国际因素：大革命后期共产国际的错误指导。中国共产党是共产国际的一个支部，直接受共产国际的指导。共产国际及其在中国的代表虽然对大革命起了积极的作用，但他们远离中国，只有欧洲革命的经验，不了解中国的国情，难免作出错误的指示。共产国际认为中国共产党的中心任务是工农运动，待夺取政权的形势成熟时再发展革命武装。另外，共产国际认为中国工人阶级力量还不壮大，未完全形成独立的政治力量；而更看好国民党，将其视为中国革命的中心，要求共产党及工人阶级只能为协助地位。这对酿成陈独秀右倾机会主义错误有直接影响。

（二）历史意义

①大革命是继辛亥革命之后又一次席卷全国的革命运动。这场革命声势之浩大、发动群众之广泛、斗争之激烈、革命内涵之深刻，在中国近代历史上是前所未有的，是中国新民主主义革命的一个高潮。

②大革命沉重打击了帝国主义侵略势力和北洋军阀的反动统治。仅仅一年多时间就在全国范围内掀起了革命的高潮，北伐军只用了半年多时间就打垮了北洋军阀的两大派系，基本上推翻了北洋军阀的反动统治，给帝国主义和封建势力以沉重打击。

③大革命虽然失败了，却是未来革命的一次伟大的演习。幼年的中国共产党得到了锻炼并扩大了影响；开始探索马克思主义中国化的途径，初步提出新民主主义革命的基本思想；开始懂得进行土地革命和武装斗争的重要性并掌握了部分革命武装；中国人的觉悟程度与组织程度有了明显的提高。所有这些，都为中国共产党把中国革命推进到新的阶段准备了必要的条件。

（三）经验教训

提出问题：我们可以从大革命的失败中得出哪些经验教训？

大革命的失败给中国人民以深刻的经验教训：

①在中国民主革命中，必须建立包括工、农、小资产阶级和民族资产阶级的广泛的革命统一战线，争取一切可以争取的力量；

②在统一战线中，共产党人必须坚持独立性，争取对革命的领导权，必须对资产阶级实行既联合又斗争的政策。

③必须坚持反帝反封建的革命方向，实现民族独立和国家的统一。

④必须懂得在反帝反封建斗争中进行土地革命和掌握革命武装的重要性。在中国民主革命中，无产阶级领导权的中心问题是农民问题。无产阶级只有发动广大农民，满足他们的土地要求，才能建立巩固的工农联盟，增强革命势力，保持和巩固无产阶级的领导权。中国革命的主要方式是武装斗争，主要的组织形式是军队。在武装斗争中，如果中国共产党不建立一支自己直接领导的、拥有一定数量的革命军队，革命就不可能胜利。

⑤必须加强中国共产党的自身建设。首先是加强党在思想、政治上的建设，坚持马克思列宁主义普遍真理与中国革命具体实践相结合的原则。

推荐阅读：

1. 李大钊：《我的马克思主义观》《李大钊选集》，人民出版社1959年版。

2. 习近平：《走得再远都不能忘记来时的路》，《习近平谈治国理政》第三卷，外文出版社2020年版。

【教学小结】

教学效果分析：

在本章教学中，教师紧扣教材内容，使学生深刻认识历史和人民是怎样选择，为什么选择了马克思主义，进一步接受马克思主义指导的自觉性。

教学经验：

1. 针对问题。历史和人民为什么选择了马克思主义？教师针对这个问题进行重点讲授，力求通过精心设计，增强学生接受马克思主义指导的自觉性。

2. 激发热情。在本章教学中，播放习近平在纪念马克思诞辰200周年大会上的讲话视频节选，通过分析历史和人民为什么选择了马克思主义的原因，激发学生接受马克思主义指导的自觉性。

改进措施：

教学中应以鲜活、丰富、客观的图片、数据和历史事实为依据，深化学生对历史和人民选择马克思主义的理解。

第五章

中国革命的新道路

【教学简况】

授课对象：大学一年级本科生。

学时安排：课堂教学3学时。

教学目的：认清国民革命失败后建立的国民党政权的反动本质，懂得推翻国民党反动统治的斗争是必要的、正义的、进步的，同时认识中间党派的政治主张；了解中国共产党对革命新道路的艰辛探索，掌握中国革命为什么必须走农村包围城市、武装夺取政权的道路；认清"左"倾教条主义的危害，掌握遵义会议和红军长征在中国革命过程中的地位和作用，领会马克思主义中国化的重要性。

重点难点：

重点是农村包围城市、武装夺取政权革命新道路；党的土地政策及意义；遵义会议的历史地位；长征及长征精神。难点是党内连续出现"左"倾错误的原因；党加强自身思想理论建设的重要性。

学习思考：

1. 以毛泽东为代表的中国共产党人是如何探索和开辟中国革命新道路的？

2. 20世纪20年代后期至30年代前期，中国共产党内为什么连续出现"左"倾错误？

3. 土地革命战争时期，中国共产党是如何总结历史经验、加强党的思想理论建设的？

【教学过程】

教学内容设计：本章共分三节。第一节国民党在全国的统治和中间党派的政治主张，计划用1学时；第二节中国共产党对革命新道路的艰难探索，计划用1学时；第三节中国革命在探索中曲折前进，计划用1学时。

教学步骤：本章第一节通过两个步骤讲解国民党在全国统治的建立与中间党派的政治主张；第二节通过三个步骤讲解中国革命新道路的开辟；第三节通

过四个步骤讲解中国革命的曲折性与前进性。

教学组织：课堂讲授与课堂讨论结合。

板书设计：多媒体课件与黑板辅助板书结合。

教学方法：教师体系讲授、视频、课堂讨论结合。

导入（5分钟）

播放歌曲：《十送红军》

一曲《十送红军》，仿佛把我们带回那战火纷飞的激情岁月。红军长征这一"中华民族解放史上最光荣的一页"，就发生在中国共产党对中国革命新道路的艰苦探索期间。中国革命新道路的探索，是中国共产党人在大革命失败后领导中国人民同国民党新军阀进行英勇斗争的突出表现，是以毛泽东为代表的中国共产党人将马克思主义基本原理同中国革命具体实践相结合过程中迈出的最有实际意义的一步，是对马克思主义武装夺取政权理论的重大发展，同时也是毛泽东思想初步形成的一个重要标志。那么中国共产党人对于革命新道路的探索，是在什么背景之下发生的呢？

第一节　国民党在全国的统治和中间党派的政治主张

本节教学步骤一（30分钟）

一、国民党全国政权的建立及其独裁统治

（一）国民党在全国统治的建立

1. 宁汉合流

蒋介石、汪精卫相继背叛革命后，国民党统治集团内部并不统一。1927年7月以后，国民党内形成了三个主要集团：在南京，有蒋介石控制的"国民政府"和"中央党部"；在武汉，有汪精卫控制的"国民政府"和"中央党部"；在上海，也有西山会议派控制的"中央党部"。此外，还有粤、桂、晋等大大小小的地方军阀。其中，南京国民政府和武汉国民政府集中了一批国民党的领袖人物，又各自拥有一支军队，割据着一大块地盘，因而成为最有分量的势力。国民党各派为争夺最高权力明争暗斗，随时都有可能兵戎相见。蒋介石排斥异己，引起桂系的不满，汪精卫等也坚持反蒋态度，加之亲自指挥的津浦线战事的失败，使其陷入困境。面对各方压力，蒋介石采取以退为进的策略，于 8 月 13 日突然宣布下野。蒋介石的下野，加快了南京、武汉双方合作的步伐。8 月 25 日，武汉国民政府宣布迁都南京，双方合作正式实现。由于南京简称"宁"，武汉简称"汉"，故史称"宁汉合流"。宁汉合流后的政府，仍称南京国民政府。

宁汉合流后，国民党内部表面上的统一很快又为新的分裂所代替，出现了国民党新军阀混战的局面。1927 年 10 月，宁（李宗仁、何应钦）汉（汪精卫、唐生智）之战爆发，武汉方面战败。汪精卫又依托广东地方军阀张发奎，与南京对抗。北方的奉系军阀张作霖乘机进攻北方的国民革命军。而中国共产党领导的武装起义和工农武装割据在全国各地出现，也严重威胁着国民党政权的巩固。为此，国民党各派、各集团又主张蒋介石复职。在得到帝国主义的支持后，1928 年 1 月，蒋介石回南京复职。2 月，国民党二届四中全会召开，会议改组了国民政府和党部，谭延闿为国民政府主席，蒋介石为国民革命军总司令、军委主席，后又出任国民党中央政治会议主席。这样，蒋介石重新掌握了国民党军政大权。因此，国民党二届四中全会的召开，标志着国民党实现了以蒋介石为核心的统一。

2. 东北易帜

国民党二届四中全会后，南京国民政府决定继续北伐。1928 年 4 月 5 日，国民革命军在徐州誓师北伐，蒋介石任北伐军总司令，目标是掌握北京政权的奉系军阀张作霖。5 月 10 日，国民革命军进占济南。支持张作霖的日本帝国主义害怕英、美势力向北方发展，侵犯它的利益，于是进行武装干涉，先于 5 月 3 日制造了震惊中外的济南惨案（又称"五三惨案"），后于 5 月 11 日攻占济南。济南惨案致使中国军民死亡 6123 人，伤 1700 多人，财产损失 2957 万元。面对日军制造的惨案，蒋介石采取了退让方针，命令北伐军"忍辱负重"，撤出济南，绕道继续北伐，并很快逼近北京。张作霖见大势已去，决定撤离北京，退回关外。6 月 4 日晨，当张作霖的专列行至皇姑屯时，被日本人预埋的炸药炸死，是为"皇姑屯事件"。张作霖死后，其子张学良继任东北保安总司令。面对家仇国恨，张学良于 1928 年 12 月 29 日通电全国，宣布"遵守三民主义，服从国民政府，改易旗帜"，是为"东北易帜"。至此，北洋军阀在中国的统治宣告结束，国民党政府形式上"统一"了全国。

"东北易帜"缘起于家仇国恨，也体现了张学良的爱国心。可以说，它是中华民族以爱国主义为核心的民族精神在张学良身上的生动体现。爱国主义是长期历史发展过程中形成的对自己的祖国一种深厚的感情，是一个国家民族意识和民族觉悟的集中反映。中华民族富有爱国主义光荣传统。以爱国主义为核心的民族精神，是中华民族独特的精神标识，也是中华民族能够五千余年一脉相承、生生不息的重要前提。

（二）国民党政权的性质

判断一个政权属于什么性质，主要看它所推行的内外政策代表哪个阶级的利益，是否有利于发展社会生产力。国民党政府的统治依然是地主阶级和买办性的大资产阶级的统治，同北洋军阀的统治并没有本质的区别。

第一，对外投靠帝国主义。国民党政府是在帝国主义支持下建立的，因此，中国不但没有摆脱帝国主义的压迫，反而使外国垄断资本不断深入，牢牢地控制了中国的经济命脉。例如，抗战前夕，外国资本即控制了中国煤产量的 55.2%，新法采煤量的 77.4%，冶铁业的 95%，石油工业的 99%，发电量的 77.1%；在中国的现代工业和运输业中，外国资本占到了 71.6%。此外，外国资本还控制了中国的财政、金融以及若干主要的轻工业。依靠帝国主义必然导致外交上的屈辱，如对"南京惨案"的处理。"南京惨案"是英美帝国主义国家为阻止北伐而残杀中国军民的事件，本应追究英美帝国主义的责任，但处理的结果却不是要外国帝国主义向中国道歉、赔款，而是中国政府向各国政府及侨民表示歉意，赔偿各国"损失"数十万元。再如对"济南惨案"的处理，由中日双方组成调查委员会，就地调查解决，南京政府负责保护在华日本人的生命财产安全。蒋介石训令部下："对于日本人，绝对不开枪。为救一日人，虽杀十人亦可。"①

第二，维护地主土地所有制。中国广大的乡村基层政权被地主阶级和旧式富农所把持，地主阶级逐渐变成了帝国主义的附庸，成为帝国主义统治中国的主要支柱。国民党政权继续维护封建土地所有制，地主土地所有制在中国社会经济活动和土地关系中仍居统治地位，严重阻碍了农村社会生产力的发展，使广大农民处于水深火热之中。

第三，官僚资本急剧膨胀。国民党政权建立后，官僚资产阶级利用超经济的力量，即依靠国家政权力量一方面掠夺工农劳动群众及其他小生产者，一方面压迫民族资产阶级，兼并民族资本，对人民巧取豪夺，聚敛大量财富，逐步形成了以蒋介石、宋子文、孔祥熙、陈立夫为首的官僚资本，垄断了全国的经济命脉，形成国民党反动统治的经济基础，严重地阻碍着中国社会生产力的发

---

① 王芸生. 六十年来中国与日本：第 8 卷 ［M］. 上海：三联书店，1982：154.

展。正如毛泽东在《目前形势和我们的任务》中所说："这个垄断资本主义，同外国帝国主义、本国地主阶级和旧式富农密切地结合着，成为买办的封建的国家垄断资本主义。这就是蒋介石反动政权的经济基础。"①

可见，国民党政府所推行的内外政策，既不代表广大劳动人民的利益，也不代表民族资产阶级的利益，而是代表地主阶级和买办性的大资产阶级的利益。这个政权的性质正如毛泽东在《中国的红色政权为什么能够存在?》一文中所说："国民党新军阀的统治，依然是城市买办阶级和乡村豪绅阶级的反动统治。"②

(三) 国民政府的军事独裁统治

1. 一党专政的建立

孙中山曾将革命与建设的程序分为军政、训政、宪政三个时期，同时提出，在"训政"时期，以国民党代替人民行使国家管理权力。南京国民政府建立后，片面借用孙中山的革命程序说，于1928年10月通过了《训政纲领》，规定在训政期间，"由中国国民党全国代表大会代表国民大会，领导国民行使政权"；全国代表大会闭会时，"以政权托付中国国民党中央执行委员会执行之"；指导监督国民政府重大国务之施行，由中国国民党中央以"政治会议行之"。这样，北洋政府时期还在形式上存在的议会制度也被彻底废除了。《训政纲领》确认国民党为最高"训政"者，把国民党全国代表大会及国民党中央执行委员会规定为国家最高权力机关，把国民党中央政治会议变为政府直接领导机关，从而建立了国民党一党专政、实质为蒋介石个人独裁的政治制度。

2. 军事独裁统治的实施

首先，建立庞大的军队。为了镇压人民和消灭异己力量，国民党建立了庞大的军队。据1929年3月的官方材料，全国军队员额达200万。蒋介石是靠军队起家的，所以他把军队视为命根子。"九·一八事变"后，南京政府进一步整编加强正规军，统一编为48个军96个师。其中中央军为9个师（1937年4月扩充为35个师4个独立旅），这是一支以黄埔军人为骨干的现代军队，是国民党军事独裁统治的支柱。为强化中央军，蒋介石聘请大批外国军事顾问，购买大量外国军火，采用新式武器装备。1933年7月，蒋介石在庐山开办军官训练团，对师以上军官进行"精神训练"，要求他们"绝对信仰统帅和绝对服从命令"。除中央军外，国民政府还建立了省以下的地方民团和保安队等，各地大小

---

① 毛泽东选集：第4卷［M］. 北京：人民出版社，1991：1253.

② 毛泽东选集：第1卷［M］. 北京：人民出版社，1991：47.

军阀也掌握着大量的地方部队。

其次，建立庞大的全国性特务系统。特务统治就是由特务机构掌管主要事务的统治体系。为了镇压人民和消灭异己力量，国民党建立了庞大的全国性的特务系统。隶属于国民党中央组织部的调查统计局（简称"中统"）和隶属于国民党军事委员会的调查统计局（简称"军统"），均效命于国民党中央和蒋介石，其主要任务就是反对共产党，破坏革命运动，绑架或暗杀革命者和异己分子，在全国造成严重的白色恐怖局面。

再次，推行保甲制度。民国保甲制度提出于国民党对工农红军进行军事"围剿"之时。蒋介石认为剿共不力的原因之一是民众不支持政府，于是行保甲制度。保甲制的基本形式是 10 进位制，即 10 户为 1 甲，10 甲为 1 保，10 保以上为乡镇。保甲制的实质是通过"联保连坐"法将全国变成大囚笼。"联保"就是各户之间联合作保，共具保结，互相担保不做通共之事；"连坐"就是 1 家有罪，9 家举发，若不举发，10 家连带坐罪。保甲制度使中国人民饱受欺辱，当时湖北曾流行这样的民谣："保甲，保甲，人民披锁又戴枷！"

最后，实行文化专制。为了控制舆论，剥夺人民的言论和出版自由，国民党政府也厉行文化专制主义。国民党政府颁布了《危害民国治罪法》等一系列法令，对革命的进步文化进行围剿，大批进步的书籍被查禁，许多进步作家被监视、拘捕乃至被枪杀。1931 年 2 月 7 日，柔石、胡也频、殷夫、李伟森、冯铿五位左翼革命作家被国民党反动派同时杀害于上海龙华。

由上可见，国民党新军阀代替北洋军阀的统治后，其性质没变，仍是地主阶级和买办性的大资产阶级的统治。中国的社会性质也没有因为政权易位而发生变化，依然是半殖民地半封建社会。中国革命的对象依然是帝国主义和封建主义，中国革命的性质也依然是反帝反封建的资产阶级民主革命。因此，要争得民族独立和人民解放，就必须同国民党反动统治作坚决的斗争。

本节教学步骤二（15 分钟）

二、中间党派的活动及其政治主张

（一）中间党派及其社会基础

尽管国民党政府的统治与北洋军阀的统治没有本质的区别，但是国民党政权更具有欺骗性。一是由于国民党曾经是旧民主主义革命的一面旗帜和大革命时期统一战线的组织形式（新军阀成员中的许多人曾经在革命的旗帜下同旧军阀打过仗，在群众中有一定影响），由于帝国主义列强一度对中国作出过一两项表面上的让步（如承认中国关税自主、允诺取消领事裁判权），一时使人认为它仍在维护民族权利。二是由于它在形式上暂时地统一了中国，因此，这个政权曾经在一个时期之内，使一些人尤其是民族工商业者产生过幻想，以为中国可能由此走上独立发展资本主义的道路。

确实，在 1928 年至 1929 年间，中国民族工商业有过短暂的繁荣。例如，1928 年注册厂家就有 250 户，资本额达 1.1784 亿元；商业、交通运输业、服务业以至文化教育事业等也有所发展。但是，民族资本主义始终没有得到充分地、自由地发展，始终没有成为中国经济的主体。所以，在 1927 年反革命政变时附和过蒋介石的民族资产阶级，并没有成为中国的统治者。不久，民族资产阶级中的一部分人开始逐渐成为蒋介石政权下的在野反对派。他们对国民党政权表示不满，但又反对无产阶级领导的人民革命，所以被称为"中间派"。

中间派的社会基础主要是民族资产阶级、上层小资产阶级及其知识分子。影响较大的中间党派有：偏左的邓演达领导的中国国民党临时行动委员会（又称第三党），黄炎培为首的中华职业教育社；较中的梁漱溟为首的乡村建设派；偏右的曾琦、李璜、左舜生为负责人的中国青年党（又称醒狮派、国家主义派），张君劢、张东荪、罗隆基为代表的中国国家社会党（又称再造派）。他们的政治立场与政治主张比较复杂，但基本上要用改良的方式走发展资本主义的中间道路。然而，这条路在中国是根本走不通的。因为中国的民族资本主义经济在国民经济中所占比重很小，它始终没有成为中国社会经济的主要形式；在民族工业中，工业资本所占的比重小，商业资本和金融资本所占的比重大；民族资本主义工业主要是以纺织、食品工业为主的轻工业，缺乏重工业的基础，不能构成一个完整的工业体系和国民经济体系，且规模小，经营分散，技术设备落后，劳动生产率低。

（二）中国国民党临时行动委员会

蒋介石、汪精卫集团叛变革命后，抛弃了孙中山的革命主张和新三民主义，国民党内部开始进一步分化。以宋庆龄、邓演达等为代表的国民党左派，继承了孙中山的革命精神，与国民党反动统治集团进行了不懈的斗争。1927 年 8 月 1 日，宋庆龄、邓演达、毛泽东等 22 名国民党二届中央委员发表《中央委员宣言》，号召全国同志"均应一本总理创造本党之精神，与一切假冒本党革命名义者坚决奋斗"。为完成孙中山的临终嘱托，宋庆龄于 8 月下旬赴莫斯科。在莫斯科，宋庆龄、邓演达、陈友仁等以"中国国民党临时行动委员会"名义发表了

《莫斯科宣言》，论述了三民主义的真义，揭露了国民党反动集团已成为旧势力的化身、军阀之工具、民众之仇敌。

1928 年初，由谭平山等在上海发起组织成立了"中华革命党"（又称"第三党"），推选邓演达为总负责人。该党用大量事实揭露和批判了国民党反动派屠杀共产党的暴行，宣传反帝反封建的革命主张。1930 年 5 月，在邓演达的建议下，"中华革命党"改为"中国国民党临时行动委员会"。该党认为，中国社会的性质是封建势力和帝国主义势力双重支配的前资本主义社会，这决定了革命的对象是帝国主义、封建军阀和依附他们的反动资产阶级，革命的任务是以民族、民权、民生三项任务结合在一起，通过建立平民政权过渡到社会主义。他们承认工人阶级政党是革命的政党，但不同意中国共产党在农村建立和发展根据地政权，不赞成中国共产党领导的新民主主义革命路线。

中国国民党临时行动委员会对中国革命许多基本问题具有正确的认识和分析，本来有可能同中国共产党联合起来反对共同的敌人。邓演达也曾多次主动找中国共产党负责人进行商讨，希望同中共建立联合反蒋战线。但由于中共负责人的左倾关门主义思想，把"第三党"看作是没有独立性的小资产阶级政党，是蒋介石反革命的工具，未予理睬。正如周恩来曾指出的："第三党是代表小资产阶级的。1930 年邓演达回国后，曾找我们谈判合作反对蒋介石，可是我们没有理睬他，这是不对的。"①

第二节　中国共产党对革命新道路的艰难探索

本节教学步骤一：导入（2 分钟）

大革命失败后，国内政治形式发生了巨大的逆转，反革命的力量大大超过了革命力量，中国革命进入低潮。白色恐怖笼罩着全国，中国共产党面临被敌人消灭的危险。但是，在严峻考验面前，中国共产党人表现出了坚定的革命立场和大无畏的英雄气概。他们并没有被国民党反动派的野蛮屠杀所吓倒，而是继续高举革命的大旗，开始了对中国革命新道路的艰难探索。

---

① 周恩来选集：上［M］. 北京：人民出版社，1980：167.

本节教学步骤二（18 分钟）

一、土地革命战争的兴起和人民军队的创建

（一）艰难环境

蒋介石、汪精卫集团背叛革命后，轰轰烈烈的"大革命"失败了，国内政局陡然逆转，原来生机勃勃的中国南部陷入一片腥风血雨之中，中国共产党遭受着它自成立以来不曾遇到过的严峻考验。

1. 党员数量急剧减少

国民党统治集团残酷镇压任何革命活动，集中一切力量向共产党员和革命群众进攻。共产党被宣布为"非法"，加入共产党成为最大的"犯罪"，党组织遭受严重破坏，不少党员同组织失去了联系，党的活动被迫转入地下，大批党员和领导干部被捕、被杀。据不完全统计，从 1927 年 3 月到 1928 年上半年，被杀害的共产党员和革命群众达 31 万多人，其中共产党员 2.6 万多人。汪寿华、萧楚女、熊雄、陈延年、赵世炎、夏明翰、郭亮、罗亦农、向警予、陈乔年、周文雍等受群众尊敬和爱戴的党的重要活动家相继牺牲。在白色恐怖的局势下，一些不坚定分子动摇了，纷纷声明脱离共产党、共青团；有的甚至公开向敌人"忏悔"，攻击共产主义和共产党，出卖党的组织和共产党员。据 1927 年 11 月的统计，党员数量由中共五大时的近 6 万人锐减到 1 万多人。

2. 工农运动走向低落

国共合作时期建立起来的各地工会组织，被国民党统治集团查禁或解散，还派兵驻扎重要的工矿企业，禁止工人集会和罢工。共产党领导下的工会会员由 280 余万人锐减到几万人。从 1927 年 7 月到 1928 年 6 月，党虽然发动和领导了多次工人罢工斗争，有的也取得了胜利，但绝大多数归于失败。在农村，革命高潮时期发展到拥有 1000 万会员的农民协会大多被解散。广东、广西、湖南、湖北、江西、江苏、河南、陕西、四川等省的一些地方，虽先后爆发了多次农民武装起义，但多数以失败而告终。

3. 中间人士拉开距离

中间派人数众多，在政治上往往摇摆不定。这时虽然仍有一些正直人士坚持革命立场，不和国民党统治集团同流合污，但相当多的中间派人士同共产党拉开了距离。他们或者被国民党的血腥屠杀吓得目瞪口呆，趋向消沉；或者因为国民党曾是中国资产阶级民主革命的一面旗帜，这时仍打着孙中山三民主义的旗号，继续进行北伐，并对民族资本主义经济发展采取了个别有利的措施，所以对它抱有不切实际的期望。

但是在严峻考验面前，中国共产党人表现出了坚定的革命立场和大无畏的英雄气概，没有被吓倒、被征服、被杀绝。许多共产党人以自己的鲜血和生命，捍卫了共产主义的信念。全国农民协会秘书长夏明翰在就义前的绝命书中写道："砍头不要紧，只要主义真。杀了夏明翰，还有后来人。"广州起义领导人之一的周文雍在狱中写道："头可断，肢可折，革命精神不可灭。"江西戈横起义第六路指挥邱金辉临难时高呼："杀死我一个，杀不绝共产党人，革命一定要胜利。"更难能可贵的是，在严重的白色恐怖下，党外一些坚定的革命者却参加到共产党的队伍里来，如老教育家徐特立、著名文学家郭沫若以及在国民革命军中担任领导职务的彭德怀、贺龙、叶剑英等人。这说明，我们的事业是正义的，正义的事业是任何敌人也攻不破的。

在中国传统文化中，"正义"由"正"与"义"两个词意组成。"正"为公正、正当、合适之意。"义"的意蕴则十分丰富，有礼仪、风貌、正当、适宜、公正、道义、利益、有利等多重意思，但它的核心要义在于应当和合宜，即《中庸》中的"义者，宜也"，也就是公平正义。虽然早在殷商代"义"就已经成为人们谈论的重要命题，但直到孔子才将"义"发展成为一个重要的哲学观念。孔子认为人生来就有"正义"观念，他说："人之生也直"（《论语·雍也》），《说文解字》曰："正，是也"，而"是，直也"，所以"直"与"正"同义。那么应如何维护社会的公平正义？孔子认为应重视"礼"的作用，要"克己复礼"，即把个人的价值同维护社会的公平正义结合起来。孟子继承孔子"仁学"思想，提出"仁义"的概念，认为人之所以为人，区别于其他动物的根本性标志就是"仁义"。他说："人之所以异于禽兽者几希；庶民去之，君子存之。舜明于庶物，察于人伦，由仁义行，非行仁义也""故士穷不失义，达不离道。穷不失义，故士得己焉；达不离道，故民不失望焉。古之人得志，泽加于民；不得志，修身见于世。穷则独善其身，达则兼济天下"（《孟子·离娄下》）。荀子认为"义"不仅是人之为人的根本标志，而且于社会也起决定作用，具有至高无上、无可比拟的价值。他说："水火有气而无生，草木有生而无知，禽兽有知而无义，人有气、有生、有知、亦且有义，故最为天下贵也。为不若牛，走不若马，而牛马为用，何也？曰：人能群，彼不能群也。人何以能群？曰：分。分何以能行？曰：义。故义分则和，和则一，一则多力，多力则强，强则胜物，宫室可得而居也。故序四时栽万物，兼利天下，无它故焉，得之分义也。"（《荀子·王制》）墨子更是将"义"作为其政治理念的核心，认为"义者，善政也"（《墨子·天志中》），"天下有义则生，无义则死；有义则富，无义则贫；有义则治，无义则乱"（《墨子·天志上》）。墨子主张人与人之间应"兼爱"，如此方能天下大治，而"兼即仁矣、义矣"（《墨子·兼爱下》）。墨子还主张国与国之间应"非攻"，以善为之，此为"道义"也。他以"大不攻小也，强不侮弱也"为是，以"大则攻小也，强则侮弱也"（《墨子·天志下》）为非。可见，"崇正义"是中华传统价值观的重要内涵之一，是中华民族道德精神的精蕴。中华传统美德把"正义"看作人的立身之本和基本道德规范，同时作为社会各领域判断是非、辨别善恶的标准。

（二）八七会议

为了总结大革命失败的经验教训，确定党在新时期的路线和政策，在共产国际的帮助下，1927 年 8 月 7 日，中共中央在汉口秘密召开紧急会议，即"八七会议"。会议总结了大革命失败的经验和教训，旗帜鲜明地清算了大革命后期以陈独秀为代表的右倾机会主义错误，确定了土地革命和武装反抗国民党反动派的总方针，并选出以瞿秋白为首的中央临时政治局。毛泽东在会上提出了两个非常重要的问题。一是军事斗争问题。毛泽东批评党过去"不做军事运动专做民众运动"，强调"以后要非常注意军事，须知政权是由枪杆子中取得的"。这是从大革命失败的血的教训中取得的论断，指出了中国革命的特点，实际上提出了以军事斗争作为党的工作重心的问题，因而它是一个对中国革命有着极其重要意义的论断。二是农民土地问题。毛泽东提出应当规定大、中地主的标准，并建议以 50 亩土地为限，超过 50 亩者全部没收。同时，毛泽东认为对小地主也应采取一定的办法，要从根本上取消地主制，如此方能安民。但共产国际认为土地问题的根本解决办法是土地国有，毛泽东的正确意见没有被采纳。

八七会议是在中国革命的危急关头召开的。会议坚决地纠正和结束了陈独秀的右倾机会主义错误，确定了实行土地革命和武装反抗国民党反动派的总方针。这给正处在思想混乱和组织涣散中的中国共产党指明了新的出路，重新鼓起与国民党反动派斗争的勇气，为挽救党和革命作出了巨大贡献。这次会议是由大革命失败到土地革命战争兴起的历史性转变，在我党历史上是一个转折点。

（三）武装起义

国民党反动派的野蛮屠杀，并没有吓倒和征服中国共产党和中国人民。他们从地下爬起来，揩干净身上的血迹，掩埋好同伴的尸首，继续战斗。中共中央决定以武装斗争反对国民党反动派，发动和领导了大小起义近百次，其中尤以南昌起义、秋收起义和广州起义影响最大。

这生动体现了中华民族"自强不息"的精神。自强不息是一种积极进取的人生态度，是中国传统文化的基本精神之一。《周易·乾卦·象传》中有"天行健，君子以自强不息"的论述，意思是说天道运行，永无停止，君子应效法天道，锐意进取，自强不息，去实现自己崇高的理想。孔子特别重视"刚"的品格，他说："刚毅木讷近仁。"（《论语·子路》）孟子继承并发展了孔子自强不息的精神，从人性中善的角度出发，提出"我善养吾浩然之气"，认为气节就是"至大至刚，以直养而无害，则塞于天地之间"之"浩然之气"（《孟子·公孙丑上》）。孟子非常推崇"富贵不能淫，贫贱不能移，威武不能屈"（《孟子·滕文公下》）的大丈夫气节，认为人只有历尽艰辛，才能磨砺出自强不息的坚强品质，最终走向成功，正所谓"天将降大任于斯人也，必先苦其心志，劳其筋骨，饿其体肤，空乏其身，行拂乱其所为，所以动心忍性，曾益其所不能"（《孟子·告子下》）。荀子则从天人关系角度，提出了"制天命而用之"的著名论断，认为"天行有常，不为尧存，不为桀亡"（《荀子·天论》），故人不能将希望寄托于天，而应自强。除儒家外，墨家的"非命""尚力"，法家的"争于气力"等，也都是自强不息的表现。此后，自强不息的观念深入人心，产生了强烈的激励作用，成为激发中华民族不屈不挠、奋勇向前的源泉。中华民族愈是遭受挫折，愈具奋起抗争的精神状态和坚忍不拔的意志。

1. 南昌起义

1927 年 8 月 1 日凌晨，周恩来、贺龙、叶挺、朱德、刘伯承等人，率领共产党领导和影响下的北伐军 2 万多人在南昌举行起义。经过四个多小时的激战，起义军全歼守敌 3000 余人，占领南昌城。为了争取和团结国民党中愿意继续革命的人士，揭露蒋介石、汪精卫背叛革命的种种罪行，本次起义仍用国民革命军的番号。起义爆发后，汪精卫急令张发奎、朱培德等部向南昌进攻，起义军撤离南昌。由于比较仓促，加上酷暑远征，起义军减员严重。在南下途中，起义军同前来堵截的国民党军队进行了多次激烈战斗，虽有胜利，但自身伤亡也很大。最后在朱德、陈毅率领下，转战粤赣湘边。南昌起义打响了武装反抗国民党反动统治的第一枪，宣告了中国共产党把中国革命进行到底的坚强决心，标志着中国共产党独立地领导革命战争、创建人民军队和武装夺取政权的开始①，在党的历史上具有重要意义。

---

① 1933 年 7 月，中华苏维埃共和国临时中央政府通过决议，指出中国工农红军是由南昌起义开始组建的，因此"批准中央革命军事委员会的建议，规定以每年'八一'为中国工农红军纪念日"。这是 8 月 1 日成为中国人民解放军建军节的由来。

2. 秋收起义

1927 年 9 月 9 日，毛泽东领导的湘赣边界秋收起义爆发，起义军一度占领了醴陵、浏阳县城和一些集镇。但由于反动军队的力量强大，各路起义军先后遭受严重挫折，夺取长沙的目标无法实现。毛泽东当机立断，改变了攻打长沙的计划，决定在敌人控制比较薄弱的山区寻求立足地。9 月 29 日，起义部队到达永新县三湾村，毛泽东召开前委会，决定对部队进行整编：将原来的一个师缩编为一个团；建立党的各级组织和党代表制度，将党的支部建立在连上，班、排有党小组，连以上设党代表，营、团建立党委；连以上成立各级士兵委员会，官兵在政治上处于平等地位，实行民主管理。这就是著名的"三湾改编"。三湾改编从组织上确立了党对军队的绝对领导，是建设无产阶级领导的新型人民军队的重要开端。毛泽东在率领起义军南下途中，经过调查研究，认定位于湘赣边界的罗霄山脉中段井冈山地区可作为部队的立足点，于是起义部队转向井冈山，开始了创建井冈山革命根据地的斗争。秋收起义首次打出了工农革命军的旗帜，率先开始在农村开展游击战争、建立革命根据地的伟大实践，是马克思主义基本原理同中国革命实际相结合、探索中国革命新道路的开端。

3. 广州起义

1927 年 12 月 11 日凌晨，在张太雷、叶挺、叶剑英、黄平、周文雍、杨殷等领导下，国民革命军第四军教导团全部、警卫团一部和广州工人赤卫队七个纵队以及市郊部分农民武装，联合举行起义，起义军称工农红军。经过 10 多个小时的激战，起义军占领了广州绝大部分市区，并宣告成立广州市苏维埃政府。12 日，张发奎部主力在英、美、日、法等帝国主义的军舰和陆战队支援下，从东西南三面向起义军反扑。起义军虽浴血奋战，但终因众寡悬殊，遭受严重损失，张太雷牺牲，起义失败。起义军于 13 日凌晨撤出广州。广州起义是继南昌起义和秋收起义之后，对国民党反动派的又一次英勇反击，也是在城市建立苏维埃政权的大胆尝试。这次起义虽然失败了，但起义军和工农群众的英勇顽强、不怕牺牲的革命精神，给中国人民以巨大的鼓舞，在中国人民革命斗争史上写下了光辉壮丽的一页。

除上述三次影响较大的起义外，从 1927 年秋到 1928 年初，中国共产党还发动和领导了近百次武装起义，遍及 12 个省 140 多个县，给国民党反动派以有力回击。虽然一部分起义失败了，但仍有一部分坚持了下来。这些能坚持下来的地区，多是处于数省边界，距离国民党统治的中心城市较远的偏僻山区。这使越来越多的革命者认识到，农村中有革命发展的广阔天地。保存下来的起义部队，在农村中开展游击战争，为后来各地工农红军和农村革命根据地的大规模发展，奠定了初步的基础。

本节教学步骤三（30 分钟）

二、农村包围城市、武装夺取政权道路的开辟

（一）中国革命新道路的开创

在当时的中国，要坚持革命，就必须进行武装斗争。但是，斗争的主攻方向在哪儿？城市还是农村？从国际共产主义运动史来看，找不到以农村为中心的经验。革命应以城市为中心，这是当时全党的共识。大革命失败后，中共中央继续留在上海，党的工作重心仍然放在中心城市。但现实却是，所有以占领城市为目标的武装起义都失败了。而且，起义失败后保留下来的部队，大都转向了国民党统治力量薄弱的农村地区，在那里创建了工农政权，建立了革命根据地。八七会议后，中共中央在领导武装起义的过程中，初步提出了占领某个县或几个县，实行武装割据的思想。1928 年 6 月召开的中国共产党第六次全国代表大会虽仍坚持以城市为中心的革命道路，但也肯定了建立农村革命根据地的重要性，认为这是决定中国革命新高潮的更大的发展基础。1929 年 6 月召开的中共六届二中全会进一步指出，中国革命要胜利，必须要有广大的苏维埃区域的帮助。1930 年 5 月，中共中央机关刊物《红旗》发文，明确提出中共应全力去发展农村工作，革命势力占据广大农村后，可联合起来包围城市、夺取城市，从而取得革命的胜利。这便是农村包围城市、武装夺取政权的革命新道路。

农村包围城市、武装夺取政权革命新道路的开辟，是中国共产党和中国人民集体奋斗的结果，凝聚了党和人民的集体智慧。而其中的杰出代表，就是毛泽东。1927 年 10 月，毛泽东率领秋收起义的部队到达井冈山地区，开始了创建农村革命根据地的艰苦斗争，具体包括团结改造袁文才、王佐等地方武装，并积极帮助湘赣边界各县建立赤卫队和乡暴动队；发动群众打土豪、分田地，建立县、区、乡各级民主政权，恢复和建立党的地方组织；重视部队的政治思想教育，规定了三大纪律、六项注意①；采取游击战术，以少胜多，连续打败敌人的多次"进剿"。1928 年 4 月，朱德、陈毅率领南昌起义保存下来的部队和湘南农军来到井冈山，和毛泽东领导的工农革命军胜利会师，增强了井冈山地区

---

① 三大纪律是：行动听指挥，不拿工人农民一点东西，打土豪要归公；六项注意是：上门板，捆铺草，说话和气，买卖公平，借东西要还，损坏东西要赔。后来，六项注意又增加洗澡避女人和不搜俘虏腰包，发展成"三大纪律八项注意"。

工农武装的力量。井冈山革命根据地的建立，成为中国革命走上农村包围城市、武装夺取政权新道路的开端。正如毛泽东所指出的："边界红旗子始终不倒，不但表示了共产党的力量，而且表示了统治阶级的破产，在全国政治上有重大的意义。"①

毛泽东不仅在实践上首先将武装斗争的进攻方向指向了农村，而且从理论上阐明了农村包围城市、武装夺取政权的革命新道路。1928 年 10 月和 11 月，毛泽东先后写了《中国的红色政权为什么能够存在?》和《井冈山的斗争》两篇文章，详细分析了中国红色政权能够存在和发展的条件。第一，中国是帝国主义国家间接统治下的半殖民地半封建国家，自给自足的地方性农业经济使农村可以脱离城市而独立存在，帝国主义国家实行划分势力范围的政策造成军阀割据混战，为中国革命提供了生存发展的广泛空间。第二，国民革命的洗礼和良好的群众基础，是红色政权得以生存和发展的客观条件。第三，大革命失败后，引起革命的社会基本矛盾不但一个也没有解决，而且继续发展，成为红色政权存在和发展的又一客观条件。第四，有相当力量的正式红军的存在，是红色政权能够存在和发展的必要条件。第五，共产党组织的有力量和它的政策的不错误，是红色政权能够存在发展的前提和根本保证。1930 年 1 月，毛泽东又发表了《星星之火，可以燎原》一文，指出红军、游击队和红色区域的建立和发展是半殖民地中国在无产阶级领导之下的农民斗争的最高形式和半殖民地农民斗争发展的必然结果，并且无疑义是促进全国革命高潮的最重要因素。这标志着毛泽东农村包围城市、武装夺取政权这一中国革命新道路理论的基本形成。1930 年 5 月，毛泽东在《反对本本主义》一文中，第一次鲜明地阐明了党的思想路线即坚持理论与实践相结合的原则的极端重要性，提出"没有调查，就没有发言权"和"中国革命斗争的胜利要靠中国同志了解中国情况"的重要思想，进一步完善了农村包围城市、武装夺取政权理论。

中国革命新道路的开辟，反映了中国人民所具有的变革创新思维。有人认为，中国传统文化中缺乏创新因子。其实，这是对中国传统文化的误解。

中国传统文化把世界上的事物看成是不断变化的过程，反对因循守旧，提倡与时俱进。如《周易·益卦》载"终日乾乾，与时偕行"，意思是说，每天谨慎做事，自强不息，和日月一起运转，永不停止，比喻人类只有克服怠惰，不断创新，像天体运行那样强劲不息，才能不断发展。应该说，中国传统文化富于变革创新思想。如《诗经》中的"周虽旧邦，其命维新"，《周易》中的

---

① 毛泽东选集：第 1 卷 [M]. 北京：人民出版社，1991：81.

"穷则变，变则通，通则久"，《大学》中的"苟日新，日日新，又日新"，《吕氏春秋》中的"世异时移，变法宜矣"，《盐铁论》中的"明者因时而变，知者随事而制"以及《史记》中的"物盛则衰，天地之常数也；进退盈缩，与时变化，圣人之道也"等，都体现了这种变革创新思想。也正是在这种思想的影响下，我国历史上出现了一批革新者。如孔子面对他生活的社会现实，从文化层面对人类发展进程进行反思，根据已变化了的实际情况，以"述"为"作"，对周礼进行损益，来实现传统价值的当代转换。在政治主张上，孔子对西周以来的"敬德""慎罚"思想作了发展，将"仁"推广于政治中，主张统治者应"为政以德"，如此则"臂如北辰，居其所而从星拱之"（《论语·为政》）。商鞅提出"治世不一道，便国不法古"（《商君书·更法》）的革新主张，认为变法是顺乎世事变化而采取的治国措施。王安石以"天变不足畏，祖宗不足法，人言不足恤"（《宋史·王安石列传》）的气度决心变法，与反对派进行坚决斗争。近代梁启超认为不积极变法就会被历史淘汰，他提出，"法者，天下之公器也；变者，天下之公理也……变亦变，不变亦变。变而变者，变之权操诸己，可以保国，可以保种，可以保教。不变而变者，变之权让诸人，束缚之，驰骤之"（《变法通议》）。

（二）红军反"围剿"战争的胜利

早在井冈山革命根据地创立期间，蒋介石就曾命令湘赣两省的国民党军队多次"进剿"根据地。边界特委和红四军军委采取"敌进我退，敌驻我扰，敌疲我打，敌退我追"的游击战，以少胜多，将敌人的"进剿"一一击破，使井冈山革命根据地日益扩大。井冈山革命根据地建立和发展的同时，其他革命根据地也在全国各地相继建立起来。至 1930 年初，共有大小 10 几块农村革命根据地，分布在全国 10 多个省，红军连同地方武装共约 10 万人。红军和根据地的存在和发展，使国民党统治集团感到震惊和恐慌。中原大战结束后，蒋介石立即调集重兵，向南方各根据地的红军发动了大规模的"围剿"，重点是毛泽东、朱德领导的红一方面军和中央革命根据地①。

1930 年 10 月，蒋介石调集 10 万兵力，以江西省政府主席鲁涤平为总司令，向中央革命根据地发动了第一次"围剿"。当时，红一方面军只有 4 万余人，加

---

① 1930 年 9 月召开的党的六届三中全会决定在农村革命根据地建立中央局。当时，毛泽东、朱德领导下的赣南、闽西根据地，是全国各根据地中力量最强的。中共中央决定将苏区中央局和苏维埃中央政府设在赣南根据地。此后人们把红一方面军所控制的赣南、闽西根据地称为中央革命根据地或中央苏区。

之这次是蒋介石调集全国兵力对红军进行围剿，不同于以往一省或几省军阀对红军的"进剿"，因而形势非常严峻。但国民党军队对红军的估计不足，采取"长驱直入，分进合击"的战术，企图一举消灭红一方面军主力，摧毁中央革命根据地。红一方面军在毛泽东、朱德的领导下，根据敌强我弱和湘敌强、赣敌弱的实际情况，决定实行"诱敌深入"的方针，向根据地中部撤退，在运动中待机歼敌 1.5 万人，胜利地粉碎了国民党军的第一次大规模"围剿"。

1931 年 4 月，国民党当局又调集 20 万兵力，由国民党军政部部长何应钦兼任陆海空军总司令南昌行营主任，对中央革命根据地发动了第二次"围剿"，企图包围并消灭红一方面军于赣南。他们鉴于上次"长驱直入"失败的教训，采用"稳扎稳打，步步为营"的战术，并实行严密的经济封锁。苏区中央局按照毛泽东的意见，仍采取"诱敌深入"的方针，依托根据地的有利条件，集中优势兵力，先打弱敌，然后由西向东横扫，各个歼灭敌人。自 5 月 16 日至 31 日，红军连打五个胜仗，横扫 700 里，自赣江之畔直达福建建宁，共歼敌 3 万多人，粉碎了国民党军队的第二次"围剿"，进一步扩大了中央革命根据地。

1931 年 6 月，蒋介石自任"围剿"军总司令，以何应钦为前敌总司令，调集军队 30 万人，对中央革命根据地发动了第三次"围剿"。他们倚仗有十倍于红军的兵力，又采取"长驱直入"的战术，企图把红军压迫到赣江东岸加以击破，然后分区"清剿"，以消灭全部红军。毛泽东、朱德决定继续采取"诱敌深入""避敌主力，打其虚弱"的方针，歼敌 4 万多人。这样，蒋介石亲自指挥的第三次"围剿"也以失败而告终。这次反"围剿"胜利后，赣南、闽西两个革命根据地连成一片，拥有 21 座县城，面积 5 万平方公里，居民达 250 万人。

红军前三次反"围剿"采取的"避敌主力，诱敌深入，集中优势兵力各个击破"的灵活机动战略战术，与《孙子兵法》不谋而合。

《孙子兵法》由春秋时期吴国将军孙武所著，全书共十三篇，六千字多字，是中国现存最早的兵书，也是世界上最早的军事著作，被誉为"兵学圣典"。《孙子兵法》的内容博大精深，其中许多内容与红军前三次反"围剿"的战略战术不谋而合。如"昔之善战者，先为不可胜，以待敌之可胜"（《孙子兵法·形篇》）的诱敌深入战术，"兵之形，避实而击虚"（《孙子兵法·虚实篇》）的避实击虚战术，"故形人而我无形，则我专而敌分。我专为一，敌分为十，是以十击攻其一也。则我众而敌寡，能以众击寡者，则吾之所与战者约矣"（《孙子兵法·虚实篇》）的集中优势兵力战术，"实而备之，强而避之，怒而挠之，卑而骄之，佚而劳之，亲而离之，攻其不备，出其不意"（《孙子兵法·始计篇》）的机动灵活战术，等等。

1932 年冬，国民党调集 30 多个师的兵力，分左、中、右三路向中央革命根据地发动大规模的第四次"围剿"。蒋介石嫡系陈诚指挥的 20 个师约 16 万人为中路军，担任主攻任务。这时，红一方面军兵力约 7 万余人，毛泽东红军总政委的职务已被撤销。红一方面军在执行苏区中央局命令受挫后，周恩来、朱德根据毛泽东之前拟定的战略方针，借鉴前三次反"围剿"的经验，采用大兵团伏击战法，歼灭陈诚部精锐主力近 3 个师，俘敌 1 万余人，粉碎了国民党军队对中央革命根据地的第四次"围剿"。

在中央革命根据地进行反"围剿"斗争的同时，鄂豫皖、湘鄂西等革命根据地也进行了反"围剿"斗争，虽有失败，但多数取得胜利，使红军和根据地得到很大发展。

（三）农村土地革命的开展

红军在极端艰苦的条件下能够粉碎国民党军队的数次"围剿"，根本原因在于根据地土地革命的开展。随着红军和革命根据地的建立和发展，土地革命也广泛地开展起来。海陆丰革命根据地最早开展土地革命。井冈山革命根据地建立初期，主要是发动群众打倒土豪劣绅，土地革命只在小范围内试行。随着根据地的逐步稳定，从 1928 年 6 月开始，土地革命全面展开。起初，采取土地全部没收、彻底分配的办法，以乡为单位（只有在极少数山多田少的地方才以三四个乡作为一个单位），男女老幼一律平分，以原耕地为基础，好坏搭配。后又以劳动力为标准，能劳动的比不能劳动的多分一倍。同年 12 月，毛泽东总结土地革命的经验，主持制定《井冈山土地法》，否定封建土地所有制，以法律的形式肯定农民分得土地的神圣权利。这是中国共产党领导农民实行土地改革的第一次尝试，有着重大的意义。

红四军进入赣南、闽西革命根据地后，土地革命也在此发展到一个新的阶段。1929 年 4 月，毛泽东依据中共六大《农民问题》决议案，结合赣南土地革命经验，主持制定了《兴国土地法》。《兴国土地法》对《井冈山土地法》进行了重大的原则性修改，将"没收一切土地"改为"没收一切公共土地及地主阶级的土地"[①]。后来，在不断完善土改政策的基础上，形成了中国历史上第一个符合中国实际情况的土地革命纲领和路线，即依靠贫雇农，联合中农，限制富农，保护中小工商业者，消灭地主阶级和封建半封建的土地制度；以乡为单位，按人口平均分配土地，在原耕地的基础上，实行抽多补少，抽肥补瘦。

在同一时期，其他革命根据地如鄂豫皖、湘鄂西、赣东北、湘鄂赣、广西

---

① 这里的"公共土地"，是指被封建地主所控制的祠堂、宗族所有的土地。

左右江、广东琼崖等，也都相继开展了土地革命运动。土地革命激发了广大农民的革命热情和生产积极性，他们坚决拥护土地革命和共产党的领导，积极参军参战，这就壮大了红军力量，发展了农业生产，巩固了革命根据地，有力地支援了武装斗争。

中国共产党在农村开展的土地改革，是对中华传统"扶危济困"美德的传承与发展。"扶危济困"意为扶助、救济处于危难、困苦中的人，它是劳动人民在长期共同的劳动、生活中逐渐形成和发展起来的一种高尚的道德品质、情操和行为，是中华民族的传统美德之一。"扶危济困"思想的文化渊源可追溯到先秦时期。管子的"饥者得食，寒者得衣，死者得葬，不资者得振，则天下之归我者若流水，此之谓致天下之民"（《管子·轻重甲》），老子的"天之道，损有余而补不足"（《道德经》第77章），孔子的"人不独亲其亲，不独子其子，使老有所终，壮有所用，幼有所长，矜寡孤独废疾者皆有所养，男有分，女有归"（《礼记·礼运》），墨子的"有力者疾以助人，有财者勉以分人，有道者劝以教人"（《墨子·尚贤下》），以及孟子的"乡田同井，出入相友，守望相助，疾病相扶持"（《孟子·滕文公上》）等，皆可视为"扶危济困"在一个方面的体现。作为一种道德实践，"扶危济困"的高尚品德长期存在于中国人的日常生活中。晏子巧谏齐宣公开仓的故事，"漂母饭信"的故事，张仲景挂官救民的故事，隋文帝为众臣分糠的故事，苏轼助人画扇还债的故事，郑板桥设宴认"师"的故事等，都是这种美德在古人身上的生动写照。

国民党统治集团在对革命根据地进行军事"围剿"的同时，也对其统治区内的革命文化运动实施了"围剿"，如大力提倡"尊孔读经"的复古教育、鼓吹奴化思想、推崇法西斯文化、采取高压手段严禁出版进步书刊、破坏进步团体、迫害进步人士等。为了反对国民党的文化"围剿"，中共中央组织成立了中国左翼文化界总同盟（简称"文总"），并在北平、天津、武汉、广州等地成立了"左联"等文化团体。这些文化团体，团结鲁迅、郭沫若、茅盾等广大革命文化工作者，创办革命报刊，发表进步作品，翻译出版马克思主义理论书籍，对反对国民党文化"围剿"作出了重要贡献。

第三节　中国革命在探索中曲折前进

本节教学步骤一：导入（2 分钟）

随着红军反"围剿"作战的胜利，农村革命根据地获得大发展，革命形势一片大好。但中国革命新道路的探索并非一帆风顺，党内曾出现过多次严重的"左"倾错误，差点断送了中国革命。幸亏这种"左"倾错误及时得到纠正，中国革命才能转危为安。

本节教学步骤二（10 分钟）

一、土地革命战争的发展及其挫折

（一）农村革命根据地的建设

随着红军反"围剿"作战的胜利，农村革命根据地获得大发展。在此基础上，1931 年 11 月 7 日，中华苏维埃第一次全国代表大会在江西省瑞金县叶坪村举行。大会通过了《中华苏维埃共和国宪法大纲》以及《土地法令》《劳动法》等法律文件；选举产生了中华苏维埃共和国中央执行委员会；成立了中华苏维埃共和国临时中央政府，毛泽东当选为主席。要进行长期的革命斗争，必须有可靠的根据地，而根据地要长久地存在，必须有计划地进行建设。中国历史上多次农民起义失败的原因之一，就是没有能够长久存在的根据地作为依托，犯了流寇主义错误。中国共产党自开辟农村革命根据地始，特别是临时中央政府成立后，十分重视根据地建设。

1. 政权建设

在创建革命根据地的过程中，中国共产党就十分重视政权建设。根据地政权建设经历了一个发展过程，八七会议的口号是"政权属于农民协会"，后来有了"革命委员会""工农苏维埃政权"等提法。中华苏维埃共和国实行各级工农兵代表大会制度。首先由符合条件的选民按一定比例直接选举产生乡工农兵代表大会代表，召开乡工农兵代表大会，选举产生乡苏维埃政府组成人员。在此基础上，按一定比例逐级选举代表组成区、县、省和全国工农兵代表大会，选举产生区、县、省和全国苏维埃政府组成人员。各级苏维埃政府通过召开工农兵代表大会，吸收工农群众代表参加政权管理，行使自己当家做主的权利。各级工农兵代表大会闭会期间，由各级执行委员会代行权力。其他革命根据地也是相继召开各级工农兵代表大会，选举产生各级苏维埃政府。

2. 经济建设

国民党政府不仅对革命根据地进行军事"围剿"，而且还进行经济封锁。为打破敌人的经济封锁，巩固根据地，苏维埃政府领导根据地军民积极进行经济建设。由于敌人的多次围剿，根据地的农业生产遭到严重破坏，加之大批青壮年参军参战，造成劳动力的短缺。在此情况下，苏维埃政府积极动员和组织获得了土地的农民群众，开展互助合作运动，成立劳动互助社、犁牛合作社或犁牛站等，以提高劳动生产率。同时，苏维埃政府还组织农民开垦荒地，兴修水利，以增加农作物产量。除农业外，根据地的手工业、对外贸易、财政、金融、邮电、交通等事业也都有一定的建设和发展。根据地经济建设的成就，对支援革命战争，粉碎敌人的经济封锁，改善军民生活和巩固根据地都起了重要作用。

3. 军事建设

坚持革命根据地的斗争，必须建设一支新型的人民军队。早在井冈山革命根据地创建初期，以毛泽东为首的前敌委员会就特别重视革命军队的建设。由于红军和红军中的党组织长期在农村游击战争的环境中活动，必然要受到各种非无产阶级的思想影响，严重地妨碍党的路线的贯彻执行。1929 年 12 月下旬，红四军党的第九次代表大会（即古田会议）在福建省上杭县古田村召开。会议通过了毛泽东起草的决议案，批评了各种错误观点，确立了思想建党、政治建军的原则，规定红军是"一个执行革命的政治任务的武装集团"①，必须绝对服从党的领导。古田会议创造性地解决了如何将以农民为主要成分的军队，建设成为无产阶级领导的新型人民军队这个根本性问题，成为中国人民军队建军史上的重要里程碑。

4. 文化建设

根据地军民还在物质条件极为简陋的情况下，进行了文化教育建设。苏维埃政府采取如建立各种夜校、半日制学校、补习学校或识字班，设立识字牌或墙报，创办报刊，创作演出戏剧等多种方式，提高了工农群众的文化水平。中央革命根据地还创办了马克思共产主义学校、列宁师范学校、中央农业学校、职工运动高级训练班、高尔基戏剧学校等，加强马克思主义思想理论教育，培养各方面的干部和技术人才。各根据地创办了许多报纸杂志，如《红色中华》

---

① 毛泽东选集：第 1 卷［M］．北京：人民出版社，1991：84．

《青年实话》《斗争》《红星》等，并于1931年11月成立了第一家新闻通讯社——红色中华通讯社。另外，根据地的文艺生活也很活跃，如工农剧社、蓝衫团①、俱乐部等经常开展文娱活动，深受群众喜爱。

5. 党的建设

随着各根据地不断发展壮大，党的建设也得到进一步加强。根据地党组织十分重视干部队伍建设，除大胆选拔有工作能力的党员担任党的领导工作外，还通过举办各种短期训练班、干部学校，加强干部的速成教育。各根据地还注意建立健全基层党组织，加强新党员的思想教育，提高他们的觉悟。根据地党组织特别重视党员干部的作风建设，注重培育他们理论联系实际、一切从实际出发和密切联系群众的优良作风。在极端艰苦的条件下，苏维埃政府认真加强对党员干部廉洁从政的教育，坚决惩治腐败。1933年12月，毛泽东等发布的关于惩治贪污浪费行为的第26号训令，作出了"贪污公款在500元以上者处以死刑"等的规定。广大党员干部艰苦奋斗、廉洁自律的作风，赢得了根据地群众的拥护和爱戴。

廉政思想是中国古代思想文化资源宝库中的一个重要论题。舜时皋陶提出，从政者要有九种品德，即"宽而栗，柔而立，愿而恭，乱而敬，扰而毅，直而温，简而廉，刚而塞，强而义"（《尚书·虞书·皋陶谟》）。这里的"简而廉"意指性格豁达且行为端正。可见，"廉"最初是指官员应具有的一种品德。春秋时期，"廉"具有了"廉洁"之意。如管仲提出"国有四维，……一曰礼，二曰义，三曰廉，四曰耻。礼不逾节，义不自进，廉不蔽恶，耻不从枉"（《管子·牧民》）。"廉政"一词最早出现在《晏子春秋·问下》中的"廉政而长久，其行何也？"晏婴提出，"廉者，政之本也""故圣人伏匿隐处，不干长上，洁身守道，不与世陷乎邪，是以卑而不失义，瘁而不失廉"。这里，"廉政"即廉洁政治，特指廉洁而不贪。战国时，廉洁与不贪的意义固定下来。如韩非子讲："百官之吏，亦知为奸利之不可以得安也，必曰：'我不以清廉方正奉法，乃以贪污之心枉法以取私利，是犹上高陵之颠，堕峻溪之下而求生，必不几矣。'安危之道若此其明也，左右安能以虚言惑主，而百官安敢以贪渔下？是以臣得陈其忠而不弊，下得守其职而不怨。此管仲之所以治齐，而商君之所以强秦也。"（《韩非子·奸劫弑臣》）这里，韩非子明确提出臣僚的清廉方正是国家强盛的重要原因，廉政与贪污明显对立。自此，廉政就成为官员的一种从政品质和风范。古人留下了关于廉政的许多名言，习近平多次引用。如"一丝一

---

① 1933年4月成立于江西瑞金，以演出活报剧为主，因演出时演员身穿蓝衫而得名。

粒，我之名节；一厘一毫，民之脂膏。宽一分，民受赐不止一分；取一文，我为人不值一文。谁云交际之常，廉耻实伤；倘非不义之财，此物何来？"（张伯行《禁止馈送檄》），"公生明，廉生威"（年富《官箴》刻石），"俭则约，约则百善俱兴；侈则肆，肆则百恶俱纵"（金缨《格言联璧·持躬》），"奢靡之始，危亡之渐"（《新唐书·褚遂良》），"历览前贤国与家，成由勤俭破由奢"（李商隐《咏史》），"吏不廉平，则治道衰"（《汉书·宣帝纪第八》），等等。

中国共产党领导下的农村革命根据地呈现出生机勃勃的景象，同国民党统治区民不聊生的悲惨景象形成鲜明的对照，使深陷苦难深渊的中国人民从中看到了一线光明和希望。

（二）土地革命战争的严重挫折

中国革命的复兴和发展并不是一帆风顺的。从 1927 年 7 月大革命失败到 1935 年 1 月遵义会议召开前，中国共产党内先后出现了三次"左"倾错误，且一次比一次严重。

1."左"倾盲动错误

1927 年 11 月 9—10 日，中共中央在上海召开临时政治局扩大会议，通过了罗米那兹起草的《中国现状与党的任务决议案》。决议案混淆了民主革命和社会主义革命的界限，认为中国革命是"无间断的革命"，现在的革命斗争"必然要彻底解决民权主义任务而急转直下地进入社会主义的道路"。会后，一些地区发生强迫工人罢工、农民暴动甚至盲目烧杀等"左"倾盲动现象，使党在这些地区严重脱离群众，使大革命失败后保存下来的有限的革命力量进一步蒙受损失。1928 年 2 月，共产国际执行委员会第九次扩大会议批评了罗米那兹的错误观点。4 月，中共中央临时政治局发出接受共产国际决议案的通告，"左"倾盲动错误在全国范围的实际工作中基本结束。

2."左"倾冒险主义

1930 年 6 月召开的中共中央政治局会议，通过了李立三起草的《新的革命高潮与一省或几省首先胜利》的决议案，以李立三为代表的"左"倾冒险主义在党中央占据了统治地位。这次"左"倾冒险主义错误主要表现在：对革命形势作了错误的估计；认为在实际工作中党已不再需要逐步积累和准备革命的主观力量了；坚持"城市中心论"的错误观点；再一次混淆民主革命和社会主义革命的界限。在这些错误思想指导下，李立三等制订了以武汉为中心的全国中心城市武装起义和集中全国红军攻打中心城市的冒险计划，要求各路红军"会师武汉""饮马长江"，以夺取全国胜利。结果国统区党的许多秘密组织暴露出来，先后有 11 个省委的机关被破坏，武汉、南京等城市的党组织几乎全部瓦解。许多共产党员、共青团员和革命群众遭到捕杀，进攻大城市的红军也遭受不同程度的损失。9 月，周恩来、瞿秋白在上海主持召开扩大的党的六届三中全会，批评了李立三等对革命形势的错误估计，停止了其冒险行动，恢复党、团、工会等的活动。

3. "左"倾教条主义

1931 年 1 月，中国共产党六届四中全会在上海召开，会议批准了以教条主义为特征的王明"左"倾错误的纲领。从此，王明"左"倾教条主义在党中央开始了长达 4 年的统治。王明"左"倾教条主义错误主要表现在：对革命性质和阶级关系作出错误的分析，混淆民主革命与社会主义革命的界限，将民族资产阶级视为中国革命最危险的敌人，一味排斥和打击中间势力；对革命道路问题提出错误的政策，坚持"城市中心"论，将准备城市工人的总罢工和武装起义作为党最主要的任务，并号召全党准备决战；在土地问题上推行坚决打击富农和"地主不分田，富农分坏田"的极"左"政策；在组织上大搞任人唯亲的宗派主义和惩办主义，推行"残酷斗争，无情打击"的方针；在军事上推行进攻中的冒险主义、防御中的保守主义和退却中的逃跑主义。这次"左"倾错误给中国革命造成了严重危害，使红军和根据地损失了 90%，国民党统治区党的力量几乎损失了 100%。

这一时期党内连续出现"左"倾错误，且在党中央的领导机关取得了统治地位。这种现象的出现，不是偶然的，有着多方面的深刻原因，如中共中央对中国革命形势的错误认识，感情胜过理智，党的队伍在阶级成分上的局限性，党内民主的缺失，共产国际的瞎指挥等，特别是没有把马克思主义理论与中国革命实践结合起来。由于当时的中国共产党尚处于幼年，全党的马克思主义理论素养不高，实践经验也缺乏，对于中国的历史和社会状况、中国革命的特点和规律不了解，对于马克思主义理论与中国革命的实践没有统一的理解。王明等人虽然对马克思主义理论的内容了如指掌，但不懂中国实际，以为只要照搬照抄马克思主义书本上的语句或共产国际的决议、指示，中国革命就会取得成功。王明甚至提出"对共产国际百分之百的忠诚，是中国革命走向胜利的唯一保证"的口号[①]。按照这种主观主义的思想路线办事，就必然在中国革命实践中犯错。

----

① 黄桂英. 中国共产党保持和发展先进性的理论与实践研究［M］. 长春：东北师范大学出版社，2015：40.

本节教学步骤二：讨论（15 分钟）

对比农村包围城市、武装夺取政权革命新道路的成功实践和党内三次"左"倾错误给中国革命带来的危害，结合毛泽东对中国传统文化中"实事求是"思想的发挥，谈谈我们应如何对待马克思主义？

① "马克思主义不是教条，只有正确运用于实践并在实践中不断发展才具有强大的生命力"。

② "必须始终坚持马克思主义基本原理同中国具体实践相结合，坚持科学理论的指导，坚定不移地走自己的路"。

本节教学步骤三（8 分钟）

二、遵义会议与中国革命的历史性转折

（一）第五次反"围剿"失利与红军主力战略转移

1933 年 9 月，蒋介石调集 100 万军队，采取持久战和"堡垒主义"新战略，对中央革命根据地发动了更大规模的第五次军事"围剿"。蒋介石坐镇南昌行营，自任总司令，亲自指挥。这时毛泽东已离开红军的领导岗位，临时中央负责人博古依靠共产国际派来的军事顾问李德负责军事指挥。李德完全不了解中国的实际情况，只是搬用苏联红军正规战的经验，实行军事冒险主义方针，提出"中国两条道路的决战"和"不放弃根据地一寸土地"等口号，主张"御敌于国门之外"，命令红军主力北上应敌。红军连续作战近两个月，不但没有打败敌人，反而因辗转于敌军主力和堡垒之间而陷于被动地位。进攻受挫后，他们又采取消极防御的战略和"短促突击"的战术，企图用阵地战代替运动战和游击战，同用新式武器装备起来的国民党军队拼消耗。这样，战局的发展对红军日益不利。

蒋介石集中兵力从东、西、北三面向中央革命根据地中心区推进。由于推行李德的堡垒对堡垒和"短促突击"战术①，红军屡次遭受严重损失。1934 年 4 月，国民党军队集中优势兵力进攻中央革命根据地的北大门广昌。博古、李德不顾敌强我弱的实际情况，调集红军主力修筑工事坚守广昌。经过 18 天血战，

---

① 第五次反"围剿"中李德提出的战术原则，要求红军在敌人修筑堡垒、步步为营地向前推进的情况下，自己也修筑堡垒防御阵地，以堡垒对堡垒，当敌人走出堡垒前进时，则在短距离内对敌人进行突击。

部队伤亡 5000 余人，广昌失守。10 月初，国民党军队推进到中央苏区腹地，红军主力被迫实行战略转移。10 月中旬，中共中央机关和中央红军 8.6 万多人撤离中央革命根据地，这便是长征的开始。留下的红二十四师和 10 多个独立团等共 1.6 万余人及部分党政工作人员，在项英、陈毅等领导下，在中央革命根据地坚持斗争。

此前，为了调动和牵制敌人，减轻国民党军队对中央革命根据地的压力，并准备实施战略转移，中共中央决定组织两支部队先行北上和西进。一支由寻淮洲等领导的红七军团改称北上抗日先遣队，经福建北上至闽浙皖赣边区。一支是任弼时等领导的红六军团，由湘赣、湘鄂赣革命根据地突围向西挺进。北上抗日先遣队与方志敏领导的红十军会合，组成红十军团，并成立以方志敏为主席的军政委员会。由于兵力过小，红十军团未能牵动"围剿"中央革命根据地的敌人，反而因孤军深入敌后而失败。方志敏在狱中写下《可爱的中国》《清贫》《狱中纪实》等革命作品，在南昌英勇就义。与此同时，红六军团也奉命退出湘赣根据地西进。在中央作出撤离根据地、进行战略转移决策的情况下，红六军团奉命西进带有探路的性质。

（二）遵义会议与中国革命之转折

中央红军开始长征后，"左"倾领导人又犯了退却中的逃跑主义。红军虽连续突破敌人四道封锁线，但损失惨重。渡过湘江后，中央红军和中央机关人员由长征出发时的 8.6 万余人锐减至 3 万余人。残酷的现实教育了全党全军，提高了广大党员和指战员的识别能力。在毛泽东正确战略方针指引下，中央红军取得了四次反"围剿"的胜利，革命根据地也从小到大地发展起来；而在王明的领导下，根据地日渐缩小，甚至被葬送，特别是第五次反"围剿"和长征初期的失败，致使红军大量损失，陷入被动。通过比较，大家认识到，若继续坚持王明的错误领导，党和红军就难以摆脱极为被动的困境；只有在毛泽东的领导下，中国革命才能走上胜利发展的道路。于是，党内有了恢复毛泽东正确路线的要求。同时，曾经支持过王明"左"倾错误的一些领导人，也在严酷事实的教育下，逐步改变态度，表示支持和拥护毛泽东的正确主张。在此形势下，召开一次政治局会议，总结经验教训，纠正领导上的错误的条件已经成熟。

1935 年 1 月 15 日至 17 日，中央政治局在遵义召开扩大会议。这次会议集中解决当时具有决定意义的军事上和组织上的问题。首先，由博古作关于第五次反"围剿"的总结报告。他极力为"左"倾错误辩护，过分强调客观困难，把第五次反"围剿"的失败归之于帝国主义、国民党反动力量的强大，白区和各苏区的斗争配合不够等。接着，周恩来作了副报告，分析了第五次反"围剿"和长征中战略战术及军事指挥上的错误，并作了自我批评，主动承担了责任，同时也批评了博古和李德。张闻天作了反对"左"倾军事错误的报告，比较系统地批评了博古、李德在军事指挥上的错误。毛泽东作了长篇发言，切中要害地分析和批评了博古、李德在军事指挥上的错误，以及博古在总结报告中为第五次反"围剿"失败辩护的错误观点，并阐述了中国革命战争的战略战术问题和此后在军事上应采取的方针问题。会议委托张闻天起草了《中共中央关于反对敌人五次"围剿"的总结决议》（即《遵义会议决议》），肯定了毛泽东关于红军作战的基本原则，否定了博古关于第五次反"围剿"的总结报告。会议决定改组中央领导机构，增选毛泽东为政治局常委。会后，常委进行了分工：由张闻天代替博古负总责，博古任红军总政治部代理主任，由毛泽东、周恩来、王稼祥组成三人军事指挥小组，全权负责红军的指挥工作。

遵义会议明确地回答了红军在战略战术方面的是非问题，指出了博古、李德军事指挥上的错误，改变了中央的领导特别是军事领导，解决了党内所面临的最迫切的组织问题和军事问题。遵义会议结束了王明"左"倾教条主义错误在党中央的统治，确立了以毛泽东为代表的新的中央领导，把党的路线转到了马克思列宁主义的轨道上来。遵义会议是在中国共产党同共产国际中断联系的情况下独立自主地召开的，在中国革命的危急关头，挽救了党，挽救了红军，挽救了中国革命，是我党历史上一个生死攸关的转折点，标志着中国共产党从幼年走向成熟。

本节教学步骤四（10分钟）

三、红军长征的胜利及伟大意义

（一）长征的胜利结果

遵义会议后，中央红军在毛泽东的领导下，根据实际情况的变化，展开了机动灵活的运动战。鉴于敌军布防严密，中央红军撤离遵义后，四渡赤水，打乱了敌人的"围剿"计划，变被动为主动；随即南渡乌江，佯攻贵阳，分兵黔东，诱出滇军，渡过金沙江。至此，摆脱了几十万国民党军的围追堵截，取得了战略转移中具有决定意义的胜利。渡过金沙江后，中央红军继续北上。在北上经过少数民族聚居区时，红军严格执行党的民族政策，尊重少数民族的风俗习惯，顺利地通过这个地区，赶到大渡河南岸的安顺场渡口。但由于安顺场水流太急，无法架桥，军委决定改向西北，争取并控制泸定桥渡河点。泸定桥是一座铁索桥，桥长 100 多米，宽 2.8 米，由 13 根碗口粗的铁索组成，红军以 22 名勇士组成的突击队冒着敌军密集火力，攀缘铁索，勇敢地夺取了泸定桥。中央红军胜利渡过了天险大渡河，又一次使红军转危为安，摆脱了敌人的追击。渡过大渡河后，中央红军继续北上，翻越了长征路上第一座大雪山——夹金山。

1935 年 6 月 12 日，中央红军的先头部队到达懋功东南的达维，与红四方面军先头部队胜利会师。接着，中共中央在懋功以北的两河口举行政治局会议，一致同意红军应北上，创立川陕甘苏区。红四方面军主要领导人张国焘也表示同意。中共中央决定将两个方面军混合编为左、右两路军过草地北上。右路军由红一方面军的第一、三军和红四方面军的四军、三十军组成，中共中央机关和前敌指挥部随右路军行动。左路军由红四方面军的第九军、三十一军、三十三军和红一方面军的第五军、三十二军组成，红军总司令朱德、总政委张国焘和总参谋长刘伯承随左路军行动。

中共中央率领右路军首先开始过草地。大草地荒无人烟，到处是野草丛生的沼泽和散发着腐臭的黑色淤泥潭，稍一不慎，踏进泥潭，就可能被吞没。天气更是变化莫测，时而狂风四起，大雨滂沱，时而漫天飞雪，冰雹骤降，很多人牺牲在草地中。右路军走了六天六夜，才走出草地，到达四川省的班佑、巴西、阿西地区，等待左路军前来会合。但张国焘以种种借口不愿北上，并要求右路军南下，企图分裂和危害党中央。时任右路军参谋长的叶剑英看到电报后，立刻报告毛泽东。毛泽东、周恩来、张闻天、博古紧急磋商，为了贯彻北上方针，并避免红军内部可能发生的冲突，决定率右路军中的红一、三军和军委纵队先行北上。

中共中央先行北上后，中央政治局于 1935 年 9 月 12 日在甘肃省迭部县俄界召开扩大会议，通过《中央关于张国焘同志的错误的决定》，并将北上红军改称陕甘支队。俄界会议后，中央率陕甘支队继续北上，夺取腊子口，于 10 月 19 日抵达陕甘苏区的吴起镇。11 月初，中共中央和陕甘支队在甘泉同由徐海东、程子华、刘志丹率领的在陕甘地区活动的红十五军团会师。至此，中央红军转战 11 个省行程二万五千里的长征胜利结束。1936 年 10 月，红二、四方面军先后在甘肃省会宁县和静宁县与红一方面军会师。至此，红军三大主力的长征胜利结束。

坚持南下的张国焘，于 10 月 5 日公然另立"中央"，自任"主席"。1936 年 1 月 22 日，中共中央作出《关于张国焘同志成立第二"中央"的决定》，责令他立即撤销另立的"中央"，停止一切反党活动。南下的部队在作战中伤亡很大，张国焘的南下方针在实践中已告失败。这时，中共中央仍一再来电，催促红四方面军北上。红四方面军中的广大干部、战士要求北上的愿望，以及对张国焘分裂行为的不满情绪日益增长。从莫斯科回国到达陕北的张浩（林育英）也以中共驻共产国际代表团名义致电张国焘，要求他取消另立的"中央"，成立西南局。同时，任弼时、贺龙等领导的红二、红六军团也即将到达甘孜地区。在这种情况下，张国焘不得不于6月6日宣布取消另立的"中央"。

在主力红军出发长征后，留在长江南北的一部分红军和游击队，在项英、陈毅等领导下，紧紧依靠人民群众，在8个省的15个地区独立坚持了3年之久的游击战争。他们在极端困难的条件下，克服重重艰险，保存了力量，支援和配合了中央红军的北上，为中国革命作出了重要贡献。正如毛泽东所说的"在南方各游击区——这是我们和国民党十年血战的结果的一部分"①。同时，中国共产党领导下的东北抗日武装在十分艰苦的环境中继续坚持斗争，后来成为东北抗日联军的基本武装力量。

（二）长征的伟大意义

第一，是中国革命转危为安的关键。固然，红军在长征途中付出了极大的代价和牺牲。据记载，红一方面军由长征初的8.6万人减少到7200人，红四方面军由长征初的8~9万减少到2万人，红二方面军由长征初的1.7万人减少到不足1万人。但是保存下来的红军，经历了千锤百炼，成了革命队伍的骨干和种子，为中国革命的恢复和发展奠定了力量基础。正如毛泽东所说："三万人比三十万人哪个更强大？因为得到了教训，不到三万人的队伍，要比三十万人更强大。"②

第二，是一部伟大的革命英雄主义史诗。长征途中，红军面临的困难是无法想象到的，但他们战胜了一个又一个的艰难险阻。其中，红一方面军先后渡过湘江、乌江、金沙江、大渡河，翻越夹金山、岷山、六盘山，雪山行程2700里，沼泽草地行程600里；红二方面军渡过乌江、金沙江、陇江，翻雪山过草地；红四方面军由于受张国焘分裂主义的指挥而更加艰辛，除渡江过河，翻雪山外，还三过草地。正是这些胜利的取得，充分验证了红军的生命力，体现了红军的英雄本色，写下了一部人类生存史、奋斗史上壮丽的史诗。

第三，播种了革命的种子。红军长征先后经过了11个省，得以向这11个省的近2亿民众宣传土地革命主张和抗日主张。同时，由于留置于长征途经各

---

① 毛泽东选集：第2卷 [M]. 北京：人民出版社，1991：393.
② 毛泽东文集：第8卷 [M]. 北京：人民出版社，1999：174.

省的红军伤病员在极其艰难条件下所进行的宣传和指导，推动了这些地区的革命斗争。正如毛泽东所总结的："长征是宣言书，长征是宣传队，长征是播种机。"①

第四，铸就了伟大的长征精神。长征精神，就是把全国人民和中华民族的根本利益看得高于一切，坚定革命的理想和信念，坚信正义事业必然胜利的精神；就是为了救国救民，不怕任何艰难险阻，不惜付出一切牺牲的精神；就是坚持独立自主、实事求是、一切从实际出发的精神；就是顾全大局、严守纪律、紧密团结的精神；就是紧紧依靠人民群众，同人民群众生死相依、患难与共、艰苦奋斗的精神。长征精神是中国共产党人和人民军队革命风范的生动反映，是中华民族自强不息的民族品格的集中展示，是以爱国主义为核心的民族精神的最高体现。作为中国共产党人红色基因和精神族谱的重要组成部分，长征精神已经深深融入中华民族的血脉和灵魂，成为社会主义核心价值观的丰富滋养，成为鼓舞和激励中国人民不断攻坚克难、从胜利走向胜利的强大精神动力。

革命理想高于天。理想信念是共产党人的政治灵魂，也是共产党人的安身之本和精神支柱。

中国古人就重视坚定理想信念。孔子主张君子要有崇高的理想，并要为实现理想努力奋斗。孔子一生都在为以周礼匡扶乱世的理想而周游列国，"是知其不可而为之者也"（《论语·宪问》）。为此，他不惜颠沛流离，"斥乎齐，逐乎宋、卫，困于陈、蔡之间"。别人嘲讽他"累累若丧家之狗"，他却笑曰："形状，末也，而谓似丧家之狗，然哉！然哉！"（《史记·孔子世家》）。孔子蔑视"饱食终日，无所用心"（《论语·阳货》）的人生态度，认为君子应当"食无求饱，居无求安，敏于事而慎于言，就有道而正焉"（《论语·学而》）。孔子一生没有因为动荡流离的命运而动摇过自己的理想，"发愤忘食，乐以忘忧，不知老之将至云尔"（《论语·述而》）。古人也留下了坚定理想信念的许多名言，习近平多次引用。如"位卑未敢忘忧国"（陆游《病起书怀》），"千磨万击还坚劲，任尔东西南北风"（郑燮《竹石》），"志之所趋，无远勿届，穷山复海，不能限也。志之所向，无坚不入，锐兵固甲，不能御也"（金缨《格言联璧·学问》），"苟利国家生死以，岂因祸福避趋之"（林则徐《赴戍登程口占示家人》），等等。

---

① 毛泽东选集：第 2 卷［M］．北京：人民出版社，1991：149.

推荐阅读：

1. 毛泽东：《反对本本主义》，《毛泽东选集》第一卷，人民出版社 1991 年版。

2. 习近平：《在纪念长征胜利 80 周年大会上的讲话》，《人民日报》2016 年 10 月 22 日 02 版。

【教学小结】

教学效果分析：

在本章教学中，教师紧扣教材内容，探索和开辟中国革命新道路的艰辛历史进程和伟大历史意义，使学生着重体会井冈山精神、长征精神的革命营养剂功能，自觉吸取成长成才的精神力量。

教学经验：

1. 针对问题。为什么要开辟中国革命的新道路？教师针对这个问题进行了重点讲授，力求通过精心设计，着力突破，加深学生对中国革命新道路开辟的必要性、可能性的理解。

2. 激发热情。在本章教学中，通过学习开辟中国革命新道路的原因和结果，激发学生跟党走的决心和勇气。

改进措施：

教学中应以鲜活、丰富、客观的图片、数据和历史事实为依据，深化学生对党开辟新的革命道路的必要性和可能性的理解，对党是伟大光荣正确的党的内涵和意义的把握。

第六章

中华民族的抗日战争

【教学简况】

授课对象: 大学一年级学生。

学时安排: 课堂教学 6 学时。

教学目的:

全面认识日本军国主义的侵华战争给中华民族带来的深重灾难;正确认识抗日民族统一战线的必要性和重要性;认识中华民族大团结对于打败日本侵略者的重要意义;正确领会国共两党的抗日主张及其各自在抗战中的地位和作用;深刻理解中国共产党及其领导下的人民革命力量是抗日战争的中流砥柱;深刻认识抗战胜利的伟大意义和经验,增强大学生的民族自尊心、自信心、自豪感,深入进行以爱国主义为核心的民族精神教育。

重点难点:

1. 国共两党的抗日主张及其各自在抗战中的地位和作用,中国共产党及其领导下的人民革命力量是抗日战争的中流砥柱。

2. 中国抗日战争是世界反法西斯战争的重要组成部分,中国抗战胜利的原因、意义及其经验。

学习思考:

1. 日本军国主义的侵华战争给中华民族带来了哪些深重灾难?

2. 抗日民族统一战线的作用。

3. 国共两党的抗日主张及其各自在抗战中的地位和作用。

4. 如何认识中国共产党及其领导下的人民革命力量是抗日战争的中流砥柱?

5. 抗战胜利的原因、意义和经验。

【教学过程】

教学内容设计: 本章共分五节。第一节日本发动灭亡中国的侵略战争,计划用 1 学时;第二节从局部战争到全国性抗战,计划用 1 学时;第三节国民党与抗日的正面战场,计划用 1 学时;第四节中国共产党成为抗日战争的中流砥柱，计划用 2 学时；第五节抗日战争的胜利及其原因和意义，计划用 1 学时。

教学步骤：本章第一节通过两个步骤讲解日本军国主义蓄谋已久的侵华战争及其给中华民族带来的深重灾难；第二节通过三个步骤讲解抗日民族统一战线的形成；第三节通过两个步骤讲解国民党正面战场的地位和作用；第四节通过五个步骤讲解为什么说中国共产党是抗日战争的中流砥柱；第五节通过三个步骤讲解抗日战争胜利的意义、原因、经验。

教学组织：课堂讲授与课堂讨论结合。

板书设计：多媒体课件与黑板辅助板书结合。

教学方法：讨论式教学法、案例式教学法、场景模拟式教学法相结合。教师讲授结合多媒体课件展示、录像资料辅助重现历史场景、歌曲欣赏等手段展开。

导入（10 分钟）

（运用材料和设问导入新课）

2020 年 9 月 3 日，国家主席习近平在纪念中国人民抗日战争暨世界反法西斯战争胜利 75 周年座谈会上强调：日本对华持续侵略是近代以来中国历史上最黑暗的一页，日本反动统治者一次次侵略中国，1894 年挑起甲午战争，1895 年侵占台湾和澎湖列岛，1900 年伙同其他帝国主义列强侵入北京，1904 年发动日俄战争、侵犯中国东北领土和主权，1914 年侵占青岛，1915 年提出"二十一条"，1931 年策动九一八事变、侵占中国东北全境，1935 年制造华北事变，1937 年 7 月 7 日以炮轰宛平县城和进攻卢沟桥为标志发动全面侵华战争，妄图变中国为其独占的殖民地，进而吞并亚洲、称霸世界。日本军国主义的野蛮侵略给中国人民造成空前巨大的灾难，激起了中国人民的顽强反抗。①

2015 年 5 月 23 日，国家主席习近平在北京人民大会堂出席中日友好交流大会并发表重要讲话：当年，日本军国主义犯下的侵略罪行不容掩盖，历史真相不容歪曲。对任何企图歪曲美化日本军国主义侵略历史的言行，中国人民和亚洲受害国人民不答应，相信有正义和良知的日本人民也不会答应。前事不忘，后事之师。牢记历史，是为了开创未来；不忘战争，是为了维护和平……中日双方应该本着以史为鉴、面向未来的精神，共促和平发展，共谋世代友好，共

---

① 习近平. 在纪念中国人民抗日战争暨世界反法西斯战争胜利 75 周年座谈会上的讲话
[N]. 人民日报，2020-09-04.

创两国发展的美好未来，为亚洲和世界和平作出贡献。①

提出问题：近代以来日本军国主义给中国人民带来怎样的深重灾难？中国人民是怎样战胜日本侵略的呢，有怎样的经验总结呢？你对现阶段中日关系作怎样的评判？历史问题对中日关系有什么影响？所有这些问题我们可以在本章的学习中找到答案。

第一节　日本发动灭亡中国的侵略战争

本节教学步骤一：导入（5 分钟）

（播放近年日本政治环境右翼化的视频）

提出问题：为什么日本政要参拜靖国神社，东亚国家政府和民众就抗议呢？

1978 年，日本秘密将 14 个被盟国远东军事法庭入罪和处决的甲级战犯的灵位移入靖国神社。这些甲级战犯包括首相东条英机和外相广田弘毅，所以每当日本政要前往靖国神社参拜，都会引起第二次世界大战期间遭受过日本侵略的邻近国家反对。从视频资料中我们看到日本一些右翼势力美化、歪曲当年日本侵华的历史事实。

本节教学步骤二（45 分钟）

一、日本灭亡中国的计划及其实施

（一）日本灭亡中国的计划蓄谋已久

播放视频资料：《日本大陆政策的产生和发展》

由视频资料得知，日本侵略中国并不是偶然发生的，而是蓄谋已久、精心策划、周密筹备的。

爆发于 1929 年的资本主义世界经济大危机，于 1930 年波及日本。日本工业总产值、重工业产值大幅下降，中小企业相继倒闭，大量工人失业，农村凋敝，国内阶级矛盾日益激化。为了摆脱危机，日本军国主义者决心加快实施其既定的侵华政策，把中国变为日本的殖民地。

---

① 习近平. 在中日友好交流大会上的讲话［N］. 人民日报，2015-05-24.

（二）日本灭亡中国计划的实施

（学生阅读教材掌握，教师提示要点）

提出问题：日本是怎样实施它既定的侵华政策的？

（学生回答后，教师总结）从大家刚才回答中，我们可以把日本的侵华步骤概括为：

1．"九一八"事件

播放歌曲：《松花江上》

请同学们用心感受东北人民对故土的热爱和失去家园的痛苦。

2．华北事件

3．卢沟桥事变

播放视频资料：《卢沟桥事变经过》

二、残暴的殖民统治与中华民族的深重灾难

（一）日本在其占领区的残暴统治

（学生自学）

（二）侵华日军的严重罪行

1．罄竹难书的罪行

日本对中国的大规模侵略和在中国部分地区的殖民统治，犯下了空前严重的罪行，给中华民族造成了极为深重的灾难。

首先，制造惨绝人寰的大屠杀。

观看《南京南京》和731部队的部分影视资料。

其次，疯狂掠夺中国的资源与财富。除掠夺中国各类矿产资源外，日本侵略者还大肆掠夺占领区的农产品，强迫农民将粮食等主要农产品廉价出卖给伪政府，除保证侵华日军的需求外，大部分粮食被运往日本国内。

再次，强制推行奴化教育。日本侵略者按照"以华制华"政策和"思想战"的方针，还在其占领区大力推行奴化教育，企图以此达到泯灭中国民众的民族意识和反抗精神，维护其殖民统治的目的。

日本侵略者在中国犯下的罪行罄竹难书。据不完全统计，战争期间，中国军民伤亡3500多万人；按1937年的币值折算，中国直接经济损失1000多亿美元，间接经济损失5000多亿美元。

2．侵华日军极端野蛮和残暴的原因（重点分析）

提出问题：日本侵华，典型地体现了日本对外侵略战争的疯狂性和野蛮性。

其深层次原因是什么？

（学生议论后，教师总结）深层次原因是反动的意识形态和价值观念——穷兵黩武的军国主义。明治维新以后，日本奉行军国主义，对外侵略被赋予合理性、道德性和神圣性，漠视人类的公理和正义，无视其他国家的主权和民族的生存权利。

那么对日本军国主义传统的形成和延续产生重大影响的因素有哪些呢？应该说，这是众多因素综合作用的结果。其中，有两个关键：一是武士道精神，另一是日本的国家神道。

第一，日本的武士道精神，为日本军国主义提供了强大动力。所谓"'武士道'乃是'武士'的道德及行为准则"。武士道不是一部系统的成文法典，而是武士实践的道德精神。忠诚、勇武、名誉、信义、礼仪等是武士道的核心规范。武士道一方面是武士集团在几百年杀伐征战的实践中调整和规范武士等级中主君与家臣、武士个人与武家社会之间的关系，另一方面是通过对东方优秀传统文化"神""佛""儒"的营养吸吮和融合而形成。

1868 年日本明治维新后，武士道衍成"军人道"，成为日本军人的规范，日本军队成为效忠天皇一人的军队；武士道全民化，成为日本国民的基本规范。

第二，国家神道是日本军国主义的精神支柱。日本神道产生于远古时期，是日本民族宗教中流派最多、影响最大的宗教。1870 年，明治政府指定神教为国教，开始了"国家神道"的特定历史阶段。依据神道教的观点，日本是"神国"，日本人是神的后裔，是世界上最优秀的神族，理应统治世界，教化他国人民。

鉴于国家神道在日本军国主义者发动的侵略战争中所发挥的极坏作用，1946 年 12 月 15 日，盟军驻日占领军总司令部发出废除国家神道的指令。1946 年日本天皇被迫发表了《人间宣言》，称自己是人不是神，从而否定了日本统治者长期以来鼓吹的"天皇是神""日本是神国"的说法，同时也废除了历来关于国家神道的有关法令。1947 年开始施行的《日本国宪法》，从法律上明确了宗教与政治分离的原则。

然而由于日本右翼势力的抬头，以及国际上某些国家的纵容，日本国家神道的幽灵难以被真正驱逐，突出表现就是参拜靖国神社的问题。

小结：日本对中国的侵略蓄谋已久，有长期的计划和周密的部署。日本长期独特的历史文化心态的积淀和发展遇到的现实问题，形成了极其疯狂和野蛮的军国主义传统。

"正确对待和深刻反省日本军国主义的侵略历史，是建立和发展中日关系的重要政治基础。日本军国主义惨无人道的侵略行径、令人发指的屠杀罪行、野蛮疯狂的掠夺破坏，给中国人民和广大亚洲国家人民带来了惨绝人寰的灾难。事实不容抹杀，也是抹杀不了的。任何否认侵略历史甚至美化侵略战争和殖民统治的言论，都不能不引起中国人民和亚洲国家人民的极大愤慨、严厉谴责、高度警惕。前事不忘，后事之师。我们纪念中国人民抗日战争和世界反法西斯战争的胜利，谴责侵略者的残暴，强调牢记历史经验和教训，不是要延续仇恨，而是要唤起善良的人们对和平的向往和坚守，是要以史为鉴、面向未来，共同珍爱和平、维护和平，让中日两国人民世世代代友好下去，让世界各国人民永享和平安宁。"①

第二节　从局部抗战到全国性抗战

本节教学步骤一：导入（5 分钟）

新课导入：让同学们观看视频，以设问方式进入新课。

播放视频资料：《抗日民族英雄杨靖宇》

提出问题：从杨靖宇身上折射出中华民族什么样的品质？

（学生回答后，教师总结）为了祖国不惜牺牲自己的生命。杨靖宇是个个案，又不是个案。抗日战争期间，中华民族并没有被日本的野蛮行径所吓倒，千千万万个杨靖宇用血肉筑起捍卫民族独立和尊严的长城。他们对祖国的赤诚之爱，是中华民族弥足珍贵的财富。

本节教学步骤二（45 分钟）

一、中国共产党举起武装抗日的旗帜

（一）中国共产党首举抗日旗帜

中国共产党擎起抗日大旗，唤醒中华民族。九一八事变后，中国共产党率先吹响抗日号角，最早提出抗战主张，最早公开对日宣战，最早制定抗日救国纲领，最早派出武装力量走上抗日前线。九一八事变翌日，处在最前线的中共

---

① 习近平. 在纪念中国人民抗日战争暨世界反法西斯战争胜利 75 周年座谈会上的讲话[N]. 人民日报，2020-09-04.

满洲省委当即发表了《中共满洲省委为日本帝国主义武装占领满洲宣言》，第一时间揭露了事变真相，戳穿了日本帝国主义的侵华阴谋。随即，中共中央于 9 月 20 日、22 日发表《为日本帝国主义强暴占领东三省事件宣言》《关于日本帝国主义强占满洲事变的决议》，深刻揭露了日本帝国主义发动九一八事变的图谋，提出"反对日本帝国主义强占东三省！立刻撤退占领东三省的陆海空军！自动取消一切不平等条约！"等主张；严厉谴责国民党政府卖国辱权的不抵抗政策，号召全体中国人民"驱逐帝国主义滚出中国"。11 月 27 日，中华苏维埃共和国临时中央政府发表对外宣言，号召全国人民动员起来，武装起来，反对日本的侵略和国民党的反对统治。1932 年 4 月 15 日，中华苏维埃共和国临时中央政府郑重发布对日战争宣言和动员对日宣战的训令；接着发表《中国人民对日作战的基本纲领》，呼吁中华民族武装自卫，把日本帝国主义驱逐出中国。

（二）派出大批优秀干部，到东北组织抗日游击队

到 1933 年初，中国共产党直接领导的游击队相继成立。1936 年，中共满洲省委将各路抗日武装组成由杨靖宇、周保中、李兆麟为主要领导人的抗日联军，成为东北抗日武装的核心力量。

在这里要让同学们思考，面对日本的侵略中国共产党为什么率先举起抗日的大旗？

二、救亡运动的兴起和局部抗战

（一）抗日救亡运动的兴起（学生自学，不作讲述）

（二）中国共产党的合作抗日主张

中国共产党提出合作抗日三个条件。1933 年 1 月 17 日，中共发表宣言，首次提出中国工农红军同任何武装部队共同对日作战的三个条件：立即停止进攻苏维埃区域；立即保证民众的民主权利（集会、结社、言论、罢工、出版之自由等）；立即武装民众创立武装的义勇军，以保卫中国及争取中国的独立统一与领土的完整。合作抗战主张的提出，表明中国共产党已经开始调整"左"倾关门主义的政策，朝着建立全民族的抗日统一战线迈进了一步。这一主张对于推进全国的抗日民主浪潮，对于促进一部分国民党爱国军队和爱国人士同共产党人合作抗日，产生了积极的作用。

（三）共产党人与部分国民党人合作抗日

在东北，中共满洲省委同以原东北军为主体的抗日义勇军进行合作。其领导人李杜成为中国共产党的亲密战友，后来加入了中国共产党。1932 年 1 月，

国民党第十九路军在淞沪一带抗击日军，中共中央号召各界民众组织义勇军，并发动沪西日商纱厂工人罢工，以支援十九军的抗日作战。

1933 年 5 月，原西北军将领冯玉祥在张家口成立察哈尔民众抗日同盟军，并谋求同共产党合作。在同盟军中工作的共产党员约有 300 人，包括 1932 年入党的北路军前敌总指挥吉鸿昌（后被国民党当局杀害）。同年 11 月，国民党第十九路军将领蔡廷锴、蒋光鼐以及国民党内爱国人士陈铭枢、李济深等在福州发动反蒋抗日事变。此前，第十九路军代表同中央革命根据地的红军代表签署了《反日反蒋的初步协定》。事变失败后，共产党人同李济深、蔡廷锴等爱国人士继续保持着联系。

三、停止内战，一致对外

（一）中国共产党提出抗日民族统一战线政策

1935 年 8 月 1 日，中共驻共产党国际代表团以中华苏维埃共和国临时中央政府和中共中央的名义发表《为抗日救国告全国同胞书》，呼吁全国各党派、各界同胞、各军队都应有"兄弟阋于墙，外御其侮"的真诚觉悟，捐弃前嫌，停止内战，集中一切国力，为抗日救国的神圣事业而奋斗。12 月，中共中央在陕北瓦窑堡召开政治局扩大会议，提出了在抗日的条件下与民族资产阶级重建统一战线的新政策，批评了党内长期存在的"左"倾冒险主义、关门主义的错误倾向。瓦窑堡会议表明，中国共产党在新的历史时期即将到来时掌握了政治上的主动权。

1936 年 5 月，在共产党人的积极参与下，宋庆龄、沈钧儒、邹韬奋、陶行知、章乃器等爱国民主人士发起成立全国各界救国联合会。中国共产党对驻扎在西北地区的以张学良为首的东北军和以杨虎城为首的国民党第十七路军的统一战线工作取得突破性进展。1936 年上半年，红军和东北军、第十七路军之间实际上已停止敌对行动。

（二）国民党内外政策的调整

1."攘外必先安内"政策

早在 1931 年 7 月，在江西"剿共"的蒋介石发表《告全国同胞书》，提出"唯攘外必先安内，去腐乃能防蠹"，提出"攘外必先安内"的方针。

"攘外必先安内"的渊源。"攘外必先安内"源自"半部论语治天下"的宋朝宰相赵普。宋太宗时期国内既有重重的社会矛盾又有边疆少数民族政权的威胁，究竟是先"对外"还是先"对内"？赵普在奏折中说："中国既安，群夷自服。是故夫欲攘外者，必先安内。"大意是说，现在中原地区已经平定，周围少数民族政权也都臣服于我们，现在当务之急不是怎么想办法对付他们，而是怎样维护中原地区的稳定。宋太宗时期的安内不是用武力解决的，而是延续了"杯酒释兵权"的怀柔政策。

九一八事变后很长一段时间里，国民党主要精力用于"剿共"和镇压其他民主力量上，对日本的侵略却一再容忍、退让，把解决中日之间争端的希望寄托在国际社会的干预上，而没有积极动员民众抵抗日本的入侵。国民党政府的不抵抗政策导致了侵华日军气焰更加嚣张，大片国土沦丧，人民横遭涂炭。

2. 国民党政策的某些变化

日本帝国主义扩大对华北的政治和军事侵略，使中华民族危机进一步加深，同时也严重威胁英美在华北地区的利益，英美和日本之间的矛盾不可避免。1935 年 11 月，亲日派首脑汪精卫遇刺受伤，亲日派势力受到打击；国民党内亲英美派力量加强。受此影响，国民党对日态度及内外政策发生了某些变化，并开始着手整军备战工作。国民党还开始试探"政治解决"共产党和红军问题的途径。国共两党开始接触，就合作抗日问题进行初步磋商。

1936 年 5 月，中共中央发布《停战议和一致抗日通电》。放弃了反蒋抗日的口号，第一次公开把蒋介石作为联合的对象。9 月 1 日，中共中央发出党内指示，明确提出党的总方针是"逼蒋抗日"。中共对蒋政策的适时调整，对推动国民党对日政策的变化产生了推动作用。

（三）西安事变及其和平解决

（学生自学，教师提示要点）

播放视频资料：《西安事变经过》

西安事变和平解决，十年内战基本结束，为国共两党合作提供了条件。

为了促进国共两党合作的实现，1937 年 2 月，中共中央致电国民党五届三中全会，提出五项要求：停止内战，一致对外；保障言论、集会、结社的自由，释放一切政治犯；召开各党各派各界各军的代表会议；集中全国人才，共同救国；迅速完成对日作战的一切准备工作；改善人们生活。如果国民党将这五项要求定为国策，共产党愿意实行四项保证：停止武力推翻国民党政府的方针；苏维埃政府改名为中华民国特区政府，红军改名为国民革命军；特区实行彻底的民主制度；停止没收地主土地的政策。这五项要求和四项保证有利于凝聚全民族的一切抗日力量，共同反对日本帝国主义的侵略，争取中华民族的独立和解放。

中国共产党的上述主张，在全国引起巨大反响，也得到国民党内抗日派的赞同。在国民党五届三中全会上，许多人联名要求恢复孙中山的"三大政策"。全会表示同意国共两党进行谈判，并在会议文件上第一次写上了"抗日"的字样。这样，在国难当头的时刻，国共两党实行第二次合作已成为不可抗拒的历史潮流。

四、全国性抗战的开始

（学生自学卢沟桥事变经过的内容，教师主要引导学生了解中国共产党对全民族抗战局面形成的推动作用）

卢沟桥事变发生的第二天，中国共产党就通电全国，号召全中国同胞团结起来，筑成民族统一战线的坚固长城，抵抗日本的侵略。

1937年8月，国共两党达成将红军主力改编为国民革命军第八路军（简称八路军，不久改称为十八集团军）等协议。八路军由朱德任总指挥，彭德怀任副总指挥，叶剑英任参谋长，左权任副参谋长，任弼时任政治部主任，邓小平任政治部副主任。下辖三个师：第一一五师，师长林彪、副师长聂荣臻；第一二〇师，师长贺龙、副师长萧克；第一二九师，师长刘伯承、副师长徐向前。全军共4.5万人。接着，南方的红军和游击队，除琼崖红军游击队外，改编为国民革命军新编第四军（简称新四军），叶挺任军长，项英任副军长，下辖4个支队，全军共1.03万人。9月，陕甘宁根据地也称陕甘宁边区，仍是中共中央所在地。

1937年9月22日，国民党中央通讯社发表《中共中央为公布国共合作宣言》；23日，蒋介石发表实际承认共产党合法地位的庐山谈话，以国共两党第二次合作为基础的抗日民族统一战线正式形成。中国国民党和中国共产党领导的抗日军队，分别担负着正面战场和敌后战场的作战任务，形成共同抗击日本侵略者的战略态势。

抗日战争是中华民族全民族的反侵略战争。全国各界民众以不同形式参加抗日民族统一战线，投入了全民族抗战。

提出问题：为什么全民族抗战的局面得以形成？

（学生讨论后，教师总结）中国共产党是全民族抗战局面形成的推动者。早在局部抗战时期，中国共产党就和国民党抗战官兵进行合作抗日。华北事变后，中国共产党及时提出了抗日民族统一战线的政策，并推动西安事变的和平解决。在中国共产党的推动下，全民族抗战局面得以形成。这是中华民族抗日战争取得胜利的关键因素，也是抗日战争的主要特点之一。

中华优秀传统文化的民族凝聚力：家国同构，以爱国主义为核心的民族精神；天下兴亡，匹夫有责的爱国情怀；有难同当，一旦意识到生存的严重危机，便会万众一心奋起反抗；反对侵略团结御侮的民族忧患意识；捍卫国家统一的尊严和国家主权的独立完整的大一统观；自强不息宁死不屈的气节。

回溯历史，中华民族之所以始终能够屹立于世界民族之林，与中国传统文化倡导的团结协作理念息息相关。《周易·系辞上》讲："二人同心，其利断金。"认为两个人一条心，就能发挥很大的力量。团结协作的理念具体表现为一是有礼有序的形式，"子曰：'礼之用，和为贵。先王之道，斯为美，小大由之。有所不行，知和而和，不以礼节之，亦不可行也'。"（《论语·学而》）"礼的应用，以和谐为贵. 古代君主的治国方法，可宝贵的地方就在这里。但不论大事小事只顾按和谐的办法去做，有的时候就行不通。（这是因为）为和谐而和谐，不以礼来节制和谐，也是不可行的"，阐明了综合统筹的重要性。二是纵横联合的策略。《道德经》有言："江海之所以能为百谷王者，以其善下之，故能为百谷王。"江海之所以能让百川峡谷所归附，是因为它能屈于百谷之下，并游走其间，故引其归附。三是一致的实际行动。《尚书·泰誓》里说："受有亿兆夷人，离心离德。予有乱臣十人，同心同德。"这是武王攻伐商纣时所说的，他认为商纣王荒淫无道，虽然人数众多，但是离心离德；而自己虽然只有十个人，但是同心同德，一定会成就事业的。[①]

小结：日本侵略者的野蛮侵略，激起了中华民族维护民族独立和尊严的决心和勇气。在民族危难中，中华儿女表现了空前的民族觉醒和民族团结，逐渐结束"一盘散沙"的局面，这是抗日战争取得胜利的关键。

第三节　国民党与抗日的正面战场

本节教学步骤一：导入（1 分钟）

在民族危机的紧要关头，中国社会各阶级紧密联合，结成抗日民族统一战线的强大同盟。在抗日民族统一战线旗帜下，国共两党分别从正面战场和敌后战场开展抗击日本侵略者的斗争。本节我们了解以国民党军队为主体的正面战

---

① 陈洪娟，王黎明. 论中国传统文化中团结协作的理念 [J]. 重庆社会科学，2019（2）：111-118.

场是如何抗击日军的。

本节教学步骤二（45 分钟）

一、战略防御阶段的正面战场

从 1937 年 7 月卢沟桥事变，到 1938 年 10 月广州、武汉失守，中国军民处于战略防御阶段。

在战略防御阶段，日本侵略者以国民党为主要作战对象。以国民党军队为主体的正面战场，担负了抗击日军战略进攻的主要任务。

（一）主要战役

（主要由学生观看纪录片《抗战》中的剪辑的相关视频掌握，不作详细讲述）

正面战场的主要战役有以下 4 次。

1. 淞沪会战

淞沪会战历时 3 个月。日军动用了海陆空军 20 余万，伤亡 6 万多人，占领了上海。淞沪会战粉碎了日本帝国主义 3 个月灭亡中国的迷梦。

2. 太原会战

太原会战历时近两个月，由平型关战役、忻口会战等组成，是国共军队合作抗日的典范。平型关伏击战是抗战以来首次大捷。忻口会战中八路军一二九师的一个营的兵力夜袭阳明堡机场，击毁伤日军飞机 20 多架。太原失守后，华北战场的正规战争基本结束。

3. 徐州会战

徐州会战是抗战以来历时最长的一次会战。由李宗仁等部取得的台儿庄大捷，歼敌 1 万余人，是抗战以来取得的最大胜利，极大地激励了全国军民坚持持久抗战的信心。

4. 武汉会战

武汉会战是抗日战争战略防御阶段规模最大的一次战役。中国军队英勇抗击，消耗了日军有生力量，迟滞了日军行动。此后，抗日战争进入战略相持阶段。

（二）正面战场失利的原因

提出问题：国民党正面战场除了台儿庄战役取得大捷外，其他战役几乎都是以退却、失败而结束的。为什么会出现这样的结果？

（学生回答后，教师总结）造成这种状况的客观原因，是在敌我力量对比上，日军占很大优势；主观原因，则是国民党战略指导方针上的失误。蒋介石集团在决心抗战的同时，却又害怕群众的广泛动员可能危及自身的统治，因而实行的是片面抗战的路线，即不敢放手发动和武装民众，将希望单纯寄托在政府和正规军的抵抗上；在战略战术上，没有采取积极防御的方针，而是进行单纯的阵地防御战。这就是使得大多数作战不仅未能给敌人以更大的消耗，而且在短时间内丧失了大片国土。

二、战略相持阶段的正面战场

（一）战略相持阶段的到来以及日本对华政策的调整

1938 年秋，日军先后占领了广州、武汉，因战线太长战时太久，日军基本上停止对正面战场的大规模进攻，日本速战速决的计划失败。日本政府"重新检讨对华国策"，估计"要迅速取得成果，预料尚有困难"，要准备"对付长期作战"。抗战进入相持阶段。这一时期日本采取了新的侵华方针，以"共同反共"的口号引诱国民党，破坏国共合作，分化、破坏抗日民族统一战线，把军事进攻的矛头指向了解放区；对国民党及其政府以政治诱降为主，以军事打击为辅。

（二）国民党抗战态度逐渐消极

抗日战争进入相持阶段后，日本对国民党政府采取以政治诱降为主，军事打击为辅的方针。另外，在对日作战当中，八路军、新四军在敌后成功地开辟了新的战场，收复了广大失地，共产党领导的敌后抗日武装日益壮大，又使蒋介石非常恐惧。这就使蒋介石不得不继续抗日并同共产党保持合作关系，同时又采取消极抗日、积极反共的政策。国民党在重申坚持持久抗战的同时，其对内对外政策发生重大变化。1939 年 1 月，国民党五届五中全会决定成立"防共委员会"，确定了"溶共、防共、限共、反共"的方针，蒋介石还将抗战到底的含义解释为"恢复到卢沟桥事变以前的状态"。这标志着国民党由片面抗战逐步转变为消极抗战。

这一时期，国民党军队虽进行过几次较大的战役，保住了西南、西北大后方地区；但是，国民党对抗战在全局上逐渐趋向消极，基本上实行保守的收缩战略，以便保存实力；同时又抽出相当多的兵力用来限制、打击共产党及其领导的八路军、新四军，制造了多次反共"摩擦"事件。

1941 年 12 月，日军发动太平洋战争，美、英对日宣战。不久，由美国方面提议设立中国战区。为了配合美、英打击日军，国民政府命令各战区发起攻击。1942 年元旦发起的第三次长沙会战，给日军以有力的打击。

在世界反法西斯战争胜利发展、敌后战场开始局部反攻的有利条件下，国民党军队的战斗力却日益下降。1944 年 4 月至 1945 年 1 月，日军发动打通中国内地交通线的豫湘贵战役。在这次战役中，国民党军队大溃败，损失 50 多万兵力，丢失拥有 146 座大小城市、6000 万人口的 20 多万平方千米的国土。这激起了大后方人民对蒋介石集团的严重不满。国民党政府在军事、政治、经济各个方面陷入深刻的危机。

小结：在抗战初期，国民党正面战场是抗击日军战略进攻的主战场，国民党爱国将士表现了空前的民族义愤和抗战热情；国民党政府也一度实行有利于抗战的政策，对人民抗日活动给予较多的自由。但是，由于实行片面抗战的政策，正面战场的抵抗基本上以失败告终。相持阶段以后，随着日本对国民党政府政策的改变，国民党逐渐转变到消极抗战的立场上。这不但不利于中国人民的抗战，也使国民党政府自身陷入了深刻的危机之中。

第四节　中国共产党成为抗日战争的中流砥柱

教学步骤一：导入（10 分钟）

师生一起唱 MTV 歌曲《游击队歌》，根据歌曲内容设问带出新课的内容。

提出问题：同学们了解这首歌曲的创作背景吗？它反映了什么样的主题？

教师介绍：《游击队歌》是中国作曲家贺绿汀于 1937 年所作，融入了作曲家对抗日将士的真挚情感，对敌军的愤懑与藐视，对革命必胜的乐观主义精神。

伟大的作品产生于伟大的实践。抗日战争初期，中国共产党依靠人民群众，挺进华北、华中，深入敌后，独立自主地开展游击战争，建立起一个个抗日根据地，成为抗日战争的中流砥柱。

教学步骤二（40 分钟）

一、全面抗战的路线和持久战的方针

（一）实行全面的全民族抗战的路线

1937 年 8 月，中国共产党中央政治局在陕北洛川县冯家村召开了中央政治局扩大会议，制定了全面抗战路线，这就是著名的洛川会议。

会议通过了毛泽东提议的《抗日救国十大纲领》。确定中国共产党在抗战新阶段的中心任务是动员一切力量争取抗战的胜利。

会议指出在敌人后方，放手开展独立自主的游击战争，开辟敌后战场，建立敌后抗日根据地。

（二）采取持久的战略方针

案例材料：《论持久战》

毛泽东伟大的军事著作《论持久战》诞生于 1938 年 5 月，当时国民党军队在战场上节节败退，日本鬼子大有势如破竹之势。《论持久战》旗帜鲜明地反对"亡国论""速胜论"，科学系统地论证了抗战必胜，并指出了怎样才能取得胜利的问题。

在抗战之初，国内先后存在着"速胜论"和"亡国论"两种思潮，以蒋介石为代表的亲英美派鼓吹"速胜论"，把抗战胜利的希望寄托在外国援助上，幻想依靠英美等国迅速打败日本。共产党内也有些人存在轻敌思想，以为依靠国民党 200 万正规军就可以速胜。

但随着战争的深入，国民党军队连吃败仗，淞沪会战、南京保卫战、太原会战先后失利。以汪精卫为代表的亲日派竭力鼓吹"亡国论""再战必亡"，为投降日本作舆论准备，部分群众也产生了悲观情绪。

1938 年 5 月，毛泽东在延安窑洞，连续七天七夜，奋笔疾书，废寝忘食，写就长达 5 万多字的雄文《论持久战》。

《论持久战》公开发表后，国民党高层深受震动；白崇禧一口气读完大为赞赏，认为是克敌制胜的最高战略方针，后又向蒋介石转述。在蒋介石的支持下，白崇禧把《论持久战》的精神归纳成两句话"积小胜为大胜，以空间换时间"，并由军事委员通令全国，把它作为抗战中的战略指导思想。

在《论持久战》中，毛泽东具体分析了中日战争双方的基本特点，指出：敌强我弱，中国不能迅速战胜日本。但是，日本是小国，地小，物少、人少、兵少，经不起长期战争；日本发动的战争是帝国主义的侵略战争，在国际上，失道寡助。中国是大国，地大物博，人多、兵多，能够支持长期战争；中国进行的战争是反侵略的、进步的和正义的战争，在国际上，得道多助。因此，中国既不能速胜，也不会亡国。抗日战争是持久战，最后的胜利一定属于中国。毛泽东还指出：必须动员全国人民，充分发挥其抗日的积极性，实行人民战争的路线，才能取得最后的胜利。

《论持久战》是毛泽东运用辩证唯物主义和历史唯物主义从实际出发解决战争问题的光辉典范，有着深厚的中华传统文化底蕴。

《孙子兵法》是对毛泽东写《论持久战》影响很大的一本书。第一，《论持久战》是对《孙子兵法》"兵贵胜，不贵久"思想的运用和发展。《孙子兵法》从强者进攻的角度强调兵贵神速。第二，《论持久战》是对《孙子兵法》"知彼知己，百战不殆"思想的运用和发展。在《论持久战》中，他指出，"孙子的规律，'知彼知己，百战不殆'，仍是科学的真理"。第三，《论持久战》是对《孙子兵法》"校之以计，而索其情"思想的运用和发展。"校之以计，而索其情"，即是用计算的结果作比较，以索得实情。《论持久战》是对中日双方的力量进行详细地计算、比较后，才作出了"抗日战争是持久战，最后的胜利属于中国"的预言。对战役和战斗而言，要求不打无准备之仗，不打无把握之仗。毛泽东在《论持久战》中提出，以弱战强时，要诱敌深入，在敌人疲劳和不留意时打击敌人。他在《论持久战》中列举了晋楚城濮之战，证明主观指导正确，以退为进，是能以弱胜强的。而他在《论持久战》中介绍的声东击西，出其不意、攻其不备的战法则是对围魏救赵法的活学活用。

《论持久战》是中华民族抗日战争的战略纲领；它从思想上，理论上武装了广大群众，驳斥了"亡国论"和"速胜论"，对中国人民坚定抗日信心、争取抗日的最后胜利，具有极大的动员和指导作用。抗战后来的实践充分证明了这篇著作的预见是完全正确的。

讨论：武汉会战后，日本国内面临物资短缺、军队伤亡惨重的困难，再也无力发动大规模的侵华战争。那么，中国方面是否可以利用敌人的困难，反戈一击，迅速打败日军呢？

（教师总结）中国虽然是大国，地大物博，人多、兵多，但在战略防御阶段，国民党军队在正面战场节节败退，伤亡惨重；人民抗日力量虽然有所发展，但仍没有达到进行战略反攻的程度。人民抗日力量还需要经过长期的艰苦斗争才能打败侵略者。这样，抗日战争进入了战略相持阶段。

但是，最后胜利将属于中国。毛泽东在《论持久战》中科学预见了中国人民抗日战争的历史进程，指出了前途。抗日战争的发展进程也证实了毛泽东的科学预见。

二、敌后战场的开辟与游击战争的发展及其战略地位

（一）敌后战场的开辟和发展

播放歌曲：《到敌人后方去》

抗日战争爆发后，中国共产党具体分析了抗日战争的实际情况，认为国民党片面的作战方针路线，导致正面战场连连失败；又由于中日力量对比的悬殊，只有深入敌后才可能有效地组织群众，武装群众，实现全民族的抗战；到敌后去，广泛建立敌后抗日根据地，可以使日军腹背受敌，真正牵制日军的主力。洛川会议后中共中央军委发布命令，将在西北的中国工农红军改编为国民革命军第八路军，东渡黄河，进入山西战场对日作战；将南方 8 省边界十多个地区的红军和游击队改编为国民革命军新编第四军，进入敌后开展游击战争。

1937 年 10 月，聂荣臻率领八路军——五师一部，以五台山为中心，开展游击战争，四处打击敌人，收复了许多县城，不久就建立了第一块抗日根据地——晋察冀抗日根据地。随后一二九师刘伯承建立了冀鲁豫抗日根据地；一二〇师贺龙建立了晋绥抗日根据地、山东抗日根据地；陈毅领导的江南新四军建立了苏南抗日根据地；张云逸领导的江北新四军建立了皖东抗日根据地；罗荣桓和陈光率领——五师主力在晋西汾河流域和吕梁山区，协同地方党组织和牺盟会决死队，打击敌人，开辟了晋西抗日根据地。中国共产党领导全国人民抗战和敌后抗日根据地的中心是陕甘宁边区。延安是中共中央所在地，是领导中国革命的中枢，也是哺育中华民族新一代优秀儿女的革命摇篮。众多抗日根据地，把敌人的后方变成了抗日的前线。

在极其艰苦的敌后战场，中国共产党领导广大人民进行了灵活机动的斗争，也涌现出许多可歌可泣的英雄故事，杨靖宇就是其中一位。

播放视频资料：《永远的丰碑》

这些名垂青史的英雄，发扬不怕困难、不怕牺牲的精神，克服气候严寒、食物短缺、生存艰难等一系列的困难，坚持斗争。这种可贵的精神品质，不仅是抗日战争，而且是中国革命走向胜利的保证。人民永远怀念这些为抗日战争胜利而牺牲的民族英雄。

（二）游击战争的战略地位和作用

（展示有关图片和播放视频片段，不作详细讲述）

1. 游击战的基本形式

以袭击为主的进攻，主要战法有：破袭战、地雷战、麻雀战、地道战、围困战。

播放视频资料：《地道战和地雷战》

2. 游击战的地位和作用

人民军队在长期的革命战争中，始终重视游击战的重要作用。早在井冈山时期，红军就根据敌强己弱的情况，依托根据地坚持游击战，保存和发展了自己。

游击战，在通常的情况下只是一种辅助性的作战形式，在战役、战斗中对于正规战起配合的作用。在抗日战争时期，游击战上升到战略的地位，八路军、新四军深入敌后，大规模地、长时期地开展游击战，发挥了战略作用。

在战略防御阶段，从全局看，国民党正面战场的正规战是主要的，敌后的游击战是辅助的。但是，游击战在敌后的广泛开展和敌后抗日根据地的开辟，却使得敌人不能保持其对占领区的牢固控制。这样，就迫使敌人不得不把用于进攻的兵力抽调回来，从而对战争转入相持阶段，起到了重大的战略作用。

在战略相持阶段，日军逐步将主要兵力用于打击敌后战场的人民军队，以维持其占领区。在这个阶段，人民军队也进行过运动战，如 1940 年 8—11 月进行的百团大战，但是在大部分时间里所进行的，主要是游击战。削弱敌人、壮大自己，逐步改变敌强我弱的态势、为实行战略反攻准备条件，这个任务主要是由人民军队来完成的。到 1944 年春季，敌后战场人民军队抗击着全部侵华日军的 64%。在全民族抗战中，中国共产党领导的敌后战场成了抗日的主战场，对于坚持抗战、削弱敌人、准备反攻起到了关键性的作用。

游击战还为人民军队进行战略反攻准备了条件。在 1945 年 8 月反攻阶段到来时，人民军队已经发展到了 120 万人、民兵 220 万人，抗日根据地达到了 19 块，约 1 亿人口。敌后军民的大反攻，就是在此基础上胜利展开的。

教学步骤三（50 分钟）

三、抗日民主根据地的建设

抗日民主根据地实行的措施主要有以下几个方面。

（一）政治方面

建立"三三制"抗日民主政权，加强了各阶层人民的团结，巩固了抗日民族统一战线。

案例材料："三三制"

"三三制"政权，是中国共产党领导抗日民主根据地政权建设的成功经验，也是根据地民主政治建设的一种重要形式。

抗战进入相持阶段后，敌后抗日根据地的建设成为一个非常重要的问题，而根据地建设的首要问题就是政权建设。在这方面，中国共产党依据抗日民族统一战线的总政策，创造性提出了著名的"三三制"原则。1940 年 3 月 6 日毛泽东为中共中央起草《抗日根据地政权问题》，指出："在抗日时期，我们所建立的政权的性质，是民族统一战线的。这种政权，是一切赞成抗日又赞成民主的人们的政权，是几个革命阶级联合起来对于汉奸和反动派的民主专政。"所谓"三三制"原则，就是与抗日民族统一战线政权的性质相适应，在政权机关人员的配备上，共产党员占三分之一，他们代表无产阶级和贫农；非党的'左派'进步分子占三分之一，他们代表小资产阶级；中间分子及其他分子占三分之一，他们代表中等资产阶级和开明绅士。依据"三三制"原则建立起来的几个革命阶级联合起来对汉奸和反动派的民主专政的政权就是"三三制"政权。

1941 年 5 月 1 日，中共中央政治局批准了《陕甘宁边区施政纲领》。这个纲领规定，在边区的民意机关和政府中，共产党、非党"左派"进步分子、中间派各占三分之一，在政权建设中，要不断健全民主制度，党员必须与党外人士实行民主合作，倾听他们的意见，遇事共同商量，不得一意孤行，把持包办。同年 11 月，陕甘宁边区召开第二届参议会第一次会议，选举的长驻议员中，共产党员只占三分之一。曾经向毛泽东提出"精兵简将"建议的开明绅士李鼎铭被选为陕甘宁边区政府副主席。"三三制"原则提出后，随着敌后抗日根据地的开辟，"三三制"政权在这些地区普遍建立起来。这种新型的政权模式所体现的是以普遍的、平等的选举制度为基础，以实行民主集中制为组织原则，充分保障各抗日阶级、阶层的广泛民主权利，实现中共与其他抗日党派真诚合作的民主制度。

"三三制"政权的历史意义，首先在于它使抗日根据地实现了新民主主义的民主政治，其中突出表现在新的选举原则上。因为实行真正的民主的选举制度是产生真正的民主政权的根本途径，"三三制"政权就是这种阶级平等、党派平等的体现。其中明确规定：凡年满 18 岁的中国人，不分男女、信仰、教育的差别，只要不是汉奸、反共分子、精神病患者，都有选举权和被选举权。这种从下而上开展的普遍、平等、直接的民主选举，奠定了"三三制"政权民主性的基石，是中国共产党人对实现中国政治民主化的一大贡献。其次，"三三制"改善并加强了党对抗日民族统一战线的领导。

提出问题：抗日根据地政权是什么性质的政权？

（学生回答后，教师总结）是中国共产党领导的抗日民族统一战线性质的政权，是一切赞成抗日又赞成民主的人们的政权，是几个革命阶级联合起来对付汉奸和反对派的民主专政政权。

（二）经济方面

1. 实行地主减租减息，农民交租交息的政策

讨论：在土地革命时期，党实行的是打土豪分田地、"耕者有其田"的土地政策。这是解决农民土地问题最直接最彻底的办法。但是到了抗日战争时期，党为什么要改变原来的土地政策呢？

（教师总结）由于抗日战争爆发，国内形势和主要矛盾的变化，党的土地政策也随之变化。随着抗日战争爆发，中日民族矛盾成为主要矛盾，国内的阶级矛盾包括地主同农民的矛盾降到了次要和服从的地位。因此，党的土地政策必须随着主要矛盾和阶级关系的变化，作相应的改变。针对这一问题，党的政策是扶助农民，减轻地主的封建剥削，实行减租减息，以改善农民的生活，提高农民抗日的与生产的积极性。其次，由于日本侵略者对抗日根据地实行残酷"扫荡"以及国民党军队的封锁包围，抗战进入极端艰苦的年代后，各敌后根据地在经济、军事等方面面临着严重困难，面积不断缩小，人口大量减少，财政经济十分困难。将没收地主土地的政策，改为减租减息政策，就能更好地动员和团结社会力量，建立稳固后方根据地，为抗战的胜利提供物质和人力上的保证。这是根据不同的形势所采取的一项正确政策。

中国共产党提出实行地主减租减息和农民交租交息政策，符合地主和农民双方的利益。对地主来说，实行减租减息，虽然削弱了封建剥削，但是还可以得到一定的经济利益，这比亡国来说损失要小得多。因此，大多数地主是能够接受的。对农民来说，实行交租交息，虽然不能从根本上解决土地问题，还保留着封建剥削，但是比原来的封建剥削已经减轻了，农民的生活可以得到适当的改善，因此，广大农民也是愿意接受的。由此可见，中国共产党实行的是地主减租减息、农民交租交息"两重性的政策"。前者可以使农民受惠，后者可以使地主得益。这样，既可以发动农民积极参加抗战，又可以让地主为抗日出力。

随着负担的减轻，广大人民群众的生活得到改善，生产积极性大大提高，给农业生产的发展开创了新的局面，广大农民购买、佃入和赎回土地，购置农具，购买耕畜、种子，开垦荒地，兴修水利，增加农业生产投入。由于减租减息的深入开展，1944 年、1945 年各根据地普遍获得丰收。1944 年，晋察冀边区增产粮食 100 万石以上，晋绥边区增产粮食 16 万石，太行区增产粮食 30 万石，山东根据地增产粮食 34 万余千克。华中的苏北、淮北、皖中等根据地通过兴修水利增加灌溉面积达 120 余万亩。这就为各抗日根据地战胜严重困难，度过最艰难的岁月，起了积极作用。

减租减息削弱了封建剥削，引起了阶级关系变化，大大提高了农民抗日的积极性。抗战后期，广大农民参加抗日部队、参加攻势作战和局部反攻的积极性越来越高。参军的青年主要是初步翻了身的农民。攻势作战和局部反攻中农民参战积极性之高、人数之多，是抗战以来从来也没有过的。如太行根据地在 1945 年 8 月 15 日至 8 月底半个月内有 3 万余翻身青年农民参军，其中中农成分的占 56%，贫雇农成分的占 39%，两者共占 95%。

2. 开展大生产运动

播放音乐：《南泥湾》

介绍根据地开展大生产运动的背景。党领导根据地军民开展的大生产是克服物质困难的根本措施，缓解了严重的经济困难，为争取抗日战争的胜利奠定了物质基础。

（三）文化方面

图片解说：《在延安文艺座谈会上的讲话》，毛泽东 1942 年 5 月发表。

图片解说：解放区三位著名作家：赵树理、丁玲、周立波。

图片解说：中国人民抗日军事政治大学：它是一个独特的大学，没有教室，没有图书馆，甚至没有正常的教学环境，但是吸引了 20 世纪三四十年代中国各地无数知识青年。在中国最苦难的时期为中国培养了一大批军事、政治人才。他们中的大部分领导中国人民经历了从 20 世纪下半叶开始的毛泽东时代以及邓小平时代，深刻地影响了中国 20 世纪的历史。

全民族抗战开始后，中共中央所在地延安成了革命者向往的"圣地"。大批知识青年冲破国民党的封锁线奔赴延安。中共中央及时作出大量吸收知识分子的决定，把发展抗日的革命文化运动提上重要议事日程，中国人民抗日军事政治大学（简称"抗大"）、鲁迅艺术学院（简称"鲁艺"）等一批干部学校和专门学校创办起来。

抗日根据地政治民主、政府廉洁、民族团结、经济发展，同国民党统治区政治专制、吏治腐败的局面，形成鲜明的对照。越来越多的人在中国共产党领导的抗日根据地看到了未来中国的希望。

四、推进大后方的抗日民主运动和进步文化工作

（一）抗日民主运动的开展

抗战时期，中国共产党的工作重心，是在敌后发动抗日游击战争，建设抗日民主根据地。同时，也在国民党统治区（习惯上称"大后方"）开展促进团结抗日等方面的大量工作。

1. 成立南方局具体领导国民党统治区的工作

在抗战初期，中国共产党对国民党统治区的工作，先是通过中共中央长江局具体领导，1939年1月以后由以周恩来为书记的中共中央南方局具体领导。

2. 在国民党统治区普遍开展宪政运动

全民族抗战开始后，各界人士要求国民党实行抗战民主。1939年10月，国民参政会中一些党派的代表发起宪政座谈会，批评国民党的一党专政。宪政运动在国民党统治区普遍开展起来。

3. 支持中国民主政团同盟工作

1941年3月中国民主政团同盟成立后，由于无法在重庆公开活动，派人到香港开展工作时，得到中共南方局所属中共驻香港办事处的支持，并于同年9月创办了盟报《光明报》。

南方局还直接对大后方的工商界人士作了大量工作。周恩来当时说：1944年，不仅小资产阶级，连民族资产阶级也靠拢了我们。①

4. 提出成立民主联合政府的主张

1944年9月，中共参政员林伯渠在国民参政会上提出废除国民党一党专政、召开各党派会议、成立民主联合政府的主张，得到民主党派、民主人士和社会各界的热烈响应。国民党统治区的民主运动由此朝着明确的政治目标发展，出现了新的高涨。但是，蒋介石公开反对召开各党派会议、成立民主联合政府。1945年5月，国民党第六次全国代表大会制定了抢夺人民抗战胜利果实、准备发动内战的反动方针。

（二）抗战文化工作的开展

1938年初，周恩来担任国民政府军事委员会政治部副部长以后，掌管宣传工作的政治部第三厅厅长由郭沫若担任。第三厅在郭沫若的领导下，团聚了一大批文化界爱国人士，成为扩大统一战线、推动抗日文化工作的重要阵地。第三厅组织了包括儿童剧团在内的10多个抗敌演剧队、宣传队，分赴各个战区进行抗日宣传，慰劳抗日将士。

武汉失守前后，一大批文化界人士迁移到重庆以及桂林、昆明等地。南方局设立了文化工作委员会具体领导大后方的进步文化工作。文化界提出"抗战、团结、民主"为文艺创作的三大目标。抗战文化在斗争中得到新的发展。

---

① 中央文献研究室编. 周恩来传（下）[M]. 北京：中央文献出版社，1998：713.

五、中国共产党的自身建设

为了胜利地领导中国人民进行抗日战争，中国共产党密切地联系着党的政治路线，在斗争实践中不断推进党的建设的伟大工程。

（一）马克思主义中国化命题的提出

抗日战争开始后，1937 年 11 月，王明从莫斯科回到延安。他根据共产国际和苏联领导人关于中共抗战应该依靠国民党的指示精神，主张"一切经过统一战线""一切服从统一战线"，把共产党及其领导的人民军队的活动限制在国民党允许的范围内。毛泽东和中共中央其他领导人一起，对王明的右倾错误进行了坚决抵制。1938 年 3 月，中共中央派任弼时到苏联，向共产国际说明中国的抗战情况、国共两党关系及中共所采取的路线和政策。8 月，中共驻共产国际代表王稼祥回国，传达共产国际的指示：中共中央的政治路线是正确的，中共中央要以毛泽东为首来解决统一领导的问题。

1938 年 9 月至 11 月，中国共产党在延安举行了扩大的六届六中全会。在这次全会上，毛泽东明确地提出了"马克思主义的中国化"这个命题。全会基本上纠正了王明的右倾错误，进一步确立了毛泽东在全党的领导地位。

（二）新民主主义理论的系统阐明

在 20 世纪 30 年代后期和 40 年代前期，为了将丰富的中国革命实际经验马克思主义化，以便更好地指导抗日战争和中国革命，毛泽东撰写了《〈共产党人〉发刊词》《中国革命和中国共产党》《新民主主义论》等一批重要的理论著作。

①揭示了中国半殖民地半封建社会的性质和主要特征，近代中国社会的主要矛盾和中国革命发生、发展的原因。阐明了中国共产党领导的整个中国革命运动，是包括民主主义革命和社会主义革命两个阶段在内的全部革命运动。而 1919 年五四运动以后的中国民主革命，已经是无产阶级领导的人民大众的反帝反封建的新民主主义革命。它的前途是社会主义。

②阐明了中国共产党在新民主主义革命阶段的基本纲领。政治上，推翻帝国主义和封建主义的压迫，建立一个以无产阶级为领导、以工农联盟为基础的各革命阶级联合专政的新民主主义共和国。经济上，没收操纵国计民生的大银行、大工业、大商业归新民主主义国家所有，建立国营经济；没收地主阶级的土地归农民所有，并引导个体农民发展合作经济；允许民族资本主义经济的发展和富农经济的存在。文化上，废除封建买办文化，发展无产阶级领导的人民大众的反帝反封建的中华民族的新文化，即民族的科学的大众的文化。

③总结中国共产党成立以来的历史经验。指出统一战线和武装斗争，是战胜敌人的两个基本武器。而党的组织，则是掌握统一战线和武装斗争这两个武器以实行对敌冲锋陷阵的英勇战士。统一战线，武装斗争，党的建设，这就是中国共产党在中国革命中战胜敌人的三个主要的法宝。

以毛泽东为主要代表的中国共产党人创立的新民主主义理论，是马克思主义基本原理同中国具体实际相结合的成果。新民主主义理论的系统阐明，标志着毛泽东思想达到成熟。这个理论从思想上武装了中国共产党人，使他们极大地增强了参加、领导抗日战争和新民主主义革命的自觉性。

（三）整风运动和实事求是思想路线在全党的确立

播放视频资料：《延安整风》

同学们根据视频回答延安整风运动的原因、主要内容和意义。

教师进行总结。

1. 开展整风运动的必要性

抗日战争以来，中国共产党的组织得到很大的发展。广大新党员有很强的抗日精神和革命斗志，但是绝大多数出身农民，在他们身上存在着各种非无产阶级思想。老党员要适应新形势，也需要进一步提高自己。1935 年 1 月遵义会议以来，党的路线已经走上马克思主义的正确轨道，但对曾经给党的事业造成严重危害的主观主义、教条主义还没有来得及从思想上进行认真地清理。这就有必要集中开展一场普遍的马克思主义思想教育运动，总结和吸取历史上的经验教训，以提高广大党员的思想理论水平，增强党的凝聚力和战斗力。

为此，在 20 世纪 40 年代前期，中国共产党，在全党范围内开展了一场整风运动。

2. 整风运动的主要内容

1941 年 5 月，毛泽东作了《改造我们的学习》的报告，整风运动首先在党的高级干部中进行。1942 年 2 月，毛泽东先后作了《整顿党的作风》和《反对党八股》的讲演，整风运动在全党范围普遍展开。整风运动的主要内容是反对主观主义以整顿学风、反对宗派主义以整顿党风、反对党八股以整顿文风。其中，反对主观主义是整风运动最主要的任务。

3. "实事求是"思想路线的确立

克服主观主义，必须以科学的态度对待马克思主义，必须发扬理论联系实际的马克思主义的学风，一切从实际出发，实事求是。

"实事求是"是中华优秀传统文化的重要内容。"实事求是"一词最早出自班固的《汉书·河间献王刘德传》。秦始皇焚书坑儒之后，很多先秦古书已经失传，再加上汉初文帝、景帝偏好"黄帝、老子"之学，此时的儒学已经有些混乱不清了。刘德是西汉景帝第三儿子，崇敬儒学，要回到孔孟理论的思想原点，深挖圣王时代的治理之道，教化万民，以礼乐安定天下，于是，刘德才会以重金征集先秦古书来求证儒学的本来面目，不是想怎么说就怎么说。在班固看来，刘德的这种思想、行为是"修学好古，实事求是"。就是说，事物的是与非，不能凭个人爱恶，而应当是什么就说什么，以实证来求索真相。

唐初，经学家颜师古注"实事求是"的本意，是"务得事实，每求真是也"。南宋朱熹注"实事求是"，是穷尽事物的道理，深究至每个角落，才能达到儒家心目中的"格物致知"。明代王阳明提出"知是行之始，行是知之成"的"知行合一"学说，与"实事求是"思想一脉相承。清代乾隆、嘉庆年间，"考据学派"兴起，学者们高度推崇"实事求是"的治学方法，力求通过严谨考证来恢复四书五经的原始含义。及至清末，以曾国藩为首的一批中兴名臣，力图以中华传统文化为根，兴洋务以自强，形成了以湖南为发端的"湖湘文化"。

曾国藩一向以"修身自律"的君子标准要求自己，对醉心儒学的刘德更是极为推崇。曾国藩等人对"实事求是"的推崇，以及他的经世务实之风，对后人产生了深远影响。毛泽东同志就读"湖南第一师范"时，老师杨昌济曾以曾国藩为例子，勉励他"农家多出异材"，以至于毛泽东非常钦佩曾国藩，提出"愚于近人，独服曾文正"[1]。

1941 年，毛泽东在《改造我们的学习》这一著名报告中，运用辩证唯物主义认识论的原理对"实事求是"这个成语作了新的解释。他说："'实事'就是客观存在着的一切事物，'是'就是客观事物的内部联系，即规律性，'求'就是我们去研究。我们要从国内外、省内外、县内外的实际情况出发，从其中引出其固有的而不是臆造的规律性，即找出周围事物的内部联系，作为我们行动的向导。"这样，实事求是就成了党的辩证唯物主义的思想路线的通俗而又生动的表述。毛泽东的新说，继承了"事即物""是即理"的传统儒家文化观点，在新的历史条件下，对"实事求是"作了马克思主义的创造性解释，使这一命题的内涵与外延都发生了变化，它所代表的是一种新的学风与思想路线。在对"实事求是"一语作过马克思主义的崭新论证以后，1942 年毛泽东用"实事求

---

① 毛泽东早期文稿［M］. 长沙：湖南出版社，1990：85.

是"这四字为中央党校题词，1945 年又为党的"七大"纪念册作了"实事求是，不尚空谈"的题词。正是由于毛泽东的科学阐释与大力倡导，进而经过延安整风的发扬，实事求是这一思想路线终于在全党范围内得到确立。这是中国共产党历史上的一件大事，也是中国近现代思想文化史上的一件大事。

人类思想文化史上，常有一些原来在旧体系中显得很平常的命题、诗句，在经过新思想家、文学家进行具有创新意义的琢磨与改制以后，焕发出夺目的光彩。"实事求是"这个古老命题，一经毛泽东妙手，精心点化，就对整个毛泽东思想起到了画龙点睛的关键作用，成为这整个思想体系中活的灵魂所在、核心所在、精髓所在。毛泽东对"实事求是"的认同是活的认同，是科学理性的认同，是在认同和继承固有历史文化传统的基础上实现了富有革命意义的创造性的转化，也是毛泽东批判继承儒家文化精神遗产的优秀典范之举。

4. 整风运动的深远意义

在整风运动中，全党党员，特别是党的高级干部，认真学习马克思主义著作和党的整风运动文献，联系党的历史，联系个人的思想实际和工作实际，开展批评与自我批评，端正了思想路线，增强了运用马克思主义的立场、观点、方法解决中国革命实际问题的自觉性和能力。

整风运动是一场伟大的思想解放运动。一切从实际出发、理论联系实际、实事求是的马克思主义思想路线，在全党范围确立了起来。

5. 中共七大将毛泽东思想确定为党的指导思想

1945 年 4 月 20 日，中国共产党六届七中全会通过了《关于若干历史问题的决议》，对党的若干重大的历史问题作出结论，使全党尤其是党的高级干部对中国民主革命的基本问题的认识达到在马克思列宁主义基础上的一致。同年 4 月 23 日至 6 月 11 日，中国共产党第七次全国代表大会在延安举行。中共七大将以毛泽东为主要代表的中国共产党人把马克思列宁主义基本原理同中国具体实际相结合所创造的理论成果，正式命名为毛泽东思想，并将毛泽东思想规定为党的一切工作的指针。

中国共产党在毛泽东思想的基础上，达到空前的团结和统一。中国革命在毛泽东思想的指引下，取得了一个又一个的新胜利。

第五节　抗日战争的胜利及其原因和意义

教学步骤一：导入（10分钟）

播放视频资料：《百年中国·决战法西斯④·法西斯的末日》

为了敦促日本政府尽快投降，8月6日、9日，美国向日本的广岛市和长崎市各投下一颗原子弹。8月9日，苏联红军出兵中国东北，迫使日本天皇宣告无条件投降。9月2日，日本天皇和政府以及日本大本营的代表在东京湾美军军舰密苏里号上签署向同盟国的投降书。至此，中国人民抗日战争胜利结束，世界反法西斯战争也胜利结束。9月3日，成为中国人民抗日战争胜利纪念日。中国人民在反法西斯战争中作出了哪些贡献呢？

教学步骤二（40分钟）

一、中国人民抗日战争在世界反法西斯战争中的地位

（一）世界反法西斯战争的东方主战场

中国的抗日战争是世界反法西斯战争的重要组成部分，是世界反法西斯战争的东方主战场。中国的局部抗战在1931年九一八事变后即已开始。从1937年中国全民族抗战开始到1939年9月大战在欧洲爆发之前，当英、美、法实行绥靖政策的时候，中国人民孤军奋战，英勇抗击了百万日军的进攻。中国的抗战牵制和削弱了日本的力量，使之不敢贸然北进，从而使苏联得以集中兵力对付德国，避免东西两面作战；同时也推迟了日本发动太平洋战争的时间，使之在发动和进行战争时由于兵力不足而不能全力南进，从而减轻了美、英军队受到的压力。

在抗日战争时期，中国战场年平均牵制日本陆军的74%以上，最高年份达90%。日军在海外作战中损失的287万人中，有150万人伤亡在中国战场。

中国坚持持久抗战，抗击和牵制着日本陆军主力，大大减轻了其他反法西斯战场的压力，为同盟国军队实施战略反攻创造了有利条件。

中国作为亚洲太平洋地区盟军对日作战的重要后方基地，还为盟国提供了大量战略物资和军事情报。

总之，中国是全世界参加反法西斯战争的五个大国之一，是在亚洲大陆上反对日本侵略者的主要国家。中国在抗日战争中，为了自己的解放，为了帮助各同盟国，付出了巨大的牺牲，作出了伟大的贡献。

（二）世界反法西斯力量对中国的援助

中国人民抗日战争的胜利，是同世界所有爱好和平与正义的国家和人民、国际组织及各种反法西斯力量的同情和支持分不开的。

苏联是最早为中国抗日战争提供援助的国家。1937 年 8 月，中国同苏联签订互不侵犯条约。苏联政府向中国提供大量的物资援助，并派遣空军志愿队来华作战。抗日战争后期，苏联红军开赴中国东北，同中国军民并肩作战，加速了彻底打败日本侵略者的进程。

日本发动对中国的侵略战争后，美国对日本一度奉行绥靖政策；中国抗日战争进入相持阶段后，美国采取两面政策，一方面向中国提供援助，另一方面又向日本大量出口战略物资。太平洋战争爆发前，美国采取了支持中国的政策。美国陆军航空队退役军官陈纳德组建美国志愿援华航空队（即"飞虎队"）来华参加对日作战，并为中国运送战略物资而冒险开辟驼峰航线。

英国等国家也向中国提供了经济援助或军事合作。朝鲜、越南、加拿大、印度、新西兰、波兰、丹麦以及德国、奥地利、罗马尼亚、保加利亚、日本等国的反法西斯战士直接参加了中国人民抗日战争。1939 年 11 月，加拿大共产党员诺尔曼·白求恩大夫在抢救八路军伤员时被感染，为中国人民解放事业献出了生命。

播放视频资料：《百年中国·决战法西斯⑤·大受降》

讨论：日本发动全面侵华战争后曾狂言"三个月灭亡中国"，然而日本最终投降了，中国的抗战胜利了。请同学们对比近代以来反侵略斗争失败的原因，讨论抗日战争胜利的原因。

二、抗日战争胜利的原因

贫穷落后的中国何以能在抗日战争中战胜强大的日本帝国主义？对比以往反对外国侵略斗争的失败总结如下：

第一，以爱国主义为核心的伟大民族精神是中国人民抗日战争胜利的决定因素。抗日战争，既是一场军事实力和经济实力的较量，更是一场精神和意志的较量。近代中国在国力特别是军力远逊于日本的条件下，能够长时间独立支撑抗战的局面，并最终战胜不可一世的日本法西斯，根本原因就在于民族精神得到大发扬。伟大民族精神，蕴藏着民族的巨大凝聚力和战斗力，不仅是抵御外来侵略、维护祖国统一的伟大精神力量，也是鼓舞中国人民团结奋斗和推动社会进步的永恒动力，值得中华民族世世代代继承和发扬。

第二，中国共产党的中流砥柱作用是中国人民抗日战争胜利的关键。抗战中，中国共产党率先举起武装抗日的旗帜，提出统一战线思想以及全面抗战路线、持久战的战略总方针、游击战争的战略战术，为全民族抗战提供了正确的理论指引。中国共产党领导开辟的敌后战场，与国民党军正面战场形成相互策应之势，粉碎了日军速战速决灭亡中国的图谋，逐渐承担起全国抗战主战场的重任。在战略相持阶段，敌后游击战逐渐取代正面战场的正规战，成为抗日战争的主要作战形式，抗击着约 60% 的侵华日军和 95% 的伪军，八路军、新四军及其他人民武装成为抗击日寇的主要骨干力量。

第三，全民族抗战是中国人民抗日战争胜利的重要法宝。中国共产党代表人民的利益，从全心全意为人民服务这一根本宗旨出发，诚心诚意实行全面的全民族抗战路线；积极倡导、努力建立广泛的抗日民族统一战线；正确处理民族矛盾和阶级矛盾的关系，提出了又联合又斗争的统一战线的策略和政策；实行发展抗日进步力量，争取中间力量，孤立反共顽固势力的方针，对国民党顽固派的反共活动进行有理有利有节的斗争；坚信人民群众是战争胜利最深厚的伟力，广泛动员人民、始终依靠人民，使日军陷入人民战争的汪洋大海之中。

第四，国际援助是鼓舞中国人民坚持抗战直到最后胜利的重要因素。世界反法西斯战争在欧洲、亚洲、太平洋等战场的巨大胜利，也有力地支援了中国抗战。苏联、美国、英国等盟国给中国抗战以人力、物力的援助。世界许多国家的共产党人和进步人士，还以各种方式支援中国。所有这些，都为中国人民坚持抗战提供了物质和精神上的帮助。

三、抗日战争胜利的伟大意义

抗日战争的伟大胜利，是 20 世纪中国和人类历史上的重大事件，是近代以来中华民族走向伟大复兴的历史转折点。

第一，抗日战争胜利彻底粉碎了日本军国主义殖民奴役中国的图谋，洗刷了近代以来中国抗击外来侵略屡战屡败的民族耻辱。中国人民用自己的顽强奋战和巨大牺牲，迫使日本归还甲午战争以后从中国窃取的东北、台湾、澎湖列岛等神圣领土，捍卫了国家主权和领土完整。从此，中国任人宰割的时代一去不复返了。

第二，中国人民抗日战争的胜利，促进了中华民族的伟大团结，形成了伟大的抗战精神。在反抗日本侵略者历史进程中，中华民族实现了大觉醒和大团结，中华儿女展示了天下兴亡、匹夫有责的爱国情怀，视死如归、宁死不屈的民族气节，不畏强暴、血战到底的英雄气概，百折不挠、坚忍不拔的必胜信念，汇聚起气势磅礴的力量，给后人留下了惊天地、泣鬼神的精神财富。这些精神财富是实现中华民族伟大复兴的强大精神动力。

第三，中国人民抗日战争的胜利重新确立了中国的大国地位，中国人民赢得了世界爱好和平人民的尊敬。中国抗日战争是世界反法西斯战争的重要组成部分，中国牵制和抗击的日军兵力最多，在战略上策应和支持了盟国作战。中国人民自力更生、不畏强暴、浴血奋战才是日本侵略者彻底覆灭的主因，为维护世界正义与进步事业作出了重大贡献，为世界人民树立了以弱胜强的范例。

第四，中国人民抗日战争的胜利开辟了中华民族伟大复兴的光明前景。近代以来，为了实现民族复兴，中华儿女上下求索，不懈抗争，但漫漫长夜难见曙光。中国共产党坚持把反对日本帝国主义与反对专制统治结合起来，把积极抗日与推进民主进步运动结合起来，把谋民族解放与谋社会解放结合起来，赢得了人民群众的鼎力支持。特别是我们党提出的改造旧中国、建设新中国的主张，代表了中国人民根本利益。这些为新民主主义革命取得彻底胜利奠定了基础；不可逆转地开启了中华民族走向复兴的历史进程。

四、抗日战争胜利的基本经验

第一，全国各族人民的大团结是中国人民战胜一切艰难困苦、实现奋斗目标的力量源泉。

第二，以爱国主义为核心的伟大民族精神是中国人民团结奋进的精神动力。

第三，提高综合国力是中华民族自立于世界民族之林的基本保证。

第四，中国人民热爱和平，反对侵略战争，同时又决不惧怕战争。

第五，中国共产党是中国人民抗日战争的中流砥柱。

推荐阅读：

1. 任振杰：《毛泽东与抗日战争》，中央文献出版社 2005 年版。

2. ［美］张纯如：《南京大屠杀：第二次世界大战中被遗忘的大浩劫》，中信出版社 2013 年版。

3. 张宪文：《图说中国抗日战争史（1931—1945）》，学林出版社 2005 年版。

4. 中央党史研究室编：《中国共产党历史》第一卷，中共党史出版社 2011

年版。

5. 习近平：《在纪念全民族抗战爆发七十七周年仪式上的讲话》，人民日报 2014 年 7 月 8 日。

6. 习近平：《在纪念中国人民抗日战争暨世界反法西斯战争胜利 69 周年座谈会上的讲话》，人民日报，2014 年 09 月 04 日。

7. 习近平：《在南京大屠杀死难者国家公祭仪式上的讲话》，人民日报，2014 年 12 月 14 日。

8. 习近平：《在纪念中国人民抗日战争暨世界反法西斯战争胜利 70 周年大会上的讲话》，人民日报，2015 年 09 月 04 日。

9. 习近平：《习近平在纪念中国人民抗日战争暨世界反法西斯战争胜利 75 周年座谈会上的讲话》，人民日报，2020 年 09 月 04 日。

【教学小结】

教学效果分析：

1. 通过这次课的讲授，使学生对日本发动的侵华战争及其给中国人民带来的巨大灾难有了更全面、更深刻的了解和认识，认清了歪曲美化日本军国主义侵略历史言行的原因，激发了同学们的爱国热情，使他们意识到应该好好珍惜今天和平幸福的生活。课后，同学们表示要努力学习，早日成才，为捍卫今天的和平幸福生活奉献自己的一份力量。

2. 通过这次课的讲授，使学生对抗日民族统一战线的形成过程及中国共产党为之所作的努力有了深刻的了解，使他们认识到国难当头，全民族团结抗战的必要性和重要性，也使他们了解中国共产党不愧为凝聚全民族力量的杰出组织者和鼓舞者，认识中国共产党及其领导下的人民革命力量是抗日战争的中流砥柱，由此而产生了对中国共产党的热爱之情。

教学经验：

1. 在教学内容上，详略得当。紧紧围绕教学目的，把握民族团结抗战这一主线，详略得当地讲清抗战爆发原因、抗日民族统一战线形成、两个战场的抗战与抗战胜利原因、经验；在讲清这些问题中要把以爱国主义为核心的民族精神融入其中，让同学们了解优秀的传统文化在民族团结抗战中重要作用。

2. 在教学方法上，将启发式教学与讨论式教学相结合。针对一些热点、难点问题如"抗日战争究竟是国民党领导的还是共产党领导的""正面和敌后两个战场，究竟哪一个是抗日战争的支柱"等，展开讨论；在贯彻教学目的时避免生硬地解读历史，其中特别注意到：在突出国共团结的主旋律的基础上，分析国共合作中的矛盾；在客观分析国民党抗战动摇性的基础上，说明中国共产党始终如一坚持团结抗战，让学生由衷得出中国共产党作为抗战中流砥柱的作用。

3. 在教学手段上，充分利用视频资料。涉及本章教学内容的视频、图片等资料十分丰富，通过精心选择，运用到课题教学中。其中主要穿插了有关日军侵华暴行与有关国共抗战的视频、图片、数据资料，使学生对有关教学内容产生强烈的思想情感共鸣。

改进措施：

1. 促使学生爱国情感更加成熟理性。学生对日军侵略暴行的愤恨之情存在一定情绪化倾向，学生中出现盲目的民族复仇情绪；在教学中尚需对这部分内容作更透彻的阐释，让学生明白不忘记这段历史不是牢记仇恨，我们是为了总结历史教训，开辟更好的当代中日关系；促使学生爱国情感更加成熟理性。

2. 进一步合理安排课时。本章内容十分丰富，而课时十分有限，对一些问题还需要合理进行取舍，把一些热点和难点多安排课时，其他需要学生掌握而课时无法安排的内容让同学们课下利用新媒体网络学习。

第七章

为创建新中国而斗争

【教学简况】

授课对象：大学一年级本科生。

学时安排：课堂教学 3 学时。

教学目的：使学生知悉抗日战争胜利后中国共产党领导人民为建立新中国而奋斗的历史进程，了解中国共产党为争取和平民主所作的不懈努力，知道国民党反动派发动全面内战的过程，认识国民党反共反人民的本质和最终覆灭的历史必然性，了解各民主党派的主张及其命运，进而把握中国共产党领导的多党合作、政治协商政党制度是适应中国国情的一种必然选择，牢固树立"中华人民共和国是中国人民的历史选择""没有共产党就没有新中国，只有社会主义才能救中国"的信念。

重点难点：

本章重点是中华人民共和国的建立、中国共产党执政地位的确立为什么是历史和人民的选择。本章难点是国民党政权的垮台及其原因。

学习思考：

1. 抗日战争胜利后，国民党政府为什么会陷入全民的包围中，并迅速走向崩溃？

2. 如何认识民主党派的历史作用？中国共产党领导的多党合作、政治协商的格局是怎样形成的？

3. 为什么说"没有共产党就没有新中国"？中国共产党领导中国革命取得胜利的基本经验是什么？

【教学过程】

教学内容设计：本章共分三节。第一节从争取和平民主到进行自卫战争，计划用 1 学时；第二节国民党政府处于全民的包围中，计划用 1 学时；第三节人民共和国：中国人民的历史性选择，计划用 1 学时。

教学步骤：第一节通过两个步骤讲解抗战胜利后国共双方的博弈；第二节通过三个步骤讲解国民党政权陷于全面崩溃；第三节通过两个步骤讲解人民共和国的建立。

教学组织：课堂讲授、热点问题讨论结合。

板书设计：多媒体课件与黑板辅助板书结合。

教学方法：体系讲授、视频、事件分析、讨论相结合。

导入（2分钟）

1945年抗日战争取得最终胜利，全国民众热烈欢呼，希望医治战争创伤，重建家园，但国共双方对此有着不同考量，是由国民党来主导，还是由中共所领导，中国将往何处走？历史又选择了谁？

第一节　从争取和平民主到进行自卫战争

本节教学步骤一：导入（5分钟）

播放抗战胜利纪录片，了解胜利后民众的欢喜之情、祈盼之情。

本节教学步骤二（45分钟）：

一、抗日战争胜利后的国际格局和国内形势

抗战后的国际国内形势，从根本来说，对中国是有利的。从国际上来看，经过第二次世界大战，德意日三个法西斯国家战败，英法等国力量受到极大削弱。美国的经济、军事力量大增，成为世界头号资本主义强国。苏联是击败德日的主要力量，成为可与美国相抗衡的军事强国和革命中心。苏联在东欧、亚洲的部分国家建立了人民民主制度、社会主义制度。社会主义和资本主义两种思想体系，两种社会制度的对立开始加剧。殖民地和附属国的民族解放运动方兴未艾，旧的殖民主义世界体系日益瓦解；各资本主义国家的工人运动和人民斗争也在不断发展，这些斗争也打击、削弱和限制了帝国主义的力量。

战后出现的以美国为首的资本主义阵营和以苏联为首的社会主义阵营都想取得对世界的主导权和控制权。美苏两国的对华政策极大影响着中国的政治局势。从美国的视角来看，要建立美国为主宰的世界秩序，欧洲是首要战略地区，亚洲是次要地区，中国是亚洲的中心，控制中国就等于控制亚洲，所以独占中国就成为美国全球战略的重要组成部分。由于在抗战期间美国政府与国民党蒋介石的国民政府结成了比较密切的关系，无论从情感、利益和意识形态上考虑，美国必须支持国民政府掌控中国政局。为此，美国采取了一系列措施来加强国民政府的实力，扩大对中国各地区的控制：一是指令侵华日军继续维持其占领区的法律和秩序，等待国民政府的"接收"，不得向中共方面投降。二是以贷款、物资援助和提供服务等名义，给国民政府提供大量的经济和军事援助，派遣大批美军进驻中国的一些港口和大城市，来帮助国民党抢占战略要地。三是出动大量飞机和军舰运送国民党军队和接收人员，控制沦陷区。

苏联在对华政策上是以维护本国的国家利益为第一要务，尽可能扩大其势力范围。1945 年 2 月，雅尔塔会议召开，苏联领导人斯大林利用美国急于要求苏联出兵对日作战的心理，以出兵中国东北对日作战为条件，谋求外蒙古独立，在中国东北取得不冻军港、贸易港和铁路权益，同美英达成了雅尔塔密约。8 月 14 日，苏联以支持国民党统一中国为条件，逼迫国民政府签订《中苏友好同盟条约》等条约、协定和换文，严重损害了中国的国家利益。此后，苏联表示承认并支持国民政府这个"唯一合法政府"，不赞成中共进行武装反抗，要求中共同国民党蒋介石进行妥协。苏联虽然长期以来对中国人民解放事业给予了重要支持，但它此时所奉行的此种对华政策，给中国人民解放事业带来了一定困难。另一方面，苏联在同美国就中国问题达成妥协的同时，对美国的全球战略及其对苏联安全构成的威胁抱有很高的警觉性。出于对远东安全和自身利益的考虑，不愿美国独占中国，尤其警惕美国势力渗透到中国东北地区。因此，苏联又对中共给予了一定支持，默许中共武装力量大规模挺进东北，并移交其所缴获的日军武器。

美苏两国的对华政策使得战后中国的政治形势出现了极为复杂的局面。

抗战胜利后的中国政治形势发生重大变化，日本战败投降被驱逐出中国，国共两党成为可以决定中国方向和命运的重要力量。抗战期间国共两党的政治和军事力量都有所发展，战争结束时国民党军事人员总计 430 万人，占有 3 亿以上人口的地区，控制着所有大城市及绝大部分的铁路交通线，接收 100 余万投降日军的武器装备，还获得美国的大力支持。相比而言，中共的力量发展更为迅猛，军队发展到 120 万人，民兵 220 万人，人口 1.3 亿。从总体上看，表现为国强共弱。

国共两党根据自己的力量状况和国内环境，各自提出自己的方针和政策。国民党领导人蒋介石早在抗战时期就表明了他的独裁专制立场，"全国要一致集合于青天白日旗帜之下""没有中国国民党，那就是没有了中国……中国的命运，完全寄托于国民党"。1945 年 5 月 5 日，在抗战即将取得胜利之时，蒋介石在国民党第六次全国代表大会上宣称："今天的中心工作，在于消灭共产党！日本是我们国外的敌人，中共是我们国内的敌人。"蒋介石授意大会作出的《本党同志对中共问题之工作方针》，明确表示反对中共提出的"联合政府"口号，要求国民党全党"努力奋斗，肃军肃政，加强力量"，以加强反共，准备内战。在日本宣布无条件投降后，蒋介石又打着"和平建国"的旗号，在"全民政治、国家统一"的口号下，强调"军令政令的统一"，企图恢复其在全国的独裁统治。1945 年 9 月 3 日，蒋介石在《庆祝抗战胜利对全国同胞广播词》中说："抗战结束之后，民主宪政不容再缓，国民革命的最高理想是全民政治，实现理想的最要关键，是还政于民。""国家的统一，是近代立国绝对必需的要素。""我们希望全国同胞，认定军令政令的统一，为国存亡所系的命脉，共同一致，期其实现，加以维护。"1946 年元旦，蒋介石在《告全国军民同胞书》中，再次强调上述观点。

中国共产党通过对战后国际国内形势的深刻分析，提出了"和平、民主、团结"的方针。1945 年 8 月 11 日，中共中央发出《关于日本投降后我党任务的决定》，指出：全党目前阶段的主要任务是迫使日伪军投降，扩大解放区。将来阶段，国民党可能向我大举进攻，我党应准备调动兵力，对付内战。决定还指出"国共谈判将以国际国内新动向为基础考虑其恢复"，但各地"对蒋介石发动内战的危险应有必要的精神准备"。8 月 13 日，毛泽东在延安干部会议上作了《抗日战争胜利后的时局和我们的方针》的报告。毛泽东向全党指出了国民党发动内战的危险性，让大家提高警惕，并强调党的方针应当是：一方面，要"坚决反对内战，不赞成内战，要阻止内战"；另一方面，必须对蒋的独裁内战进行斗争，"针锋相对，寸土必争"，以军事自卫对付国民党的军事进攻。8 月 23 日，中共中央政治局召开扩大会议，会议认为：内战是可以和必须避免的，和平是可能取得的，并提出了党的口号"和平、民主、团结"。8 月 25 日，中共中央发表《对目前时局的宣言》，明确提出了"和平、民主、团结"三大口号，阐明了中共关于"在和平民主团结的基础上，实现全国的统一，建设独立自由与富强的新中国，并协同英、美、苏及一切盟邦巩固国际间的持久和平"的主张。

除了国共两党提出自己的主张之外，各民主党派，作为民族资产阶级、上层小资产阶级的代表，在国内拥有一定的影响力和发言权，主张"民主统一，和平建国"，希望把中国建成为一个"采取英、美民主制度"的"自由独立的民主国家"。1945 年 8 月 15 日，中国民主同盟发出《中国民主同盟在抗战胜利声中的紧急呼吁》，提出"民主统一，和平建国"的口号和十项政治主张。9 月 4 日，中国第三党领袖章伯钧对时局发表谈话，呼吁全国各党派共同努力，和平建国。此后，三民主义同志联合会、中国人民救国会、中国民主建国会、中国民主促进会、九三学社、中国致公党等民主党派和人民团体，也积极要求实行民主政治，和平建国，反对内战，极力劝说国共两党真诚合作，共建国家。

二、中国共产党争取和平民主的斗争

全面抗战八年，中国国力消耗甚多，国人渴望和平。英美等国也正忙于处理日本投降事务，不希望中国再有内战。8 月 14 日，在《中苏友好同盟条约》签订之日，蒋介石电邀毛泽东到重庆进行和平谈判，共商国际国内各种重要问题。此后，蒋又于 20 日、23 日连发两电邀请毛泽东到重庆和谈。8 月 23 日，中共中央政治局召开扩大会议，研究毛泽东赴渝参加谈判一事。会议决定先由周恩来前往重庆，毛泽东随后再去。8 月 25 日，中共中央政治局决定毛泽东、周恩来、王若飞立即飞赴重庆参加和谈。中共态度的转变受到国际一些因素的影响，美国方面出于自己利益考量，希望战后中国有个和平局面，派遣驻华大使赫尔利奔走国共两党之间，撮合和平，并保证毛泽东赴渝谈判的人身安全。苏联领导人斯大林曾两次来电督促毛泽东赴渝。8 月 22 日斯大林来电指示：中国不能打内战，否则中华民族有被毁灭的危险，毛泽东应赴重庆参加和谈。① 不久，斯大林又来电督促毛泽东赴渝和谈。此时，中共认为不经过谈判，难以揭穿国民党鼓吹和平的虚伪性，广大人民不易识破其反动本质，最终决定参加重庆和谈。

8 月 27 日，蒋介石派军事委员会政治部长张治中，偕同美国驻华大使赫尔利，乘专机到延安迎接毛泽东。28 日，毛泽东等人飞赴重庆。毛泽东等人到重庆参加和谈，受到各阶层民众的热烈欢迎。重庆《大公报》发表社评说："毛先生能够惠然肯来，其本身就是一件大喜事"；抗战胜利后，"我们再能做到和平、民主与团结，这岂不是国家喜上加喜的大喜事"！

会谈从 8 月 29 日开始，至 10 月 10 日结束。国共双方分别指派代表。国民党代表是张群（四川省主席）、王世杰（外交部长）、张治中（军委政治部长）、邵力子（国民参政会秘书长），中共代表是周恩来（军委副主席）、王若飞（中央秘书长）。双方代表负责有关国内和平问题的具体谈判。谈判期间蒋介石和毛

---

① 沈志华. 斯大林的"联合政府"政策及其结局（上）[J]. 俄罗斯研究，2007（5）：76.

泽东进行了 8 次直接商谈。

9 月 3 日，中共代表以"谈话要点"的方式提出中共方案，"要点"共十一项，主要内容包括：确定和平建国方针，以和平、团结民主为统一的基础，实行三民主义；拥护蒋介石的领导地位；承认各党各派的合法平等地位；承认解放区政权及抗日部队；结束国民党的党治，等等。9 月 4 日，国共双方代表正式会谈。9 月 8 日，国民党代表根据蒋介石亲拟的《对中共谈判要点》，对中共的方案进行书面答复，表示接受中共代表提出的和平建国、承认党派合法平等、结束党治等项主张，对召开政治协商会议问题也表示基本同意，但对于解放区政权及作为合法地方政府坚决不同意，对军队编组问题设置种种限制。这些问题成为双方争论的中心问题。由于分歧甚大，斗争激烈，中间一度终止谈判。国共双方代表历经 12 次艰苦谈判，于 10 月 10 日国共双方代表签订《政府与中共代表会谈纪要》（即《双十协定》），并公开发表。主要内容有：和平建国的基本方针，长期合作，坚决避免内战，召开政治协商会议、党派平等合法，等等。但是谈判未能就解放区政权、国民大会等问题达成协议，军队问题实际上也未解决。对于这些难以解决的重大问题，国共双方将继续协商或提交政治协商会议解决。

《双十协定》签订后，10 月 11 日毛泽东返回延安，周恩来等在重庆继续同国民党商谈未解决的问题。

重庆和谈结束之后，国共双方虽达成一些共识，但军事冲突未有所缓和；相反，随着国民党军队进入华北、华中和东北，双方之间争夺战略要地的战斗日益激烈。经过几个月的作战，国民党军队在战略上处于不利境地。在这种情况下，美国着手调整对华政策。12 月 15 日，马歇尔作为美国总统特使启程赴华，调停国共冲突。同日，针对中国政局，美国总统杜鲁门发表声明，希望"中国人民不应放过任何机会，迅速用和平协商的方法结束内部的不和"，停止敌对行动，召开各党派代表会议。26—27 日，美苏英三国外长在莫斯科举行会议，会后发表关于中国问题的公报，表示："在国民政府下，有一统一与民主之中国，国民政府各级机构中民主党派之广泛参与以及内部冲突之停止，均属必要。"迫于外部压力，12 月 31 日，国民政府宣布定于 1 月 10 日在重庆召开政治协商会议。在会议召开之前，国共双方代表于 1946 年 1 月 3 日就停止军事冲突和恢复交通问题举行会谈，1 月 5 日达成了《关于停止国内冲突的协议》，停止国内各地一切军事冲突，恢复一切交通。1 月 10 日国共双方签署《关于停止国内冲突的命令和声明》，国共双方规定停战令于 1 月 13 日午夜生效。

政治协商会议也于 1 月 10 日在重庆国民政府礼堂召开。会议由国民政府主持，参加会议的代表 38 名，其中国民党代表 8 名，共产党代表 7 名，中国民主同盟代表 9 名，无党派代表 9 名，中国青年党代表 5 名。与会人员进行了热烈地讨论和激烈地争议。会议历时 22 天，于 1 月 31 日闭幕，会议通过了五项协议：政府组织案、国民大会案、和平建国纲领、军事问题案、宪法草案。政协协议虽然不同于中共的新民主主义纲领，但对国民党一党专政、独裁政治和内战政策有明显的限制作用。

对政治协商会议通过的决议，中共是非常满意的，给予了高度的评价，并表示坚决执行各项决议。

相比中共对政协决议的满意，国民党方面对政协决议有着强烈的不满。因为政协决议从某种程度上来说限制了国民党的诸多权力，打破了国民党的一党专政。为此，1946 年 3 月 1 日至 17 日，国民党在重庆召开了六届二中全会，会议的主题集中在政协决议、中苏条约和东北问题上。国民党某些人士群起抨击政协决议，说是"国民党的失败"，是"党国自杀"。受党内各方压力的影响，蒋介石最终表态予以支持，提出对政协宪法草案决议，要"就其荦荦大端，妥筹补救"。最终此次会议作出了旨在根本推翻政协关于宪法草案中规定的各项民主原则的决议。中共和各民主党派对国民党的破坏政协决议的举动予以强烈地谴责和严厉地驳斥。

3 月 20 日至 4 月 2 日，国民党又召开了国民参政会四届二次会议，中共参政员拒绝参会。蒋介石在会议上宣称"政治协商会议在本质上不是制宪会议，政协会议关于政府组织的协议案，在本质上更不能代替约法"，发出了全面内战的政治宣言书，从根本上推翻政协会议关于改组政府等项协议。中共对国民党方面肆意破坏政协决议的行为，进行了针锋相对的斗争。4 月 4 日，周恩来对中外记者发表谈话，指出："中共是处在保护这些决议的地位的。我们坚决反对一切动摇、修改或推翻政协协议的阴谋活动。"

国共两党达成的第三个重要协议是《关于军队整编及统编中共部队为国军之基本方案》，此方案是依据政协通过的《和平建国纲领》，实行军队国家化，由军事三人小组国民党代表张治中、中共代表周恩来及美方马歇尔签署，于1946 年 2 月 25 日公布。方案核心内容：整编全国军队，陆军国共双方之比为5：1，即国 5 共 1。整军方案公布之后不久，因国共双方矛盾激化，小规模武装冲突不断，各方都在扩军，整军方案事实上流产。

抗战胜利后，中共在争取和平民主的同时，并没有放松战争的准备。1945年底，中共中央发出《减租和生产时保卫解放区的两件大事》《一九四六年解放区工作的方针》等党内指示，强调"站在自卫立场上，尽一切努力粉碎国民党的进攻，仍是各解放区的中心工作"。1946年3月和5月又发出《中央关于目前时局及对策的指示》和《中央关于练兵的指示》，采取了一系列重大措施，加强军队和解放区的建设。

在加强军队建设方面，首先，调整军队编制，编组野战军。至1946年6月，中共军队共127万余人，其中野战军61万余人，有27个野战总队（师）及6个野战旅，地方军66万余人。同时，在东北及华北的部队接收了可以装备几十万人的日式武器弹药（包括机枪、大炮和飞机）。中共军队初步形成了野战军、地方军及民兵三位一体的武装体制，完成了由分散兵力打游击战为主，到集中兵力打运动战为主的战略性转变。其次，扩大兵员，壮大军队力量。1945年8月20日，中共中央军委提出，要迅速动员新兵入伍，增加人数为各区现有兵员的三分之一。9月21日，中央书记处发出《关于扩充与扩大兵员问题的指示》，要求补充和扩大军队数十万人；到内战全面爆发时，全军发展到130余万人，民兵扩展到250万人。再次，开展练兵运动，提高军队战斗力。1946年2月1日中共中央在《关于目前形势与任务的指示》中强调"应开展官教兵、兵教官、兵教兵的群众练兵运动"。遵照中央指示，各地开展了大规模的练兵运动，先后对军队进行了政治训练和军事训练，统一了战术思想，提高了军事技术，密切了官兵关系，提高了部队的政治军事素质，为夺取解放战争的胜利作了充分的准备。

在加强解放区建设方面，首先，开展了减租减息运动。各解放区在1945年冬到1946年春，开展了大规模的、群众性的减租减息和复查减租运动。在新解放区展开减租减息运动，一般是在控诉清算运动的基础上进行，即在中共领导下，开展对汉奸、特务的控诉清算和公审。在老解放区，开展了复查减租运动，复查各地对减租减息法令的贯彻情况。通过普遍的减租减息，农村封建势力被削弱，广大农民获得了经济利益，享受到民主与自由。其次，开展了土地改革。随着减租减息运动的深入发展，各解放区的农民对于解决土地问题的要求日益迫切。在山西、河北、山东等解放区，已有部分农民通过清算霸占、清算不合理负担等方式，直接从地主手中取得土地。为满足农民群众对土地的需求，中共中央于1946年5月4日发出了《关于土地问题的指示》（即"五四指示"），决定将抗战以来实行的减租减息政策，改变为实现"耕者有其田"的政策。"五四指示"的提出，标志着中共在农民土地问题上由抗战时期的削弱封建剥削，向变革封建土地关系、废除封建剥削制度的过渡。各解放区坚决贯彻"五四指示"，进一步发动群众，逐步深入开展了土地改革运动。至1947年春，全解放区有三分之二的地区，基本实现了耕者有其田。土地改革运动极大地调动了农民的政治热情和生产积极性，为解放战争的胜利提供了更加可靠的保证。再次，开展了生产运动。各解放区采取诸多有效措施，解决生产中的问题和困难。在农业方面，采取了发放农业贷款、兴修水利、组织互助合作、改进生产技术等项措施，促进了农业的发展。在工业、矿业、商业方面，实行扶植奖励和劳资两利政策，使上述行业得到迅速恢复并进一步发展。解放区生产运动的开展，为解放战争的胜利，奠定了坚实的物质基础。

三、国民党发动内战和解放区军民的自卫战争

1946 年 3 月占据中国东北的苏军开始撤出。为阻止军事冲突，军事三人会议在重庆召开，3 月 27 日签订了《调处东北停战协定》。5 月 3 日，苏军从中国东北撤退完毕。东北国共冲突更趋激烈。在美方代表马歇尔调停之下，国共双方于 6 月 6 日分别下发"东北暂时停战声明"，从 7 日正式生效。东北暂时处于休战状态，而关内中原地区全面性内战爆发。

1946 年 6 月 26 日，国民党以围攻中原解放区为起点，相继在晋南、苏皖边、鲁西南、胶济路及其两侧、冀东、绥东、察南、热河等地，向解放区发动大规模进攻，全面内战爆发。国民党用于进攻解放区的总兵力为 193 个旅（师）160 万人，占其全部正规军兵力的 80%。国民党方面的战略企图是先安关内，再图关外。蒋介石对此次战争充满信心，声称，只需三个月到六个月，便可取得胜利。

面对全面内战的爆发，中共中央及时地确定了用自卫战争粉碎国民党军队的进攻，以恢复国内和平的方针。为了能够以劣势兵力击败国民党的进犯，取得自卫战争的胜利，中共中央在军事、政治、经济上制定了一系列正确的方法和政策。

在军事方面，人民解放军实行"以歼灭敌军有生力量为主要目标，不以保守或夺取地方为主要目标""以集中兵力打运动战为主，以分散兵力打游击战为辅"的作战方法。在作战中要集中绝对优势兵力，各个歼敌。还特别强调，在国民党军武器占据优势的条件下，在每一战役中，人民解放军必须集中 4 倍、5 倍、6 倍的绝对优势兵力，以各个歼敌。这样才可以在敌强我弱的条件下，创造各个战役中的优势，最有效地打击敌军，最充分地补充自己，使反革命力量愈战愈弱，革命力量愈战愈强，并取得最后胜利。

在政治方面，确定了放手发动群众，团结一切可以团结的力量，建立最广泛的民族民主统一战线，彻底孤立国民党反动集团的原则。中共中央明确指出，在农村中，要紧紧依靠贫农、雇农，团结中农，坚决地解决土地问题；对一般

富农、中小地主同汉奸、豪绅、恶霸应加以区别，以减少敌对分子，使解放区得到巩固。在城市中，要依靠工人阶级，团结小资产阶级、民族资产阶级和一切进步分子，并注意争取中间分子，孤立反动派。在国民党军队中，应争取一切可能反对内战的人，孤立好战分子。

在经济方面，必须一切依靠自力更生，作持久打算。为了应付长期战争，解放区应有计划地发展生产和整理财政，坚决实行发展经济、保障供给、统一领导、分散经营、军民兼顾、公私兼顾等方针。在财政供应上，既要满足自卫战争的物质需要，又要使人民生活有所改善。同时，必须提倡节约，力戒浪费。

依靠上述方针和原则，中共军队在自卫作战中不断击败国民党的军事进攻。

中原解放区中共军队在内战全面爆发后，遵照中共中央关于"立即突围，愈快愈好，不要有任何顾虑，生存第一，胜利第一"的指示，在李先念、郑位三、王树声等人率领下冲破国民党军队的重重围剿，完成了战略转移任务。

在苏中解放区，粟裕指挥华中野战军主力3万余人迎击国民党军队12万余人，从7月中旬至8月下旬，七战七捷，歼敌5万多人。同时期，陈毅指挥山东野战军主力在淮北战场迎击国民党军，歼灭了一部分国民党军队。9月初国民党军队加强了攻势，9月19日占领苏皖解放区首府淮阴。华中局势急转直下，华中、山东野战军节节运动防御，主力逐步转移，战场由华中转向山东。在其他战场，刘伯承、邓小平指挥晋冀鲁豫解放军在陇海路沿线歼灭国民党军3万余人；贺龙等指挥的晋绥部队和聂荣臻指挥的晋察冀部队，先后进行了晋北战役和大同、集宁战役，歼敌2万人。1946年7月至10月，在为时4个月的作战中，人民解放军共歼灭国民党军队30万人，自损约12万余人，但由于俘虏补充、伤病员伤愈归队、翻身农民参军，兵力有所上升，增至137万人。国民党军队占领解放区县以上城市153座，其中包括张家口、淮阴、菏泽等一些解放区的中心城市。

11月15日至12月25日，由国民党包办的"国民大会"在南京召开。参会代表中国民党方面占85%，其余为青年党、民主社会党和若干"社会贤达"。中共和民盟没有出席。会议通过了《中华民国宪法》。1947年1月29日，美国驻华使馆发表声明，宣布美方退出军事三人小组及军事调处执行部。1月30日，国民政府宣布解散军事三人小组及北平军事调处执行部。3月8日，中共驻国统区的全部工作人员撤回延安。国共关系完全破裂。政治进程中断，军事斗争继续。

在华东战场，1946年12月中旬，华中野战军和山东野战军举行了宿北战役，歼敌2万余人。此后，山东野战军和华中野战军合编组成华东野战军，陈毅任司令员兼政委，粟裕任副司令员。1947年1月我军发起鲁南战役，歼敌5.3万余人。2月中旬，举行莱芜战役，歼敌7万余人。在晋冀鲁豫战场，刘伯承、邓小平、陈赓等指挥人民解放军歼敌6万余人，粉碎了国民党军队打通平汉路和偷袭延安的计划。在晋察冀战场，聂荣臻指挥部队歼敌1.6万人。在东北战场，林彪、罗荣桓、陈云、萧劲光等指挥部队歼敌5.8万余人，使东北国民党军队由攻势转为全面守势。

在1946年11月至1947年2月的作战中，人民解放军歼灭国民党军队41万余人，收复和新解放的城市87座；国民党军队占领解放区城市87座。

1947年3月，蒋介石鉴于战线广阔，兵员不足，被迫放弃对解放区的全面进攻，改以陕北和山东解放区为重点，实行"双矛攻势"的重点进攻，而在晋冀鲁豫、晋察冀和东北等战场转取守势。

陕北解放区是国民党军队重点进攻的一个主要目标。1947年2月28日，蒋介石飞赴西安，决定调集34个旅约25万余人，进攻延安和陕甘宁解放区，企图"摧毁敌方党、政、军神经中枢，动摇其军心，削弱其国际地位"。在此地区的西北人民解放为彭德怀、习仲勋部，兵力2.6万余人，另有3个地方旅和1个骑兵师1.6万余人。

由于国共双方兵力过于悬殊，中共中央决定暂时放弃延安，依靠有利地形，采取"蘑菇战术"，与敌军周旋，伺机歼敌。3月13日，胡宗南部发起大规模进攻，3月19日中共军队主动撤离延安。3月29日，中共中央召开政治局会议，决定由毛泽东、周恩来、任弼时率中共中央和人民解放军总部机关留在陕北，指挥全国解放区军队的作战；由刘少奇、朱德、董必武等组成中央工作委员会，转移到华北，负责中央委托的工作。西北人民解放军实行"蘑菇战术"，与胡宗南部在陕北黄土高原进行周旋，并于3月至5月间，连续进行青化砭、羊马河、蟠龙三次作战，歼敌1.4万余人，基本稳定了陕北战局。

山东解放区是国民党重点进攻的另一个主要目标。1947年3月，国民党从各地调集24个整编师60个旅约45万人的部队进攻山东解放区，企图消灭华东野战军。华东野战军在陈毅、粟裕、谭震林的指挥下，实行高度机动、寻机歼敌的战法，于4月下旬在泰安歼灭国民党军整编七十二师2万余人，接着于5月中旬在孟良崮一举围歼被称为国民党军队"五大主力"之一的整编七十四师3万余人，击毙中将师长张灵甫，沉重打击了国民党军队。

在孟良崮战役后，国民党又集中9个整编师25个旅的兵力，于6月25日再次向鲁中解放区发动进攻。华东解放军为配合晋冀鲁豫野战军的战略进攻，先后在鲁南、鲁西和鲁中三个方向作战，极大地调动和分散了国民党军，打乱了其进攻步伐,从而基本粉碎了国民党对山东解放区的重点进攻。

在国民党军队对陕北、山东解放区发起重点进攻时,其他解放区的人民解放军则对收缩兵力、转入守势的国民党军队实施反攻。其中晋冀鲁豫野战军于1947年3月至5月,歼敌5万余人。晋察冀野战军于4月至6月,歼敌5万余人,打通了晋察冀与晋冀鲁豫两大解放区的联系。东北民主联军于5月至7月,对国民党军队发起夏季攻势,歼敌8万余人。在1947年3月至6月的作战中,人民解放军歼灭国民党正规军和非正规军合计40.7万余人,人民解放军的兵力增加到195万人,武器装备明显改善,军政素质大大提高,为解放战争从战略防御转向战略反攻创造了极为有利的条件。

第二节 国民党政府处于全民的包围中

本节教学步骤一:导入(5分钟)

播放视频资料:《刘邓大军千里跃进大别山》

本节教学步骤二(45分钟):

一、全国解放战争的胜利发展

(一)人民解放军转入战略进攻

经过人民解放军一年的防御作战,战争形势发生了重大变化。

1. 两军军力的消长

1947年7月,国民党军总兵力下降为373万人,其中正规军下降为150万人,战线太长,战略性的机动兵力大为减少,而且士气低落。人民解放军总兵力则增为195万人,其中正规军100万人,武器装备得到很大改善,野战军机动兵力大大增强。

2. 重大战略决策

为彻底粉碎国民党将战争继续引向解放区、进一步破坏和消耗解放区的人力物力的阴谋,中共中央作出重大决策,不待完全粉碎敌人的战略进攻,不等解放军在数量上占有优势,立刻将主力打到外线去,举行全国性的反攻,将战争引向国统区。

3. 揭开人民解放战争战略进攻的序幕

1947 年 6 月底，刘伯承、邓小平率领的晋冀鲁豫野战军主力，实施中央突破，千里跃进大别山。陈毅、粟裕指挥的华东野战军主力为东路，挺进苏鲁豫皖地区。陈赓、谢富治领导的晋冀鲁豫野战军一部为西路挺进豫西。三路大军相互策应，机动歼敌。调动和吸引国民党军南线全部兵力 160 多个旅中约 90 个旅左右于自己周围，使国民党军处于被动地位。同时，彭德怀率领的西北野战军，谭震林、许世友率领的华东野战军山东兵团，聂荣臻率领的晋察冀野战军，徐向前率领的晋冀鲁豫野战军太岳兵团等仍在内线作战的人民解放军也在加紧发起攻击，渐次转入反攻。同年夏季，林彪、罗荣桓率领的东北民主联军发动反攻，从根本上改变了东北战局。各个战场上的攻势作战，构成了人民解放军全国规模的战略进攻的总形势。

（二）提出"打倒蒋介石，解放全中国"的口号

1947 年 10 月 10 日，中国人民解放军总部发表宣言，提出"打倒蒋介石，解放全中国"的口号，极大地鼓舞了解放军指战员和全国人民的斗志。1947 年12 月，中共中央在陕北米脂县杨家沟召开会议，制定了夺取全国胜利的行动纲领。毛泽东指出，"人民解放战争正在不断取得胜利"，"中国革命已经进入高潮"。这是蒋介石二十年反革命统治由发展到消灭的转折点，这是一百多年来帝国主义在中国的统治由发展到消灭的转折点。

二、土地改革与农民的广泛发动

（一）从"五四指示"到《中国土地法大纲》

在解放战争胜利发展的同时，解放区开展了轰轰烈烈的土地改革运动。毛泽东指出："如果我们能够普遍地彻底地解决土地问题，我们就获得了足以战胜一切敌人的最基本的条件。"①

1. "五四指示"

1946 年 5 月 4 日，中共中央发出《关于清算减租及土地问题的指示》，决定将抗日战争时期实行的减租减息政策改变为实现"耕者有其田"的政策。1947 年下半年，解放区即有 2/3 的地区基本上解决了农民的土地问题。

2. 《中国土地法大纲》

1947 年 7 月至 9 月，中共中央在河北省平山县召开全国土地会议，制定并

---

① 毛泽东选集：第 4 卷［M］. 北京：人民出版社，1991：1252.

通过了《中国土地法大纲》，明确规定"废除封建性的土地制度，实现耕者有其田的制度""乡村中一切地主的土地和公地，由乡村农会接收"，分配给无地或少地的农民。

3. 土地改革的总路线和总政策

依靠贫雇农，团结中农，有步骤、有分别地消灭剥削制度，发展农业生产。

（二）土地改革运动的热潮

《中国土地法大纲》指引着在封建制度压迫下的亿万农民群众，迅速掀起了土地改革运动的热潮。

1. 兵民是胜利之本

到 1948 年秋，在一亿人口的解放区消灭了封建生产关系。广大农民分得土地并在政治上获得翻身之后，其组织程度空前提高，农村生产力得到解放，工农联盟进一步巩固和加强，大批青壮年踊跃参军。解放区人民不仅将粮食、被服送到前线，而且成立运输队、担架队、破路队等随军组织担负战争勤务。他们还广泛建立和发展民兵组织，配合解放军作战。人民解放战争获得了源源不断的人力、物力支援。

2. 土地制度改革，是从根本上摧毁中国封建制度根基的社会大变革

土地改革使广大农民深刻认识到：中国共产党是自身利益的坚决维护者。因而自觉地在党的周围团结起来。这就为打败蒋介石、建立新中国奠定了深厚的群众基础。

三、第二条战线的形成和发展

（一）国民党统治区的政治经济危机

国民党发动内战遭遇了深刻的政治经济危机。在政治上失去民心的同时，其经济也逐步崩溃。

1. 政治危机

国民党蒋介石集团迅速失去民心最主要的原因，就是坚持反共反人民的内战政策。另外，还由于其专制独裁统治和官员的贪污腐败。抗战后期在大后方"大发国难财"就已人心尽失，而在抗战胜利时"大发胜利财"又使沦陷区人民感到极度失望。连国民党"劫收"大员自己都感叹"在一片胜利声中，早已埋下了一颗失败的定时炸弹"。

2. 经济危机

随着内战的持续，军费开支数额竟占其财政支出的 80%。1946 年，国民政

府财政收入 2.88 万亿元，支出为 7.56 万亿元，财政赤字达 4.7 万亿元。1947 年国民政府财政赤字为 29 万亿元，1948 年上半年就高达 435 万亿元。为筹措巨额军费，国民政府除了对人民征收苛重的捐税以外，更无限制地发行纸币。1848 年 8 月，法币发行总额比 1937 年增发 47 万倍，物价跃至 7225862 倍。恶性通货膨胀引起物价飞涨，人民一次又一次地遭到洗劫，民族工商业走向破产。1947 年，工业产量较 1936 年减少 30%。失业人数陡增，工人和城市居民濒临无法生存的境地。同时，农村经济急剧衰退。1947 年，农作物总产量比 1936 年减少了 33%~44%。饥民遍地，饿殍载道。1947 年，全国饥民达 1 亿人以上。公教人员和居民学生的生活陷入绝境，国民经济严重危机，国统区工农业生产严重萎缩，人民处于饥饿和死亡的境地。这迫使全国各阶层人民团结起来，同蒋介石政府进行你死我活的斗争，除此以外，再无出路。

（二）学生运动的高涨

在上述背景下，国统区以学生运动为先导的人民民主运动迅速地发展起来，成为配合人民解放战争的第二条战线。

1."一二一"运动

1945 年底，以西南联大为主体，昆明学生针对国民党当局积极从事内战准备，掀起的以"反对内战，争取自由"为主要口号的学生爱国运动。

2. 抗暴运动

1946 年 12 月 30 日，北平爆发的抗议驻华美军暴行的运动（又称"一二三"运动）。截至 1947 年 1 月 10 日，12 天内抗暴斗争扩展到 14 个省 26 个城市，参加罢课、游行等的学生总数达 50 万人。

3."五二〇"运动

1947 年 5 月 20 日，南京、北平等地爆发的反饥饿、反内战运动。随后这个运动迅速扩大到上海、杭州、武汉、广州等 60 多个大、中城市，学生罢课、游行同工人罢工、教员罢教等各阶层人民的斗争汇合到了一起。1947 年 10 月以后，爱国学生一次次地掀起反抗斗争的浪潮，学生运动的主要口号由"反饥饿、反内战"改为"反迫害"。

四、人民民主运动的发展

学生运动极大地促进了国统区人民民主运动的高涨。

1. 请愿遭殴

1946 年 6 月 23 日，上海人民团体联合会和平请愿团赴南京请愿，在南京下关遭到当局指使的大批暴徒围殴达 5 个小时，团长马叙伦和代表雷洁琼等多人受伤。

2. 罢工抢米

1947 年间，全国 20 多个大、中城市中，先后有 120 万工人举行罢工。5 月到 6 月城镇饥民的"抢米"风潮席卷包括苏、浙、皖、川等省的 40 多个大小城镇。

3. 民变蜂起

农民不断掀起反抗当局抓壮丁、征粮、征税的斗争浪潮。仅 1947 年 1 月民变地区就达 300 多个县。中共地方组织在粤（含海南岛）、鄂、皖、闽、赣、川、滇、桂、黔等省农村中恢复和发展人民武装，进行武装斗争，建立游击根据地。

总之，一方面，解放区军民奋起保卫民主政权和革命成果，坚决以革命战争反对蒋介石发动的反革命战争；另一方面，国统区以学生运动为先导的人民民主运动也广泛兴起，形成了配合人民革命战争的第二条战线。蒋介石反动政府已经陷入全民的包围中，再也找不到逃脱的办法。

五、各民主党派的反蒋爱国民主运动

（一）各民主党派的历史发展

中国的民主党派，少数成立于大革命时期和十年内战时期，多数成立于抗日战争和解放战争时期，主要有中国国民党革命委员会（简称民革）、中国民主同盟（简称民盟）、中国民主建国会（简称民建）、中国民主促进会（简称民进）、中国农工民主党（亦称第三党）、中国致公党、九三学社、台湾民主自治同盟（简称台盟）。中国各民主党派的社会基础主要是民族资产阶级、城市小资产阶级以及同这些阶级相联系的知识分子和其他爱国分子。它们所联系和代表的不是单一阶级，而是这些阶级、阶层的人们在反帝爱国和争取民主的共同要求基础上的联合，是阶级联盟性质的政党。在它们的成员和领导骨干中，还有一定数量的革命知识分子和少数共产党人。在现代中国的政治生活中，各民主党派和无党派民主人士是一支重要的力量。

（二）中国共产党与民主党派的团结合作

1. 与中国共产党一致的爱国、民主、和平主张

各民主党派政纲不尽相同，但都主张爱国、民主、和平，反对卖国、独裁、战争。其主张同中国共产党新民主主义革命政纲基本一致。因此，他们大多同

中国共产党建立了不同程度的合作关系，并在斗争实践中逐步地发展了这种关系。国共谈判和召开政协会议时，民主党派作为"第三方面"，同共产党一起，反对国民党的内战、独裁政策，为和平民主而奔走呼号，既为政协会议的成功作出了自己的贡献，也为维护政协协议进行过不懈努力。全面内战爆发后，各民主党派的大多数人，在拒绝参加伪国民大会和"多党政府"以及反对伪宪法等重大问题上，同中国共产党站在一起。他们还积极参加和支持国统区的爱国民主运动，在第二条战线的斗争中尽了自己的力量。

2. 中国共产党积极地争取和团结的政策

国共谈判、政协会议和解放战争的进程中，中国共产党都及时向各民主党派通报情况，认真听取他们的意见，并就一些重大问题与他们协商，以便采取一致行动。同时，一贯鼓励和支持各民主党派反对国民党独裁统治的斗争。中国共产党十分注意尊重和维护各民主党派应有的政治地位和合理利益。对于他们的某些不妥当意见，则善意地提出批评，诚恳地帮助其进步。毛泽东、周恩来等还同民主党派的领导人和无党派民主人士的代表建立了良好的个人关系，直接对他们进行工作。

各民主党派在这个时期表现的主要方面，是同中国共产党合作奋斗，并在实践中不断进步。中共与民主党派的合作，对于中国人民的解放事业起到了积极的推动作用。

（三）第三条道路的幻灭

民主党派并不是单一阶级的政党，由于组织成分多元、内部政治倾向不一，其自身就不能不在克服错误倾向的斗争中，逐步地求得进步和发展。抗战胜利后，一些民盟领导人认为，当时的形势下，国民党用武力不可能消灭共产党，共产党用武力也不能推翻国民党，为实行中间路线提供了大好机会，完全可以"在国共对立的纲领之外，寻找出第三条道路"。政治上"必须实现英美式的民主政治"，但不准地主官僚资本家操纵；经济上"应当实行改良的资本主义"，但不容官僚买办资本横行。实行中间路线，就是走和平改良的道路，是资产阶级共和国的方案，是旧民主主义的道路。中间路线鼓吹者所代表的是民族资产阶级的要求。民族资产阶级是真诚地希望中国通过建立资产阶级共和国走上独立、富强之路的。但是，这个阶级历来软弱，没有勇气和能力去领导人民进行彻底的反帝反封建革命斗争。同时，这个阶级的政治代表，又由于同封建土地所有制关系密切，提不出彻底的土地革命纲领，这就决定了他们无法动员农民阶级；由于他们主张进行和平的改良的合法的活动，不准备也没有能力建立强大的军队，不敢进行革命的武装斗争，这就决定了他们在没有民主的半殖民地半封建中国政治斗争中，不可能发挥决定性的作用。因此，他们在政治上难以占有较大分量。在此情况下，他们往往就把实现民主政治等愿望寄托在统治阶级让步的幻想之上。抗战胜利后中国面临的是两种命运、前途的尖锐斗争。客观形势决定没有走中间路线的余地。中间路线者一旦进入实际政治斗争，尤其是战争就只能选择其一，而不能选择其他。

国民党当局为维护其独裁统治，不仅极度仇视中国共产党，而且对民主党派、民主人士也充满敌意。民盟等一向主张"以民主的方式争取民主，以合法的行动争取合法的地位"，但当局还是不断对他们施暴迫害。李公朴、闻一多惨遭暗杀，杜斌丞也在西安被杀。许多民盟地方组织成员被逮捕、绑架、屠杀，所办多家报社也被捣毁或遭袭。1947年5月，国民党公布伪造《中共地下斗争路线纲领》，公然诬蔑民主同盟、民主促进会等民主党派"受中共之命，而准备甘为暴乱工具"。10月，当局宣布民盟"为非法团体"，明令对其一切活动"严加取缔"。11月6日，民盟总部被迫在上海发表通告，"即日解散"。新华社在为民盟被解散而发表的评论中说，民主同盟等组织"凭借是言论、出版，而这样的武器也早已被蒋介石没收了"。不允许民盟这样的组织存在，这就"使在蒋介石统治下进行任何和平运动、合法运动、改良运动的最后幻想归于破灭"。曾主张走第三条道路的人士后来说："自由主义者多半希望采取渐进的改良的方法，但当他发现了统治者顽固反动，绝无改良希望的时候，他会毅然走上革命的道路。""革命虽然要流血，为自由主义者所不欢迎，但它可能产生进步，也就不应为自由主义者所反对。"这一说法深刻认识和总结了第三条道路破灭的命运。

（四）民主党派历史上的转折点

1948年开始，许多民主党派转变了立场。1948年1月，民盟领导人沈钧儒等在香港召开民盟一届三中全会，宣布不接受解散民盟的任何决定，并恢复民盟总部。会议宣告：独立的中间路线是"行不通"的。中国共产党"值得每个爱国的中国人赞佩"，民盟"今后要与他们携手合作"，站在人民的、民主的、革命的立场，为彻底推翻国民党反动统治、消灭封建土地所有制、驱逐帝国主义出中国、实现人民的民主而奋斗。中国国民党革命委员会公开表示承认中国共产党的领导地位。其他民主党派也明确表示了参加新民主主义革命的立场。由此，中国人民民主统一战线得到了进一步的巩固和加强，国民党反动政权陷入彻底孤立的境地。

（五）中国共产党领导的多党合作、政治协商格局的形成

1948 年 4 月 30 日，中共中央在纪念五一国际劳动节的口号中提出："各民主党派、各人民团体、各社会贤达迅速召开政治协商会议，讨论并实现召集人民代表大会，成立民主联合政府。"五一口号得到了民主党派和社会各界的热烈响应，从 1948 年 8 月起，各民主党派负责人、无党派民主人士接受中共中央邀请，分别从香港、上海、北平及海外，陆续进入东北、华北解放区。章伯钧等提出，政治协商会议就等于临时人民代表会议，即可产生临时中央政府。这个意见为中共中央所接受。北平解放后进入解放区的民主人士在北平汇合。

1949 年 1 月 22 日，李济深、沈钧儒等民主党派和无党派民主人士 55 人联合发表《对时局的意见》，一致认定中共的主张"符合全国人民大众的要求"，表示"愿在中共领导下，献其绵薄，共策进行，以期中国人民民主革命之迅速成功，独立、和平、自由、幸福的新中国之早日实现"。这表明，中国各民主党派和无党派民主人士自愿地接受了中国共产党的领导，决心走人民革命的道路，拥护建立人民民主的新中国。1949 年春，毛泽东提出，民主党派应"积极参政，共同建设新中国"。民主党派参加新政协并将在新中国参政，标志着民主党派地位的根本变化。他们将在中国共产党的领导下，和共产党一道担负起管理和建设国家的历史重任，成为中国人民民主专政的参加者。大多数民主党派和无党派民主人士，经过政治斗争的教育，确认了中国共产党建立人民共和国、走向社会主义政治主张的正确性，认识到只有接受中国共产党的领导，才能在中国政治生活中有效地发挥作用，才有光明的前途。中国共产党领导的多党合作和政治协商制度，就是在这个基础上形成、确立的。因为它符合中国历史发展的规律和中国人民的根本利益，也符合各民主党派和无党派民主人士的意愿。

第三节　人民共和国：中国人民的历史性选择

本节教学步骤一：导入（5 分钟）

播放视频资料：《三大战役》

本节教学步骤二（45 分钟）：

近现代中国面临的两大历史任务，其首要任务就是争取民族独立和人民解

放。革命的根本问题是政权问题。只有领导人民夺取全国政权，建立代表中华民族根本利益的人民共和国，才能完成这个伟大历史任务。1948 年，中国革命的历史进程表明，中国人民完成这个历史任务的时刻已经到来。

一、南京国民党政权的覆灭

三大战役结束后，蒋介石妄图负长江天堑顽抗。1949 年元旦，已退任的蒋介石发表"求和"声明，要求和中共谈判，提出国共划江而治、南北共建的方案。真正意图是借"和平谈判"之名，争取时间，等待美援，巩固长江防线，以便卷土重来。1 月 14 日，正在指挥平津战役的毛泽东以中共中央主席的名义发表关于时局的声明，指出：虽然中国人民解放军具有充足的力量和理由，确有把握，在不要很久的时间内，全部地消灭国民党政府的残余军事力量；但为了尽快结束战争，实现真正的和平，减少人民的痛苦，愿意在惩办战争罪犯、废除伪宪法和伪法统、改编一切反动军队等八项条件的基础上，同国民党政府及其他任何国民党地方政府和军事集团进行和平谈判。① 1949 年 4 月 1 日国共在北平开始和谈。由于国民党政府拒绝在《国内和平协定》上签字，1949 年 4 月 21 日，毛泽东、朱德发布《向全国进军的命令》。人民解放军第一、第三野战军在东起江阴，西至湖口，长达 1000 多里的战线上强渡长江天险，一举摧毁国民党苦心经营了 3 个半月的长江防线。4 月 23 日人民解放军占领南京，宣告延续了 22 年之久的国民党反动统治的覆灭。渡江战役之后，解放军第一、第二、第三、第四野战军所部各路大军继续向中南、西北、西南各省进军，分别以战争方式或和平方式，迅速解决国民党军残部，解放广大国土。国民党蒋介石集团被人民赶出大陆，逃往台湾省。中国新民主主义革命取得了基本胜利，中国共产党的执政地位成为历史必然。

二、人民政协与《共同纲领》

随着解放战争的胜利发展，建立新中国被提上了历史日程。在 1948 年 9 月召开的中共中央政治局会议上，毛泽东论述了新中国的国体，"无产阶级领导的，以工农联盟为基础，但不仅仅是工农，还有资产阶级民主分子参加的人民民主专政"。新中国的政体，即国家政权组织形式是"民主集中制的各级人民代表会议制度"。②

---

① 毛泽东选集：第 4 卷 ［M］. 北京：人民出版社，1991：1389.
② 毛泽东文集：第 5 卷 ［M］. 北京：人民出版社，1996：135.

1949 年 3 月中共中央在河北省平山县西柏坡召开了七届二中全会。会议指出了中国由农业国转变为工业国、由新民主主义社会转变为社会主义社会的发展方向。会议上，毛泽东告诫全党："夺取全国胜利，这只是万里长征走完了第一步，中国的革命是伟大的，但革命以后的路更长，工作更伟大，更艰苦……务必使同志们继续地保持谦虚、谨慎、不骄、不躁的作风，务必使同志们继续地保持艰苦奋斗的作风。"①

在中共中央离开西柏坡时，毛泽东把进北平比作"进京赶考"，说"我们决不当李自成，我们都希望考个好成绩"。

1949 年 6 月 30 日，毛泽东发表《论人民民主专政》，明确指出，"人民民主专政需要工人阶级的领导"，"人民民主专政的基础是工人阶级、农民阶级和城市小资产阶级的联盟，而主要是工人和农民的联盟"，"必须利用一切于国计民生有利而不是有害的城乡资本主义因素，团结民族资产阶级"。② 中共七届二中全会决议和毛泽东的《论人民民主专政》构成了《中国人民政治协商会议共同纲领》的基础，为新中国的建立作了政治上、理论上的准备。

1949 年 9 月 21 日，中国人民政治协商会议第一届全体会议在北平中南海怀仁堂隆重开幕，参加会议的代表共 662 人。新政协筹备会主任、中共中央主席毛泽东在开幕词中向全世界宣告："我们的工作将写在人类的历史上，它将表明，占人类总数四分之一的中国人从此站立起来了。""我们的民族将从此列入爱好和平自由的世界各民族的大家庭，以勇敢而勤劳的姿态工作着，创造自己的文明和幸福，同时也促进世界的和平和自由。我们的民族将再也不是一个被人侮辱的民族了，我们已经站起来了。"

会议通过的《中国人民政治协商会议共同纲领》（以下简称《共同纲领》）在当时是全国人民的大宪章，起着临时宪法的作用。《共同纲领》规定"中华人民共和国为新民主主义即人民民主主义的国家，实行工人阶级领导的、以工农联盟为基础的、团结各民主阶级和国内各民族的人民民主专政""中华人民共和国的国家政权属于人民。人民行使国家政权的机关为各级人民代表大会和各级人民政府""各级政权机关一律实行民主集中制"。《共同纲领》规定"中华人民共和国境内各民族一律平等""各少数民族聚居的地区，应实行民族的区域自治"。《共同纲领》规定：新中国外交政策的原则是"保障本国独立、自由和领土主权的完整，拥护国际的持久和平和各国人民间的友好合作，反对帝国主义

---

① 毛泽东选集：第 4 卷 [M]. 北京：人民出版社，1991：1438-1439.

② 毛泽东选集：第 4 卷 [M]. 北京：人民出版社，1991：1478-1479.

的侵略政策和战争政策"。会议确定了国名、国旗、国歌，通过了中央人民政府组织法，一致选举毛泽东为中央人民政府主席，朱德、刘少奇、宋庆龄、李济深、张澜、高岗为副主席，陈毅等56人为中央人民政府委员。随后，中央人民政府委员会任命周恩来为政务院总理兼外交部长。

1949年9月30日中国人民政治协商会议第一届全体会议闭幕。创建中华人民共和国的筹备工作胜利完成。1949年10月1日在北京天安门广场举行了开国大典。

随后，10月9日，中国人民政治协商会议第一届全国委员会在北京举行第一次会议，选举毛泽东为政协第一届全国委员会主席。

人民政协的召开，标志着中国的新型政党制度——中国共产党领导的多党合作和政治协商制度的确立。

三、中国革命胜利的主要原因和基本经验

（一）中国革命胜利的原因

随着国民党反动统治的覆灭和中华人民共和国的创建，中国新民主主义革命取得了基本的胜利。中国革命的发生和胜利不是偶然的，它有着深刻的社会根源和雄厚的群众基础。

中国革命之所以能够走上胜利发展的道路，是由于有了中国共产党正确的领导。中国共产党作为工人阶级的政党，不仅代表着中国工人阶级的利益，而且代表着整个中华民族和全中国人民的利益。中国共产党人在领导中国革命过程中能够制定出适合国情、符合人民利益的纲领、路线、方针、政策，为革命斗争指明方向。

中国共产党人在革命过程中始终英勇地站在斗争的最前线。自1921年创建至1949年中华人民共和国成立的28年时间里中国共产党为人民解放事业不懈奋斗。许多卓越领导者，如李大钊、瞿秋白、蔡和森、向警予、彭湃、杨靖宇、左权、叶挺，等等，都在斗争中英勇地献出了自己的生命。中国共产党人以行动表明了自己是最有远见，最富牺牲精神，最坚定，而又最能虚心体察民情，并依靠群众的多数的坚强的革命者，从而赢得了广大中国人民的衷心拥护。

工人、农民、城市小资产阶级群众是民主革命的主要力量。在他们中间涌现出了无数无畏的英雄和不屈的战士。随着斗争的发展，民族资产阶级也逐步向共产党靠拢。这种现象曾被人称作是"开万国未有之奇"。

各民主党派和无党派民主人士、各少数民族、爱国的知识分子和华侨等，都在这场斗争中发挥了积极的作用。伟大的爱国者宋庆龄、文化革命主将鲁迅、国民党左派何香凝等，即使在最黑暗的时期，也始终坚持革命立场，与共产党人站在一起。邓寅达、李公朴、闻一多等，在反独裁、争民主的斗争中献出了自己的生命。民主党派的领导人李济深、张澜、沈钧儒、黄炎培等，爱国侨领陈嘉庚、司徒美堂等，也都先后成了共产党的亲密朋友。

中国革命的胜利，同国际无产阶级和世界各国人民的支持也是分不开的。毛泽东说："假如没有苏联的存在，假如没有反法西斯的第二次世界大战的胜利，假如没有打倒日本帝国主义，假如没有各人民民主国家的出现……那么，堆在我们头上的国际反动势力必定比现在不知要大多少倍。在这种情形下，我们能够胜利吗？显然是不能的。"[①]

（二）中国革命胜利的基本经验

中国共产党在领导人民革命的过程中，积累了丰富的经验，"统一战线，武装斗争，党的建设，是中国共产党在中国革命中战胜敌人的三个法宝，三个主要的法宝"[②]。

第一，建立广泛的统一战线。由于中国人民受到帝国主义、封建主义和官僚资本主义的严重压迫，在中国建立革命统一战线的群众基础是十分广泛的。建立广泛的统一战线，是坚持和发展革命的政治基础。统一战线中存在着两个联盟：一个是劳动者的联盟，主要是工人、农民和城市小资产阶级的联盟。一个是劳动者与非劳动者的联盟，主要是劳动者与民族资产阶级的联盟，有时还包括与一部分大资产阶级的暂时的联盟。前者是基本的，主要的；后者是辅助的，同时又是重要的。必须坚决依靠第一个联盟，争取和扩大第二个联盟。巩固和扩大统一战线的关键，是坚持工人阶级及其政党的领导权。为此，必须率领同盟者向共同的敌人作坚决地斗争并取得胜利，必须对被领导者给以物质福利，至少不损害其利益。同时对被领导者给以政治教育，必须对同工人阶级争夺领导权的资产阶级采取又联合、又斗争的政策。

第二，坚持革命的武装斗争。武装斗争是中国革命的主要形式。离开了武装斗争，就没有共产党的地位，就不能完成任何革命任务。没有人民的武装就没有人民的一切。中国的武装斗争实质上是工人阶级领导的农民战争。中国共产党必须深入农村，发动和武装农民，在农村建立革命的根据地，以农村包围

---

① 毛泽东选集：第4卷［M］. 北京：人民出版社，1991：1474.

② 毛泽东选集：第2卷［M］. 北京：人民出版社，1991：606.

城市，才能逐步地争取革命的胜利。为了坚持和发展中国革命，必须建立一支在工人阶级政党绝对领导下的具有严格纪律的同人民群众保持亲密联系的新型人民军队。没有一支人民的军队，便没有人民的一切。这支军队必须实行一系列具有中国特点的人民战争的战略战术。

第三，加强共产党自身的建设。在工人阶级人数很少而战斗力很强，农民和其他小资产阶级占人口大多数的中国，建设一个工人阶级先锋队的党，是极其艰巨的任务。毛泽东的建党理论成功地解决了这个难题。中国共产党首先着重党的思想建设，要求党员用工人阶级思想克服资产阶级、小资产阶级思想，解决思想上入党的问题，培育和发扬理论与实际相结合、密切联系群众和自我批评的作风，在党内斗争中实行"惩前毖后，治病救人"的方针，并创造了在全党通过批评与自我批评进行马克思主义思想教育的整风形式等。

中国共产党正是遵循毛泽东建党理论，在长期的斗争实践中，把自己锻炼成了一个有纪律的、有马克思列宁主义理论武装的、采取自我批评方法的、联系人民群众的党，成为了掌握统一战线和武装斗争这两个武器以实行对敌冲锋陷阵的英勇战士，成为了全国各族人民拥戴的领导核心。

人民民主专政的新中国的创建，标志着近代以来中国面临的争取民族独立、人民解放这个历史任务的完成，这就为中国人民集中力量进行建设，以实现国家的繁荣富强和人民的共同富裕，创造了前提，开辟了道路。

推荐阅读：

1. 毛泽东：《抗日战争胜利后的时局和我们的方针》（1945 年 8 月 13 日）

2.《中国土地法大纲》（1947 年 9 月 13 日）

3. 毛泽东：《论人民民主专政》（1949 年 6 月 30 日）

4.《中国人民政治协商会议共同纲领》（1949 年 9 月 29 日通过）

【教学小结】

教学效果分析：

在本章教学中，教师紧扣教材内容，同时紧密联系现实，使学生把历史与现实结合起来，去除历史虚无主义，提高了对中国共产党执政地位的历史认识。

教学经验：

1. 针对问题。中国共产党为什么会以弱胜强，取得新民主主义革命的胜利？教师针对问题，进行了重点的讲授，并力求精心设计，着力突破，解决学生的困惑。

2. 激发热情。在本章教学中，教师积极宣讲国共两党的斗争博弈，增强大学生对历史为什么选择中国共产党的理解。

改进措施：

以全球化视角看待抗战后的国共两党的斗争，既注重国内外的联系，又注意中国两大政治力量的消长，加深学生对新民主主义革命的认识。

第八章

社会主义基本制度在中国的确立

【教学简况】

授课对象： 大学一年级本科生。

学时安排： 课堂教学 3 学时。

教学目的： 理解和体会中华人民共和国的成立开辟了中国历史的新纪元；了解新民主主义社会的建立及其特点和性质，把握过渡时期总路线的提出反映了历史的必然；了解对个体农业、个体手工业和资本主义工商业社会主义改造的基本完成，懂得社会主义制度在中国建立的伟大意义。

重点难点：

从整个中国近现代的历史发展出发，充分肯定中华人民共和国建立的意义；理解新民主主义社会的特有性质，尤其是其过渡性；从理论、历史背景等方面深入分析中国人民是如何选择社会主义的；从中外历史比较中，突出中国独特的社会主义改造道路及经验。本章的难点是通过比较分析，厘清社会主义改造和改革的辩证关系。

学习思考：

1. 共产党执政前夕面临哪些执政考验？

2. 为什么说新民主主义社会是一个过渡性的社会？

3. 怎样理解社会主义制度在中国的建立是历史和人民的选择？

4. 为什么说社会主义改造是中国历史上最伟大最深刻的社会变革？

5. 怎样理解社会主义改造与社会主义改革的关系？

【教学过程】

教学内容设计： 本章分三节。第一节新中国的成立与新民主主义革命任务的胜利完成，1 学时；第二节制定过渡时期总路线，1 学时；第三节开辟中国社会主义改造道路，1 学时。

教学步骤： 本章第一节通过四个步骤讲解新中国的成立及初步巩固；第二节通过两个步骤讲解新民主主义社会的特点、性质及向社会主义过渡的多维原因；第三节通过三个步骤讲解生产资料私有制社会主义改造特色实施及成就。

教学组织： 课堂教学、课堂讨论等。

板书设计： 多媒体课件与黑板辅助板书。

教学方法： 教师体系讲述、视频、案例分析、讨论等方式。

导入（5 分钟）

从国共内战全面爆发到 1949 年 10 月 1 日中华人民共和国成立，时隔仅有三年零三个月。这样的转变发生得如此之快，在战争开始之时，于中国共产党来说是没有预料到的。革命的迅速胜利使中国共产党由于社会地位、中心任务、工作环境和生活条件等的变化而面临诸多考验。的确，中国共产党凭着一股钻劲和韧性应对着复杂的国际局势变化和国内治理难题。前三年，全力以赴地进行了完成民主改革、恢复国民经济和巩固人民民主专政这些极为繁重的巨大工作，并且进行了抗美援朝战争。后四年，党和毛泽东又审时度势地转变过渡设想，探索了一条中国特色的社会主义改造之路，实现了中国最伟大最深刻的社会变革，且制定实施了"一五计划"，等等。种种努力，为当代中国一切发展进步奠定了根本政治前提和制度基础。

第一节　新中国的成立与新民主主义革命任务的胜利完成

本节教学步骤一：导入（5 分钟）

新中国的成立，开辟了人类历史的新纪元。新中国成立后，全世界都在注视着，纷纷猜测它能否站得住脚，会不会因坚持不住而失败。种种担心不是没有理由的。因为一个独立、统一、人民当家做主的民主共和国虽然已经建立，但是它面对的考验依然十分严峻。当然，考验的重点已不再是军事问题，而是如何巩固新生的国家政权以及收拾好国民党留下的烂摊子，恢复和发展国民经济。国内外一些人对共产党执政和管理经济的能力表示怀疑。国内一些资本家给共产党打分，认为共产党在军事上得满分，在政治上是八十分，而在经济上恐怕要得零分。来自国外的质疑更为普遍。例如，一位美国学者在其著作中写道，"当共产党的军队于 1949 年进军战胜国民党时，他们结束了几十年的战争，不过他们的斗争刚刚开始。中国领导人在恢复中国经济并使之现代化方面遇到巨大的困难"，由此"中共的胜利将不过是昙花一现而已"。然而，中国共产党仅用三年时间，尽管其间还发生了抗美援朝战争，就成功地完成了两大任务。中国共产党交出的这份"答卷"令世人惊叹，而这一切又是如何做到的呢？

本节教学步骤二（5分钟）

一、中华人民共和国的成立

（一）新中国成立的伟大意义

中华人民共和国的成立，宣告中国人民当家做主的时代已经到来，中国历史由此开辟了一个新纪元。

从中国革命历史的宏观视域来看，中华人民共和国成立，彻底结束了帝国主义对于中国人民的长期控制与奴役的局面，中华民族从此摆脱了任人宰割的哀伤历史，实现了百年以来中华民族真正的民族独立和自强。同时，彻底埋葬了剥削制度和剥削阶级，劳动人民真正成为国家和社会的主人。新中国成立以后，劳动人民不仅在经济上获得了彻底解放，而且在政治上也真正享有了管理国家和社会事务的权利。民族独立、人民解放的实现，使得中国进入了一个全新的历史时期，为实现国家富强，人民共同富裕创造了必要前提。

纵观世界革命历史的潮流趋向，中华人民共和国的成立，是继俄国十月革命和世界反法西斯战争胜利之后，世界历史上重大的事件之一。占全世界人口近四分之一的中国取得了人民革命的胜利，世界政治格局亦因此而改变，壮大了世界和平民主和社会主义力量。尤为令人鼓舞的是，新中国的诞生极大地激励和鼓舞了亚洲、非洲和拉丁美洲广大被压迫民族，开展反对帝国主义和反对殖民主义的斗争。

最为值得称颂的是，中华人民共和国的成立是马克思列宁主义的普遍原理同中国革命具体实践相结合的思想即毛泽东思想的胜利。这一胜利证明：中国的革命路径必须根据中国之国情和人民之愿去决定。西方资产阶级共和国的方案在中国行不通，照搬别国无产阶级革命的经验也不会使得中国走向新生。中国革命是沿着中国共产党创造的具有中国特色的革命道路取得成功的。这是对马克思列宁主义的丰富和发展，也是对国际共产主义运动的重大贡献。

（二）中国共产党执政面临的严峻考验

新中国成立初期，刚刚执掌全国政权的中国共产党也面临着许多严重的困难和一些紧迫的问题，主要有：

第一，能不能保卫住人民胜利的成果，巩固新生的人民政权。当时，解放全中国的任务还没有完成；国民党从大陆撤退时遗留下的 100 余万军队、200 多万政治土匪以及 60 多万特务分子还有待肃清；在广大城乡，反动会道门和传统黑恶势力还危害着人民的生命财产安全；在广大的新解放区还没有进行封建土地制度的改革。

第二，能不能战胜严重的经济困难，迅速恢复和发展国民经济。新中国从旧中国接收过来的是一副烂摊子。中国的经济不仅比欧洲发达国家落后了两三百年以上，就是与许多亚洲国家相比也有一定的差距。当时，人均国民收入只有 27 美元，相当于亚洲国家平均值的 2/3。许多工厂倒闭，大批工人失业，通货膨胀，物价飞涨，人民生活遇到极大的困难。

第三，能不能巩固民族独立，维护国家主权和安全。新中国的诞生，打破了帝国主义在东方划定的势力范围，这是以美国为首的西方资本主义阵营不愿意看到的。它们企图通过实行强硬的对华政策，即政治上孤立、经济上封锁、军事上威胁的政策，从根本上搞垮新中国。

第四，能不能经受住执政的考验，继续保持谦虚、谨慎、不骄、不躁的作风和艰苦奋斗的作风。

中国共产党执政以后，从社会地位、中心任务、生活条件、生活环境等各方面都发生了变化。执政后，究竟是当官做老爷，还是继续当人民的公仆？能不能保持党民鱼水深情，避免脱离群众的危险？能否经受住资产阶级糖衣炮弹的袭击，保持战争年代的优良作风？毛泽东在七届二中全会上就已发出谆谆告诫，希望做到"两个务必"，经受住执政过程中来自各方面的挑战。

当然，上述考验从根本上说，是前进中的问题。毛泽东把当时的情况概括为三句话："有困难，有办法，有希望。"他指出："中国人民将会看见，中国的命运一经操在人民自己的手里，中国就将如太阳升起在东方那样，以自己辉煌的光焰普照大地，迅速地荡涤反动政府留下来的污泥浊水，治好战争的创伤，建设起一个崭新的强盛的名副其实的人民共和国。"① 中国共产党就是以这样的气概，带领全国人民为实现国家财政经济的根本好转，为建设新中国而奋斗的。

---

① 毛泽东选集：第 4 卷 [M]. 北京：人民出版社，1991：1467.

本节教学步骤三（15 分钟）

二、祖国大陆的初步统一与人民民主专政的基本巩固

（一）全国大陆的统一和各级人民政权的建立

1946 年 7 月至 1949 年 9 月，解放军已歼灭国民党部队 596 万人，解放国土 67 万平方公里。但在共和国宣告成立时，尚有大片国土还没解放。以广州、重庆为中心负隅顽抗，主要是白崇禧和胡宗南两个集团，有 100 多万残余武装。继续向西南、中南进军以及解决西藏问题，是下一步的重中之重。

各级地方政权的建立是按照《共同纲领》的规定进行的，其步骤是：建立具有过渡性质的政权——军事管制委员会；同时，由上而下地委任人员组成地方人民政府；条件许可后，民主选举建立各级地方人民政府。1950 年 1 月 6 日，政务院通过了各级《人民政府组织通则》，据此建立了由上而下委任的各级人民政府。随后召开各级人民代表会议，选举产生各级人民政府。经过三年的努力，从中央到地方的各级政权全部建立。中央到地方的行政管理层次上，采取大区制：保留战争年代的中央局的建制，与之相应建立大区军政委员会或人民政府委员会。国家的基本制度——人民代表会议制，在全国范围内从上而下地建立起来。

通过上述举措，实现了国家统一和各族人民的大团结；各界人民代表会议的召开，是人民行使权利管理国家政权的重要步骤，让人民成为主人。各党派长期并存，互相监督，共同为建设独立富强统一的新中国而努力，为建设的开展和向社会主义过渡奠定了重要的政治基础。

（二）社会主义国营经济的建立

社会主义国营经济的建立，主要是通过没收官僚资本来实现的。没收官僚资本，是新民主主义革命的一项基本任务。早在 1940 年，毛泽东在《新民主主义论》一文中就指出："大银行、大工业、大商业，归共和国国家所有。"1947 年 12 月，毛泽东又在《目前形势和我们的任务》一文中指出："没收蒋介石、宋子文、孔祥熙和陈立夫为首的垄断资本归新民主主义的国家所有。"《共同纲领》也规定了没收官僚资本归人民的国家所有。

放眼国民党政权，官僚资本是国民党反对政权统治的经济基础。全国解放前夕，国民党政权的国家资本和官僚资本占到全国工业资本的三分之二左右，占到全部工矿、交通运输行业固定资产的 80%，还控制了全国的金融机构，占有全部铁路、公路、航空运输和 44% 的轮船吨位，建立了十几个垄断性贸易公司。因此，没收官僚资本并把其转化为国营经济，既对新中国的经济建设起到重要之作用，同时也对新中国政治建设产生了积极影响。

（三）抗美援朝、镇压反革命运动和"三反""五反"运动

播放视频资料：《抗美援朝》

提出问题：1. 朝鲜战争是真的无法避免吗？2. 到底谁先发动了这场战争？3. 中国要不要出兵参战？抗美援朝是中国唯一正确的选择吗？4. 中美在朝鲜战场打了三年，为什么美国最终未把战火烧到中国大陆？美国为何未在朝鲜使用原子弹？5. 如何看待朝鲜战争的结局？6. 抗美援朝的意义何在？

抗美援朝之所得是否大于所失呢？战争不同于容易量化的商业行为，一般看来，军事行动难免造成生命的损失，可以说都是无法补偿的悲剧。战争的得与失事实上不好衡量，甚至根本不可比。何况自卫战争的主要目的和功能在于"保"，即维护某种既得利益，而不在于"得"，即谋取某种新的利益。因此战争领域，尤其自卫战争的利弊分析，最好运用一种反证法，看战争是否达到了"避害"而非"趋利"的效果。以这样的方法来衡量，那么以保家卫国为基本宗旨的抗美援朝显然不失为一种"两害相权取其轻"的明智决策。应该说，抗美援朝别无选择必须打。

镇压反革命运动：新中国成立初期，党和人民政府虽然在新解放区开展了轰轰烈烈的清匪反霸斗争，在城市中开展了搜捕特务和登记反动党团分子的工作，并在部分地区进行了取缔反动会道门的工作。但是，国民党反动派败逃往台湾后遗留在大陆上的反革命残余势力还相当大。据有关部门的统计，仅西南地区就有土匪 100 万、特务 8 万，还有一批坚持反动立场的反动党团骨干、恶霸分子以及反动会道门头子。这些反革命分子不甘心于自己的失败和人民革命的胜利，继续与人民为敌；从事各种破坏和捣乱活动。特别是美帝国主义发动侵略朝鲜战争之后，他们以为"第三次世界大战"即将爆发，美蒋"反攻大陆"的时机已到，因而反革命气焰更加嚣张。他们破坏工厂、铁路，烧毁仓库、民房，抢劫粮食、财物，散布谣言，以至组织骚乱，袭击、围攻基层人民政府，残杀革命干部和群众中的积极分子，明目张胆地向人民进攻。据统计，1950 年春季到秋季的半年多时间里，广大新解放区就有近 4 万名干部和群众被反革命分子杀害，其中仅广西就达 7000 多人。人民群众迫切要求镇压这些反革命分子。

上述事实说明，不开展一场全国性的镇压反革命运动，人民民主专政便不

能巩固，抗美援朝、土地改革以及国民经济的恢复工作就无法顺利进行，人民的安定生活也没有保障。

"三反""五反"运动：从 1951 年 12 月开始，中国共产党在党内和国家工作人员中开展了反贪污、反浪费、反官僚主义运动，惩治了一批贪污腐化分子，处分了一些犯有浪费、官僚错误的干部。1952 年 1 月 26 日中共中央发出《关于首先在大中城市开展"五反"斗争的指示》，要求在全国城市中，向违法的资本家开展一场大规模的坚决的彻底的反对行贿、反对偷税漏税、反对盗骗国家财产、反对偷工减料和反对盗窃国家经济情报的斗争。此后，"五反"运动迅速开展起来。到 1952 年 8 月，"五反"运动和"三反"运动基本上同时结束。"三反""五反"运动，是新中国成立后对资产阶级进攻的一次重大斗争。这个运动的胜利，进一步巩固了工人阶级在国家中的领导地位，从国家机关内清除了一批阶级异己分子和蜕化变质分子。对于澄清吏治，移风易俗，使干部队伍树立廉洁奉公、艰苦朴素的作风，具有重要意义。

本节教学步骤四（15 分钟）

三、国民经济的全面恢复

（一）恢复国民经济的战略策略方针

恢复国民经济从哪里入手？采取什么步骤？实行什么方针？大约要用多长时间？解答这一系列问题，必须先有一个通盘的规划和部署，有一个明晰的思路。为了保证党的中心任务的顺利实现，七届三中全会着重讨论和确定了党在现阶段所应采取的战略策略方针，即"不要四面出击"。毛泽东着重指出，我们当前的总方针"就是肃清国民党残余、特务、土匪，推翻地主阶级，解放台湾、西藏，跟帝国主义斗争到底"①。因此，"我们不要四面出击。四面出击，全国紧张，很不好。我们绝不可树敌太多，必须在一个方面有所让步，有所缓和，集中力量向另一方面进攻。我们一定要做好工作，使工人、农民、小手工业者都拥护我们，使民族资产阶级和知识分子中的绝大多数人不反对我们。这样一来，国民党残余、特务、土匪就孤立了，地主阶级就孤立了，台湾、西藏的反动派就孤立了，帝国主义在我国人民中间就孤立了"②。

"不要四面出击"的战略策略方针，是党在新中国成立后的形势下，对国内

① 毛泽东文集：第 6 卷［M］. 北京：人民出版社，1999：74.
② 毛泽东文集：第 6 卷［M］. 北京：人民出版社，1999：75-76.

和统一战线内部的阶级关系进行新的分析的基础上提出的，它不仅体现了党历来"打击主要敌人，争取最大多数同盟者"的策略，更反映了党刚刚执掌全国政权时，对慎重处理社会转变时期的社会矛盾保持了高度的清醒，并相应制定了稳健的发展战略。这对于统一全党思想，团结一切可以团结的社会力量，争取国家财经状况的根本好转，进而实现国民经济的全面恢复和发展，具有重要意义。

（二）稳定物价和统一财经

中国共产党收拾国民党留下的千疮百孔的烂摊子，面对的第一只"拦路虎"就是物价飞涨。新中国成立前夜，在 1949 年的 1 月、4 月和 7 月，就有过三次物价的大波动。新中国成立后仅半个月，从 10 月 15 日开始，华北由粮食带头，上海由纱布带头，又掀起了物价大幅度上涨的风潮。接连不断的物价上涨风潮，严重影响了民众生活，带来了整个社会和人心的不稳定。若不能成功遏制物价飞涨局面，不仅恢复国民经济无从谈起，就是新生政权能否站稳脚也会成为疑问。

平抑物价的关键在于稳住上海和其他几个大城市的物价，尤其是上海。只有稳住上海，才能稳住全国。1949 年 5 月 27 日上海解放后，金融投机分子掀起了一次银圆涨价风，每枚银圆的黑市价格从人民币 600 多元上涨到 1800 多元。银圆涨价还带动了整个物价的上涨。6 月 10 日，上海市军事管制委员会查封了证券大楼，沉重地打击了破坏金融的非法活动，平息了这场银圆涨价风，取得了"银圆之战"的胜利，使人民币得以比较顺利地进入市场流通。

在"银圆之战"中受到打击的上海投机资本不甘心失败，很快转向粮食、棉纱和煤炭市场，趁物资极其匮乏之机，大做投机生意，引发又一次全国性涨价狂潮。中国共产党作出了果断的决定，以上海为主战场，打一场平抑物价的"歼灭战"。11 月 25 日，在物价上涨最猛的那天，各大城市按照中央统一部署，一起动手，双管齐下，一方面敞开抛售紧俏物资，使暴涨的物价迅速下跌；另一方面收紧银根，征收税款。这样一来，投机商资金周转失灵，囤积的物资贬值，两头失踏，纷纷破产。到 12 月 10 日，"粮棉之战"取得决定性胜利。上海一位有影响的民族资本家在事后说："六月银圆风潮，中共是用政治力量压下去的。这次仅用经济力量就能压住，是上海工商界所料想不到的。"这是正确运用商品规律驾驭复杂多变的市场取得的成功。

经过"银圆之战"和"粮棉之战"两次交锋，为争取国家财政经济状况的基本好转创造了条件。但是若要从根本上稳定物价，必须做到国家财政收支平

衡和市场物资供求平衡。为此，中国共产党决定，采取统一全国财经工作的重
大步骤，改变战争年代分散管理、各自为政的财政体制，由中央人民政府统筹
全国的财政收支、物资调度和现金管理，做到统一计划，令行禁止。统一财经，
有效地巩固了平抑物价的成果，控制住了通货膨胀的势头。毛泽东高度评价了
这次平抑物价、统一财经，认为其意义"不下于淮海战役"。

（三）合理调整工商业

调整工商业是国家对旧的经济结构进行重新改组的一个组成部分。通过对
私营工商业的调整，利用其有利于国计民生的一面，限制其消极作用，使其在
国营经济领导下进行生产和产销。主要的环节有：调整公私关系，包括调整公
私工商业关系和调整税收负担两个方面。调整公私工商业关系的办法是，在工
业方面，国家对私营工业扩大产品收购和加工订货。这样既可充分利用私营工
业的生产能力，又可将私营工业的生产销售大体纳入国家计划的轨道，同时也
使私营工业从困境中走出来，获得较稳定的正当利润。调整劳资关系：当时的
基本原则是，必须确认工人阶级的民主权利；必须首先从有利于发展生产出发；
劳资问题用协商方式解决，协商不成，由政府仲裁。调整产销关系：主要是贯
彻统筹兼顾的方针。逐步克服生产经营中的盲目性和无政府状态，从而达到产
销平衡。这样做，不仅促进了国民经济的恢复和发展，而且对私营工商业进行
社会主义改造奠定了初步的基础。

（四）土地改革运动

农业的恢复是一切部门恢复的基础，而恢复农业就离不开农民的支持，离
不开农村土地制度的变革。从 1950 年秋收后开始，中国共产党领导的土地改革
运动在新解放区陆续展开，至 1952 年冬、1953 年春，除新疆、西藏等少数民族
地区外，有 3 亿多人口的广大新解放区如期完成了土地制度的改革。获得经济
利益的农民欢天喜地地讲："过去头顶地主的天，脚踏地主的地，现在都成为我
们的了。"土地改革后，农民的生产积极性空前高涨，农村到处呈现一派兴旺的
气象。因战乱而荒芜的大片耕地重新得到开垦。以华东地区为例，土地改革基
本完成的 1952 年，总播种面积比抗日战争前增加了将近一倍。与之相应，主要
农产品产量大幅度上升，农民的生活得到了明显改善。农民购买力的提高推动
了城乡物资交流，扩大了商品流通，促进了市场繁荣，从而对国民经济的恢复
和发展起到了至关重要的作用。

（五）国民经济的迅速恢复

在中国共产党的正确领导下，经过三年紧张而艰苦的工作，到 1952 年底，

国家胜利完成了国民经济恢复时期的各项任务。国民经济得到恢复和发展，人民生活有了较大的改善，新民主主义的政治、经济制度在全国逐步地建立和健全起来，新民主主义的文化得到进一步发展。这一切为向社会主义的转变创造了必要的条件。具体地说，这一时期的主要成就是：

第一，政权建设取得了显著的成就。到1952年9月，全国普遍召开了各级人民代表会议，建立了各级人民政府。各级人民代表会议，以领导生产建设为中心，对国家开展的各项工作，普遍进行了认真地组织和领导，发挥了人民群众对政府工作和干部的支持、监督作用，也培养了一批干部。这说明，我们国家最基本的政治制度——人民代表会议，在全国范围内已经成为人民行使管理国家权力的一个有效的基本组织形式，人民真正成为国家的主人，建立和完善新民主主义的政治制度的任务已胜利完成。

第二，国家的经济结构发生了重大变化，社会主义经济的领导地位大大加强。新中国成立后，建立和发展了社会主义国营经济，成功地调整了工商业和经济结构的改组，使社会主义经济和资本主义经济力量对比发生了巨大变化，工业在整个国民经济中的比重也有了相当的提高。到1952年底，国营工业产值占全国工业总产值的比重，已由1949年的34.7%上升为56%，国家资本主义工业的比重由1949年的9.5%增加到1952年的26.9%。建立和完善新民主主义经济制度的任务已胜利完成。

第三，恢复和发展了工农业、交通运输业和商业外贸等。在短短的3年里，新中国医治了长期战争所造成的创伤，使工农业生产达到或超过了历史最高水平。主要工农业产品的产量，除个别产品外，都超过了新中国成立前的最高年产量。

随着工农业生产的发展，交通运输业也迅速地恢复和发展起来。商业财贸方面，在全国已基本形成了一个以国营商业为领导的、以合作社商业为助手的新贸易网，为城乡物资交流、扩大商品流转建立了组织基础。商品零售额、进出口贸易、国家财政收入大幅度增加，市场物价稳定。

第四，文化教育卫生事业有了较大的发展。全国学生在校人数大幅度增加。县卫生院已全部建立起来。此外，科学研究事业、新闻出版事业、电影广播事业及各种群众文化活动也都有了较大的发展。

第五，人民的物质文化生活有了明显的提高与改善。由于土地改革的完成和农业生产的恢复和发展，农民的生活水平有了较大提高。全国农民的年平均收入增加了30%以上。随着工农业生产的发展，职工就业人数逐年增加。1952年，全国职工人数已达1580万人，比1949年增长97.5%。全国职工年平均工资已达 446 元，比解放前增加了 70%。

党和政府在集中主要力量进行社会改革和恢复国民经济的同时，还不失时机地领导全国人民进行了有重点的经济建设，主要侧重于水利建设、交通运输建设和以电力、煤炭、钢铁为主的工业建设等三个方面。

国民经济恢复时期，在国家财政经济极端困难的情况下，在抗美援朝、恢复经济需要大量资金的情况下，人民政府能将这么多资金用于重点经济建设，充分说明党和政府对经济建设的高度重视，展现了建设新中国的魄力和勇气。新中国成立初期的重点经济建设，不仅有力地促进了国民经济恢复工作的胜利完成，而且为有计划的大规模经济建设积累了经验，创造了条件。

本节教学步骤五（5 分钟）

四、独立自主和平外交的初步开展

（一）"另起炉灶"

"另起炉灶"就是新中国不承认国民党政府同各国建立的旧外交关系，而要在新的基础之上同各国建立新的外交关系。1949 年 10 月 1 日，毛泽东在《中华人民共和国中央人民政府公告》中宣布："本政府为代表中华人民共和国全国人民的唯一合法政府。凡愿遵守平等互利、互相尊重领土主权等原则的任何外国政府，本政府均愿与之建立外交关系。"另外，对于驻在旧中国的各国使节，人民政府将其视作普通侨民对待，不当作外交代表对待。人民政府不承袭旧有的外交关系，最为重要的一点，中央人民政府坚持外交的严肃性，申明建交要经过合法的谈判程序。

（二）"打扫干净屋子再请客"

与之前国民党政府不同的是，中央人民政府并不急于同西方国家建立外交关系，而是主张首先肃清西方势力在华的影响。1949 年 2 月，毛泽东在会见苏共中央委员米高扬时提出了著名的"打扫干净屋子再请客"的外交论断。毛泽东如此指出，我们这个国家，如果形象地把它比作一个家庭来讲，它的屋内太脏了。解放后，我们必须认真清理我们的屋子，把那些脏东西通通打扫一番，好好加以整顿。等屋内打扫清洁、干净，有了秩序，陈设好了，再请客人进来。不难看出，毛泽东认为，如果帝国主义在华经济势力特别是文化影响还很深的情况下与之建交，新中国的独立必然会受到影响。

（三）"一边倒"

新成立的中华人民共和国面对的是以苏联、美国两个超级大国为代表的社会主义阵营与资本主义阵营相对峙的冷战局面。由于美国对于新中国采取敌视政策，苏联对中国人民和革命斗争秉持友好的态度，因此新中国倒向以苏联为代表的社会主义国家顺理成章。出于对国家安全和国际承认之考量，尤其是如何得到经济援助现实利益出发，毛泽东指出："中国人不是倒向帝国主义一边，就是倒向社会主义一边，绝无例外。骑墙是不行的，第三条道路是没有的。"①需要说明之一点，新中国选择倒向以苏联为首的社会主义阵营，绝不是指盲目地听从苏联，而是指在世界斗争的格局中，新中国要坚定地站在社会主义一方，并联合世界上一切爱好和平的国家和人民，同帝国主义地侵略政策和战争政策作坚决斗争。"另起炉灶""打扫干净屋子再请客""一边倒"三大外交方针，构成了新中国初期独立自主的外交方略。

总而言之，新中国成立初期所进行的上述工作及其取得的显著成就，有力地证明，中国共产党和人民政府是能够经受住执政的考验的。广大劳动人民真诚地拥护共产党和人民政府的领导。一些曾经对新中国、新政权、新道路抱有某种疑惑、观望态度的人也开始相信，跟着中国共产党走，这是一条通向中华民族伟大复兴的康庄大道。

第二节　制定过渡时期总路线

本节教学步骤一：导入（5 分钟）

1949 年中华人民共和国成立，这时我们是否进入了社会主义社会？有不少同学一直认为 1949 年 10 月 1 日后的中国就进入社会主义社会了。其实不然，中国革命分两步走，1949 年 10 月 1 日之前，基本上完成了新民主主义革命。通过第二步社会主义革命，中国才进入社会主义社会。那么新中国成立后的新民主主义社会是个什么性质的社会？为何会提前终结？在由新民主主义向社会主义过渡的问题上，促使党和毛泽东改变原定设想的原因是什么？带着这些问题进入本节学习。

---

① 毛泽东选集：第 4 卷 [M]. 北京：人民出版社，1991：1473.

本节教学步骤二（20分钟）

一、新民主主义社会的建立及其过渡性

中华人民共和国的成立，标志着中国新民主主义革命的胜利和社会主义革命的开始，标志着半殖民地半封建社会的结束，中国开始进入新民主主义社会。

（一）新民主主义社会的性质

新民主主义社会不是一个独立的社会形态，但它是属于社会主义体系，并要逐步过渡到社会主义社会的过渡性质的社会。

中国社会从新民主主义向社会主义转变是历史的必然。在新民主主义社会中，在政治、经济、文化等各个方面既有社会主义因素，又有非社会主义的因素。但社会主义因素在政治上、经济上和文化上都处于领导地位，起着决定性的作用，这些社会主义因素的不断增强和壮大，内在地规定着新民主主义社会在具备了一定条件后必然向社会主义社会转变。

在政治上，新民主主义社会实行工人阶级领导的各革命阶级联合专政的人民民主专政。工人阶级领导权和人民民主专政的国家政权是新民主主义社会在政治方面的社会主义因素。但是民族资产阶级、小资产阶级的代表也是人民民主政权的参加者。

在经济上，新民主主义社会实行在国营经济领导下的合作社经济、个体经济、私人资本主义经济和国家资本主义经济五种经济成分并存的经济制度。国营经济在整个国民经济中起着领导作用，但它所占的比重不大。国营经济、合作社经济和国家资本主义经济属于新民主主义经济中的社会主义因素。私人资本主义和个体经济属于资本主义因素。

在文化上，新民主主义文化是马克思主义指导下的民族的、科学的、大众的文化。马克思主义居于指导思想地位，这是新民主主义文化中的社会主义因素。但由于私人资本主义经济和个体经济的存在是合法的，因而反映这种经济基础的思想也必然存在并具有合法性。

中国要走社会主义道路，这是中国共产党人自建党之日起就早已明确的历史使命和奋斗目标。党领导人民进行新民主主义革命的目的"是要建立以中国无产阶级为首领的中国各个革命阶级联合专政的新民主主义的社会……然后，再使之发展到第二阶段，以建立中国社会主义的社会"①。中华人民共和国的成

---

①　毛泽东选集：第2卷［M］. 北京：人民出版社，1991：672.

立，标志着从新民主主义到社会主义过渡时期的开始。

（二）开始采取向社会主义过渡的实际步骤

1949 年，中华人民共和国刚成立时，民主革命的任务尚未全部完成。新中国成立后头三年国内的主要矛盾仍然是中国人民同国民党残余势力和地主阶级的矛盾。七届三中全会决定，党领导人民首先集中力量完成民主革命的遗留任务和进行恢复国民经济，争取国家财政经济状况基本好转的工作，以便为开展有系统的社会主义改造和有计划的经济建设创造条件。在新中国成立后的最初三年，即 1949 年至 1952 年期间，在着重完成民主革命的遗留任务的同时，在一些方面也开始执行社会主义革命的任务。

第一，没收官僚资本，确立社会主义性质的国营经济的领导地位。到 1950 年初，人民政府共接管占全国工业资本三分之二、工交运输业固定资产 80% 的官僚资本的工矿企业 2800 多家，金融企业 2400 余家。这些企业成为新中国成立初期国营经济的主要组成部分。人民政府在新中国成立后很快实行了全国财政经济的统一，大大增强了国家对整个经济过程的宏观调控能力。

没收官僚资本具有双重性质：从反对外国反对帝国主义的附庸——中国的买办资产阶级的意义上看，它具有民主革命的性质；从反对中国的大资产阶级的意义上看，它又具有社会主义的性质。

第二，开始将资本主义纳入国家资本主义轨道。毛泽东指出，国家资本主义是"在人民政府管理之下的，用各种形式和国营社会主义经济联系着的，并受工人监督的资本主义经济"[1]。1952 年，私营工业产值的 56% 已属于加工、订货、统购、包销部分。

第三，引导个体农民在土地改革后逐步走上互助合作的道路。1952 年，全国已有 40% 的农户加入了互助组。

对新民主主义社会的动态观察："我国正处在建设社会主义社会的过渡时期。在我国，这个时期也叫做新民主主义时期，这个时期在经济上的特点，就是既有社会主义，又有资本主义。"[2] 在新民主主义社会中，社会主义因素不论在经济上还是政治上都已经占据领导地位，但非社会主义因素仍有很大的比重，社会主义因素和非社会主义因素彼此斗争着。"中国不变成社会主义国家，就要变成资本主义国家，要它不变，就是要使事物停止不动，这是绝对不可能的。""所以我国只有社会主义这条唯一的光明大道可走，而且不能不走，因为这是我

---

[1] 毛泽东文集：第 6 卷 [M]. 北京：人民出版社，1999：282.

[2] 刘少奇选集：下卷 [M]. 北京：人民出版社，1985：143.

国历史发展的必然规律。"①

本节教学步骤三（20 分钟）

二、工业化的任务和发展道路

新中国成立初期，随着民主革命遗留任务的完成和国民经济的恢复，集中力量进行经济建设进而实现现代化，被突出地提上了党和国家的议事日程。

（一）国家工业化任务的提出

进行经济建设，首先要改善中国工业落后的状况，实现国家的工业化。1952 年国民经济恢复工作完成时，中国工业发展水平较低，甚至无法与 1928 年的苏联相比，而那时的苏联，还没有开始"第一个五年计划"。

当时中国面临的是"一穷二白"的基本国情。对此，毛泽东曾说："现在我们能造什么？能造桌子椅子，能造茶碗茶壶，能种粮食，还能磨成面粉，还能造纸，但是，一辆汽车、一架飞机、一辆坦克、一辆拖拉机都不能造。"②

1952 年的中国与 1928 年的苏联工业发展水平比较

国别	现代工业在工农业总产值中的比重	重工业在工业总产值中的比重
中国	26.6%	35.5%
苏联	45.2%	39.5%

1952 年中国、美国、印度重要工业产品人均产量比较

国别	钢产量	发电量
中国	2.37 公斤	2.76 度
印度	4 公斤	10.9 度
美国	538.3 公斤	2949 度

为实现从农业国向工业国过渡，自 1953 年开始的发展国民经济的第一个五年计划，把优先发展重工业作为建设的中心环节，从此，工业化建设大规模地

① 刘少奇选集：下卷［M］. 北京：人民出版社，1985：144.
② 毛泽东文集：第 6 卷［M］. 北京：人民出版社，1999：329.

开展起来。

（二）社会主义工业化道路的选择

世界历史的经验昭示，成功实现工业化的国家，有的选择资本主义道路，有的采用社会主义方式。中国之所以选择社会主义道路，正如毛泽东所说："资本主义道路，也可增产，但时间要长，而且是痛苦的道路。"①

首先，资本主义式的工业化道路经历了长达几百年的时间，其早期的经济增长基本上经历了如下的过程：土地和自然资源投入的增加以及大量投资发展资本密集的机器大工业（特别是重工业）。所以，资本主义得以发展的必要条件有两点：一是大量货币资本集中在少数人手里；二是大量有人身自由，但丧失了任何生产资料的无产者的存在。

中国不具备建立资本主义社会的必要条件。对于"大量的货币资本集中在少数人手里"这个条件，中国作为一个落后的农业国，资本家资本金额有限，靠他们积累起大量的资本来建设大规模的现代工业，不仅缓慢而且痛苦，几乎不可能。再有"大量有人身自由，但又没有任何生产资料的无产者的存在"这个条件，则意味着中国社会发生剧烈的两极分化，农民将失去土改后的胜利果实而沦为赤贫。这是解放了的中国人民绝不能答应的。

其次，中国的资本主义经济本身脆弱，未能构成独立的比较完整的工业体系和国民经济体系。如果独立后的中国走资本主义道路，无法摆脱对外国资本的依赖，长此以往，将会成为资本主义大国的附庸。

旧中国给我们留下了贫瘠落后的遗产。只有实现社会主义工业化，国家才能独立和富强。

（三）过渡时期总路线反映了历史的必然

中国必须要走社会主义道路，新民主主义社会要过渡到社会主义社会，这在民主革命时期已经明确。但是对于何时过渡，怎样过渡，毛泽东和党的其他领导人的认识经历了发展变化过程。

方案一：1951 年前后，党内大体形成了先用三个五年计划搞工业化建设，再向社会主义过渡的共识。1949 年，毛泽东在中共七届二中全会上作具有历史意义的重要报告。七届二中全会当时提出了两个转变："使中国有可能稳步地由农业国转变为工业国，由新民主主义国家转变为社会主义国家。"

---

① 毛泽东文集：第 6 卷［M］. 北京：人民出版社，1999：299.

在过渡的时间上，认为需要一个相当长的新民主主义建设阶段。

在转变条件上，认为只有实现了国家工业化，才能实现私营工业国有化和农业集体化。

在过渡的步骤和方式上，认为当工业发展了、国营经济壮大了的时候，就可以进一步实行资本主义工商业的国有化和个体农业的集体化。

方案二：建设和改造同时并举，从彻底完成民主革命起即逐步过渡。

设想的改变：由方案一转为选择方案二，即经历了最初设想的先搞一段新民主主义建设，将来"一举过渡"到"从现在开始逐步过渡"的变化。

毛泽东关于过渡的突然改变：

1952年毛泽东和党中央提出了开始过渡的设想。1952年9月，毛泽东给黄炎培的信中还说，对于资产阶级，"我们只应当责成他们接受工人阶级的领导，亦即接受《共同纲领》，而不宜过此限度"①。

但是就在同一个月，亦即1952年9月，毛泽东就在中央书记处的一次会议上提出：我们现在就要开始用10年到15年的时间，基本完成向社会主义的过渡，而不是10年以后才开始向社会主义过渡。这实际上就是开始酝酿和探索过渡时期总路线的思想。10月20日，他委托在苏联休养的刘少奇向斯大林征求意见。1953年2月，毛泽东视察南方时，已经开始宣讲这一思想了。

1953年6月15日，毛泽东在中央政治局会议的讲话中，批判了刘少奇的"确立新民主主义社会秩序"的观点，并正式提出了过渡时期总路线。

分析讨论：突然改变的原因

播放视频资料：《大国崛起——苏联的工业化及成就》

1928年，苏联的工业产值还不到德国的一半，也不到美国的八分之一，全国只有不到三万辆拖拉机，99%的耕种要靠畜力和人力来完成。1932年，第一个五年计划完成，苏联从农业国变成工业国。1937年，第二个五年计划完成，苏联的工业生产总值跃居欧洲第一，世界第二。从当时面临帝国主义的封锁到成为一个欧洲强国，苏联工业化道路的成绩也深深地吸引了中国。

1950年毛泽东出访苏联，参观苏联工业化，增强了建设强大国家的信心，从社会主义的苏联看到了中国的建设方向。

1. 理论依据：是马克思列宁主义关于过渡时期的理论

---

① 毛泽东书信选集［M］．北京：中央文献出版社，2003：405.

"过渡时期"或"革命转变时期"这个特定的历史概念，是由马克思首先提出来的。

1919 年，列宁在《无产阶级专政时代的经济和政治》一文中，比较集中地论述了过渡时期的必要性、特点和性质。他指出："在资本主义和共产主义之间有一个过渡时期，这在理论上是毫无疑义的。这个过渡时期不能不兼有这两种社会经济结构的特点或特征。这个过渡时期不能不是衰亡着的资本主义与生长着的共产主义彼此斗争的时期，换句话说，就是已被打败但还未被消灭的资本主义和已经诞生但还非常幼弱的共产主义彼此斗争的时期。"

列宁还具体分析了当时俄国的历史特点，指出过渡时期的基本经济形式是资本主义、小商品生产和共产主义，基本阶级力量是资产阶级、小资产阶级（特别是农民）和无产阶级。这些基本经济形式和基本阶级力量之间，必然存在着激烈的斗争。无产阶级政党在这个时期的重要任务是，利用无产阶级专政的国家政权，建立社会主义经济，实现社会主义工业化。

2. 文化底蕴和导向："大同"的社会理想

从文化的角度分析，社会主义理想的基本特征与中国传统文化的社会理想追求有很大的一致性，这构成了积极向社会主义过渡的重要文化基础。自古以来，中国先贤对理想社会就有一个朴素的梦想，即以"天下大同"为追求目标。《礼记·礼运》中有一段被后世反复引述的话："大道之行也，天下为公，选贤与能，讲信修睦。故人不独亲其亲，不独子其子，使老有所终，壮有所用，幼有所长，矜寡孤独废疾者皆有所养。男有分，女有归。货恶其弃于地也，不必藏于己；力恶其不出于身也，不必为己。是故谋闭而不兴，盗窃乱贼而不作。故外户而不闭，是为大同。"这段关于大同社会的经典描述，有着"天下为公"的政治理念、"选贤与能"的为政方略、"讲信修睦"的社会秩序，体现了我们的先人们对理想社会的期盼与梦想。从思想内容看，它超越了具体的社会形态，带有对人类的终极关怀性质，具有极强的历史穿透力，这使得它可以在此后的历史发展中始终保持旺盛的生命力，历久而弥新。事实上，自《礼运》篇正式提出大同理想以来，中国人对大同社会的向往和追求从来没有停止过，且随着历史的变迁，传统的大同理想被赋予新的时代特色。

尽管大同理想是多少代中国人内心深处挥之不去的情结，但由于历史和阶级的局限性，无论是两千多年传统社会中风起云涌的农民运动实践，还是近代以来建立资产阶级共和国的种种尝试，都没有也不可能找到实现大同理想的现实路径。

直到十月革命一声炮响，给我们送来了马克思列宁主义，中国人才真正找到了实现民族解放、通往大同理想的现实道路。具体的路径正如毛泽东同志在《论人民民主专政》一文中指出的："资产阶级的民主主义让位给工人阶级领导的人民民主主义，资产阶级共和国让位给人民共和国。这样就造成了一种可能性：经过人民共和国到达社会主义和共产主义，到达阶级的消灭和世界的大同。"这是一条真正的通往理想社会之路，也是通往国家富强、民族振兴、人民幸福之路。所以，1953 年提出向社会主义逐步过渡的实践操作，既是对中国优秀传统文化的继承，又是对中国化马克思主义的发展。这其中蕴含着对大同理想的向往和憧憬，契合了中国人心灵深处的精神信仰和中华民族的文化心理基础。

3. 现实依据：过渡时期的中国国情

（1）提出过渡时期的总路线的必要性

首先，实现社会主义工业化，是国家独立和富强的必然要求和必要条件。

近代以来中国的历史证明，我国已经丧失了通过资本主义工业化进入强国行列的机遇，如果搞资本主义只能成为帝国主义的附庸。而进行社会主义工业化，苏联则是一个现成的榜样。

其次，实现社会主义工业化，需要制度支撑。必须对个体经济和私营资本主义工商业进行社会主义改造。

①小农经济增产潜力有限，难以适应工业化对粮食和工业原料迅速增长的需求，无力为国家工业化积累资金和扩大工业品的市场。

②中国民族资本主义经济不仅工业资本比重小，而且缺乏重工业的基础，依靠它本身的力量无法有力地推进工业化的发展。而且在私营企业和国家各项经济政策之间，在私营经济和国营经济之间，以及私营企业内部资本家与职工之间，利益冲突越来越明显。

案例材料：资本家和工人阶级之间的矛盾

新中国成立初期，建筑工程多由私营营造商承包。

上海有一个只有一部旧钻机的私营业主，承包了 7 个水库的钻探工程，严重影响了工程进度和质量。他本人从偷工上获利 2 万元，又在代购器材上盗骗 1.5 万元。

济南利生行私营业主把旧的流速仪、经纬仪等冒充新货，卖给治淮委员会，不仅使国家损失 3.8 万元，并且使 150 个水文站、雨量站的水文记录失准。

天津市解放 3 年来私营业主偷工减料总值达 2612 万元，以机器、五金、棉纺、医药、橡胶等行业最为严重。更令人无法容忍的是，不法私营业主在承办抗美援朝军用物品中偷工减料。天津 40 多家铁工厂竟使用不合格的废铁、烂铁制造军用铁锹和铁镐。这些镐和锹运到前线，一铲就卷口，一刨就断。

上海商人张新根、徐苗新为国营益民公司代购军用罐头的牛肉。他们在牛肉中掺进一半以上水牛肉和马肉，还掺入发了霉的臭牛肉和死牛肉。先后代购牛肉 89 万斤，盗骗国家款项 20 万~30 万元。

武汉私营福华药棉厂业主李寅廷承制志愿军急救包，领来好棉花 1 万斤，竟全部换成废棉，其中还有 1 千斤是拣来的烂棉花。这批急救包中有 12 万个根本没消毒，带着化脓菌、破伤风菌等就交了货。

上海私营大康药房业主王康年，曾向 25 个机关的 65 个干部行贿。他在药房设立一个"外勤部"，1951 年仅账本上记录的"交际费"就有 1.9 万元。王康年指示他的"外勤部长"：对国家干部要"投其所好，送其所要"。王康年说："大康就是干部思想改造所。"凭这些手段，王康年骗取各机关订货款即有 11 万元，而这家药房原来资本不过 2000 元。

思考：我国在 1949 年至 1952 年底社会矛盾的变化。

1949 年 10 月新民主主义革命胜利后取得全国政权，建立起新民主主义社会。这时，社会的主要矛盾仍然是中国人民同国民党残余势力，地主阶级和帝国主义的矛盾。

1952 年底，当新民主主义革命遗留的任务特别是土地改革彻底完成后，我国社会的主要矛盾是工人阶级同资产阶级的矛盾，这已是社会主义革命需要解决的任务了。

（2）过渡时期总路线实现的可能性

第一，我国已经有了相对强大和迅速发展的社会主义国营经济。到 1952 年，国营工业产值在全国现代工业总产值中的比重，已经增加到 56%，国营批发商业的营业额占全国批发商业营业总额的 60%，社会主义的国营经济在国家经济生活中实际上已居于相对强大的地位。为党提出向社会主义过渡的总路线提供了物质基础。

第二，土地改革完成后，为发展生产，抵御自然灾害，广大农民具有走互助合作道路的要求。1952 年底，全国土地改革已基本完成，土地改革中三亿农民分到了土地七亿亩。为党提出向社会主义过渡的总路线提供了重要依据。

第三，新中国成立初期，国家在利用和限制资本主义工商业的过程中积累了一定的经验。党和国家在合理调整工商业的过程中出现了加工定货、经销代销、统购包销、公私合营等一系列从低级到高级的国家资本主义形式，是党提出向社会主义过渡的总路线的又一个重要因素。

第四，当时的国际形势也有利于中国向社会主义过渡。苏联社会主义的发展已经显示出对于资本主义的优越性，对我国有重要的借鉴作用。朝鲜战争停战也使世界的形势开始和缓。这为实行过渡时期总路线提供了有利的国际环境。

正是从上述因素综合考量以及考虑变化了的实际情况出发，中共中央在1952年底开始酝酿并于1953年正式提出党在过渡时期的总路线，明确规定："党在这个过渡时期的总路线和总任务，是要在一个相当长的时期内，逐步实现国家的社会主义工业化，并逐步实现国家对农业、对手工业和对资本主义工商业的社会主义改造。"当时，对这条总路线的内容有一个通俗的解释："好比一只鸟，它要有一个主体，这就是发展社会主义工业；它又要有一双翅膀，这就是对农业、手工业和私营工商业的社会主义改造。"这里要表达的意思非常明显：主要的任务是实现国家工业化；而为了实现国家工业化，就必须进行社会主义改造，全面确立社会主义基本制度。

历史表明，党提出的过渡时期总路线是完全正确的。

第三节　开辟中国社会主义改造道路

本节教学步骤一：导入（5分钟）

从新民主主义实现向社会主义的转变是历史的必然。但采取怎样的方式进行转变却是一个具体的可操作性的问题。事实证明，我国的社会主义改造是富有成效的，一是因为在我们这样一个几亿人口的大国，完成消灭私有制这样一个深刻而复杂的社会变革，不但没有造成生产力的破坏，反而是在国民经济稳定增长的情况下实现的；二是没有引起巨大的社会动荡，而是在广大人民包括民族资本家的普遍拥护的情况下完成的。这的确是一个伟大的历史性胜利。之所以取得如此骄人的成绩，源于以毛泽东为主要代表的中国共产党人根据马克思列宁主义关于社会主义改造的基本原理，从我国实际出发，制定并实行了一整套适合中国特点的社会主义改造的方针、政策和办法，开辟了一条适合我国国情的社会主义改造道路。

本节教学步骤二（35 分钟）

一、对农业、手工业社会主义改造的基本完成

（一）农业合作化运动

1. 原因分析

问题：长时期以来有人认为我国农业外合作化搞得太早了，似乎没有多大必要，甚至认为违背了生产关系必须适合生产力发展的要求。在 1981 年、1982 年时，出现了"辛辛苦苦几十年，一夜回到解放前"的思潮。至 20 世纪 80 年代中期，我国农村普遍实行联产承包责任制后，有人便对 20 世纪 50 年代的合作化产生了很大怀疑，说什么既然家庭经营好处多，当年何必搞合作化呢？对农业进行社会主义改造有没有必要呢？

土地改革后的农民生产积极性怎样？为什么要引导农民走互助合作的道路？

第一，革命成功后，引导农民走合作化的道路，是马克思主义的一个重要思想。

如何使小农走上社会主义，这是马克思主义的一个重要课题。1884 年恩格斯在《法德农民问题》一文中指出："当我们掌握了国家权力的时候，我们决不会考虑用暴力去剥压小农（不论有无报酬，都是一样）……我们对于小农的任务，首先是把他们的私人生产和私人占有变为合作社的生产和占有，不采用暴力，而是通过示范和为此提供社会帮助。"恩格斯从原则上解决了这个问题，就是引导农民组织合作社。列宁 1923 年在病中依靠别人的帮助撰写了《论合作制》。列宁指出，在国家政权掌握在工人阶级手里，全部生产资料已掌握在工人阶级手里的条件下，"合作社的发展也就是社会主义的发展"。列宁一再要求人们充分认识合作社的重要意义。

第二，一家一户的小农经济难以满足和适应工业化发展日益增长的对商品量和工业原料的需要。

一是农业不能满足工业发展对于商品粮食和工业原料的逐年增大的需要。由于我国农业生产落后，发展速度缓慢，以粮食产量为例：1952 年平均亩产仅一百六七十斤；1953 年比 1952 年增产 1.8%；1954 年增产 3.4%。这是远远跟不上发展速度，满足不了人民物质文化生活水平提高的需要。1955 年，由于某些农作物减少，提供的工业原料不足，这一年生产资料的生产增长17%，而消费品生产仅增长1%，严重影响了工业发展速度。为了缓解矛盾，党和政府下决心实行粮食统购统销政策。

二是个体农业不能满足发展重工业对农村市场的要求。当时中国单干的农民既没有能力购买，也没有条件使用拖拉机及其他农业机器和化学肥料以及现代运输工具等。这样就实际上限制和阻碍了工业的发展。

三是由于小农经济是建立在劳动农民生产资料私有制基础上的小商品生产，这种小商品经济的自发性，同社会主义经济有计划按比例发展的要求不仅不相适应，而且往往会打破国家计划。这就是说民主政权和社会主义建设事业不能建立在最巨大最统一的社会主义工业和最分散最落后的农民小商品经济两个不同的基础上。如建立在这两个不同基础上，会使整个国民经济全部崩溃。

第三，防止农村出现新的两极分化。

第四，互助协作能形成新的生产力。

案例：河北遵化县的"穷棒子社"

1952年10月"穷棒子社"成立时有23户农民，有230亩薄山地，有简单的生产农具和"三条驴腿"。成立社的当天大家自报牲口时，有的报自己有驴六分之一股，有人报有八分之一股，有人报有十八分之一股。用玉米粒一计算，结果全社总共才有一头驴的四条驴腿的2.8，勉强算作"三条驴腿"。这头驴社里用3天，社外用1天，过个把月再给社外补用1天。他们人穷志不穷，难不倒，穷不散，艰苦奋斗，打破旧习惯变冬闲为冬忙，安排少数劳力带领半劳力作春耕准备，做到肩不离担手不离锹，送粪，搂石头，平整土地。壮劳力顶风冒雪到30里外的山上打柴，20多天的战斗，打回4万多斤柴，卖了430多元钱，买回了1头骡子、1头牛、19只羊、一辆铁皮车，还有一部分零星农具。当年创下粮食亩产254斤，超过互助组上半年平均产量将近一倍，平均每户分粮1400多斤，取得很大成绩。"谁说鸡毛不能上天？"这反映了我国农民互助合作的积极性和其优越性。这种积极性为农民走合作化道路准备了条件。

土地改革以后，党不待农民的政治热情冷却，不待农村发生激烈的阶级分化，即积极领导农民走互助合作的道路。1951年12月，中共中央下发了《关于农业生产互助合作的决议（草案）》，草案指出，要"按照自愿和互利的原则，发展农民劳动互助的积极性"。1953年，国家对主要农产品实行统购统销，限制农村的商业投机；并大力发展供销合作和信用合作，既保证了农民生活的需要，又为全面推进农业社会主义改造创造了条件。

2. 引导农民走向社会主义的几种经济组织形式

名　称	劳动（经营）方式	土地及生产资料归属	公有财产占有量	分配方式	性质	实施的时间
互助组	集体劳动，共同使用一些牲畜、农具	私有	少量		社会主义萌芽	1949 年 10 月至 1952 年底
初级农业生产合作社	土地入股，统一经营	土地、牲畜、大农具私有	较多	土地分红和按劳分配相结合	半社会主义	1953 年至 1955 年上半年
高级农业生产合作社	统一经营，集体劳动	集体所有（农民的大牲畜、大农具折价归集体）	绝大部分	各尽所能，按劳分配	社会主义	1955 年夏季后至 1956 年底

（1）农业生产互助组（1949—1953 年）

性质：带有社会主义萌芽的集体劳动组织。

特点：由几户或十几户农民，按照自愿互利的原则组织起来，共同劳动，换工互助，以解决社员间缺乏劳动力、耕畜和工具的困难。土地、耕畜、农具等生产资料仍归农民个人私有。有常年互助组和临时互助组。

（2）初级农业生产合作社（1954—1955 下半年）

性质：半社会主义性质的农业集体经济组织。

特点：按照自愿互利原则，将私有土地作股入社，实行统一经营；耕畜和大型农具交社统一使用；社员集体劳动，产品统一分配，在扣除农业税、生产费用、提留公基金和公用基金后，剩余产品按照入股土地和其他生产资料使用报酬，以及劳动报酬进行分配。社员以"按劳分配"的原则取得报酬。劳动报酬一般高于土地报酬。

（3）高级农业生产合作社（1955 下半年—1956 年底）

性质：完全社会主义性质的农业集体经济组织。

特点：社员私有土地无代价地转为集体所有，耕畜、大型农具按照自愿互利折价归社。实现了土地、耕牛、大型农具等主要生产资料的公有化。允许社员利用工余、假日耕种自留地和经营家庭副业，作为集体经济的补充。高级社的劳动产品由社统一分配。

今天在我国广大农村出现一些新型农村经济合作社，与我国 20 世纪 50—60 年代建立与发展的传统农村合作社比较，这些新型农村合作经济组织存在与之相区别的三个方面的特征，即：承认和保障农民的财产所有权和生产资料所有权，不触及家庭承包经营体制；承认和保障农民的民主权益，坚持"自愿、民主、开放"的原则，坚持"民办、民管、民受益"；不以区域为限，可以实现跨村、跨乡、跨县、跨市甚至跨省的合作。这些组织的出现和发展，有效解决了农村经济发展中缺乏强有力的参与市场竞争的经营主体，生产至销售诸环节手段落后，抗市场风险和自然灾害的能力太弱等重大问题。

3. 农业合作化运动的过程

（1）从 1949 年 10 月到 1953 年底，以发展互助组为主，同时试办初级社。

前期的健康发展

年代名称	1951 年底	1954 年底
互助组	400 多万个	1000 万个
初级社	300 多个	48 万个
参加互助合作的农户	2100 万户	7000 万户
在全国农户总数中的比重	19.2%	60.3%

（2）1953 年底至 1955 年春，是初级社大发展时期。

停止发展，全力巩固，秋后看情况再定；对数量大问题多，超过主观力量的，要适当收缩一部分。

（3）1955 年夏到 1956 年底为普遍办高级社阶段。

农业合作化运动的高潮

1955 年夏季，中共党内发生了一场关于农业合作化发展速度问题的争论。毛泽东指责由邓子恢主持的中央农村工作部犯了"右倾机会主义错误"，是站在群众运动后面指手画脚的"小脚女人"。

怎样看待合作化高潮？

这次错误地批判失误在哪里？

一是对改造的艰巨性、复杂性、长期性认识不足。列宁曾指出：改造小农，改造他们的整个心理和习惯，这件事需要花几代人的时间（绝对的平均主义和落后的习惯）。二是对党内的不同意见和正常争论，错上了路线斗争之纲。三是粮食问题所带来的压力。

党内为什么支持毛泽东的《关于农业合作化问题》的报告，就是大家都希望加快合作化的进程解决我国的粮食棉花等供应问题。这也有不切实际之处：一是苏联解决粮食问题的成果，并不像宣布的那样令人振奋。二是土改后的农民，既有互助合作的积极性，又有个体经营的积极性，农民都愿意先把自己的一份地种好，个体经营的积极性还远没有发挥完毕。三是，经验和认识限制，很容易产生公有化程度越高就越能促进生产力发展的思想。

在 1955 年夏季之后，合作化的发展开始违背了客观经济规律，出现了要求过急、工作过粗、改变过快、形式过于简单划一的缺点和偏差。到 1956 年底，全国入社农户占总农户的 96.3%，5 亿多农民在党的领导下通过合作化，走上了社会主义道路。

4. 农业合作化的经验总结

第一，在中国的条件下，可以运用趁热打铁的方法，走先合作化、后机械化的道路。

第二，充分利用农民的两种积极性，采取积极领导、稳步前进的方针，遵循自愿互利原则，采用先典型示范、后逐步推广的方法。

第三，创造了经过社会主义萌芽性质的临时互助组到常年互助组，发展到半社会主义性质的初级农业生产合作社，再到社会主义性质的高级农业合作社，由低级到高级逐步过渡的形式。

第四，要始终把是否增产作为衡量合作社是否办好的根本标准。

（二）手工业合作化运动

在对农业进行社会主义改造的同时，也对个体手工业实行了社会主义改造。手工业与城乡人民生活有密切关系，在国民经济中占有相当的比重。但是，作为个体经济的手工业，经营分散，生产规模小，技术落后，劳动生产率很低，因此必须通过合作化对手工业进行社会主义改造，使之能够适应国家工业化建设和人民生活的需要。

第一步是办手工业供销小组。

第二步是办手工业供销合作社。

第三步是建立手工业生产合作社。

二、资本主义工商业的社会主义改造

（一）和平赎买政策实施的原因

"挂红旗五心（星）不定，扭秧歌进退两难。"

"早归公，晚归公，早晚要归公；迟共产，早共产，迟早要共产，不如早共产。"

提出问题：这反映了新中国成立初期哪个阶级的心情？是怎样的心情？1949 年，当人民解放军横扫全国之际，各地私营老板是怎样的心情？

据 1947 年的一项统计，上海有工厂 7738 家，占全国 12 个主要城市工厂总数的 54.9%。1948 年统计，全国 190 家商业银行中，总行设在上海的有 67 家。上海的保险公司占全国总数的 87%。上海的轮船公司船舶吨位总计 950702 吨，占全国总吨位的 80%。

当时上海市工业总产值当中，私营企业产值占 76%，可谓举足轻重。

1949 年 5 月 24 日夜，人民解放军第三野战军第 9 兵团第 27 军，在军长聂凤智指挥下，从外滩方向攻入上海市区。25 日上午，聂凤智在上海街头巡视：远远近近鳞次栉比的高楼大厦，已经挂起鲜艳的红幅迎接解放军，小巷子里也都贴上了欢呼解放的标语。在南京路，在成都路……工人和市民们涌上街头跳起秧歌，人们高喊："天亮了！"而战士们则齐声欢唱《我们是人民的子弟兵》，作为回答。

但是在喜庆的锣鼓中，上海的私营老板却没有这般振奋。特别是人民政府和军管会在两个月之内没收了 411 家官僚资本企业和单位，将其变为国营企业之后，私营老板更是两股战战。也许是对共产党不够了解，也许觉得自己一大堆私有财产与共产主义宗旨不大切合，也许多年来受了国民党那一套"共产共妻"宣传的影响，他们心怀忐忑。对解放军三大纪律八项注意，他们高度赞扬；对"发展生产、繁荣经济、公私兼顾、劳资两利"的经济政策，就打上了问号；对各厂普遍组织工人成立工会，则感到麻烦和恐惧，怕以后管不住工人，没法生产，甚至会清算自己。借韩愈的话来说，老板们此刻是"足将进而趑趄，口将言而嗫嚅"。当时他们最害怕的，是搞社会主义。消灭资本主义有两种方式：暴力剥夺、和平方式。对中国的资本家，采用什么方式呢？

如何实现"剥夺剥夺者"的目标？党内曾产生不同的意见。有人认为：采取把民族资产阶级挤垮的办法；也有人主张通过国家政权无偿没收等。刘少奇对这些错误的主张提出了批评，他指出："资本家接受了共产党的领导，成立了工商业联合会，参加了政治协商会议，拥护宪法，努力完成加工订货（当然也有一些五毒行为），这时候忽然一下实行没收，那就没有信用了，政治上就很不利，站不住脚。"还是要对其采取和平改造的方法。

1953年夏天，中央政治局连续召开会议，讨论对资本主义工商业进行改造的问题。出席会议的领导同志，都同意采用国家资本主义形式，逐步把资本主义工商企业改造为社会主义企业。只有高岗反对。在几次政治局会议上他一言不发。毛泽东要李维汉找高谈谈。散会后李问高有何意见。高问："你读过斯大林的《论反对派》没有？"李说："读过。"高立即用尖刻的语调说："布哈林不也是主张和平进入社会主义吗？"显然，高岗对实行的和平改造是有一定的误解的。那么，我国当时为什么要采用和平赎买？我国对资本主义工商业能够实行和平"赎买"吗？

在中国实行和平赎买政策的必要性和可能性。

必要性：①由于中国经济落后，需要利用私营工商业有利于国计民生的积极作用，促进国民经济的恢复发展。②政治上有利于争取和稳定民族资产阶级，巩固和发展统一战线。③有利于发挥民族资本家的知识和才能，为社会主义建设服务。

可能性：①人民民主专政的国家政权和巩固的工农联盟，以及强大的国营经济，使资本家不得不接受改造。②民族资产阶级在过渡时期仍有两面性，经过教育，他们认识到只有接受改造才有出路。③中共采取了"双重改造"正确的政策。

因此，和平赎买政策才能够在马克思、恩格斯设想过，列宁想尝试而未成功的情况下在中国实现。

（二）资本主义工商业改造的过程

1. 在1953年年底以前，主要是实行初级形式国家资本主义阶段

新中国成立后，通过调整工商业、"五反运动"、对私营工商业的加工订货、统购包销、经销代销，使这部分企业的生产和经营开始纳入国家计划的轨道。到1953年底，初级形式的国家资本主义在私营和公私合营工业总产值的比重已达53.6%。

2. 从1954年到1955年夏，主要是实行个别企业公私合营阶段

对于接受总路线和国家资本主义，工商界各阶层人士的内心世界是极其矛盾的。他们认为，新民主主义"很优越"，还是"让我们多喊几声新民主主义万岁吧"。所以，总路线对他们震动很大。有的资本家自问"1949年为什么不讲

总路线？"认为"那时讲，人都跑了；现在讲出来，谁也没办法"。因此虽然对总路线不满，但又无可奈何。有的资本家形容自己的处境是"上了贼船""跟着走，能有出路""逆着办，只有下水""船在河中，只好认头"。

这一时期，在中央相关文件的指导和推动下，公私合营工作得到较快的发展，公私合营企业在 1953 年有 1036 户，1955 年增加到 3193 户，其产值占私营和公私合营工业总产值的 49.6%。这时，国家对资本家赎买的形式是"四马分肥"，企业的利润大部分归国家和工人。企业合营后，社会主义成分占领导地位。到 1955 年秋，京、沪、津等地的部分行业先后实行了全行业公私合营，创造了改造的新经验。

企业利润实行"四马分肥"形式，即国家税收：34.5%；职工福利：15%；企业公积金：30%；资本家红利：20.5%。

这种国家资本主义主要不是为资本家的利润而存在，而是为了供应人民和国家的需要而存在，就具有了很大的社会主义性质。

3. 从 1955 年秋到 1956 年，是实行全行业公私合营阶段

农业合作化高潮的到来，推动资本主义工商业改造步伐的加快。1956 年 1 月，北京首先宣布实现全行业公私合营；到年底，全国 8.8 万户私营工业企业的 99%、240 万家私营商业企业的 82.2%，实现了公私合营。这标志着资本主义工商业的社会主义改造已基本完成。此时，国家实行定息制度，作为给资本家的补偿，并妥善安排他们的生活。

全行业公私合营后的赎买政策：对私股实行定息办法，即把资本家的利润限制在一定的息率上，统一规定年息为五厘，当时国家决定付息 7 年，后又延长 3 年，共计 10 年。定息成了资本家所有权的残存形式，企业已全部由国家管理使用，企业基本上已是社会主义性质的了。到后来，按照商定的期限将定息取消，就变成完全的社会主义公有制的国营企业了。

（三）资本主义工商业改造的基本经验

1. 用和平赎买的方法改造资本主义工商业

马克思主义认为，无产阶级夺取政权后，消灭资本主义所有制，可以有两种办法：一种是用无偿没收资本家财产的办法，另一种是用和平赎买的办法。马克思、恩格斯都曾说过，假如采取赎买的办法来消灭资本家私有制，"那对于

我们是最便宜不过了"①。列宁在十月革命胜利以后，曾设想通过和平赎买的办法使资本主义私有制过渡到社会主义公有制，但俄国的资产阶级采取敌对的态度，列宁的设想没能实现。

赎买就是国家有偿地将私营企业改变为国营企业，将资本主义私有制改变为社会主义公有制。

赎买的具体方式不是由国家支付一笔巨额补偿资金，而是让资本家在一定年限内从企业经营所得中获取一部分利润。

2. 采取从低级到高级的国家资本主义的过渡形式

创造了一系列从低级到高级的国家资本主义的过渡形式。所谓低级形式的国家资本主义就是委托加工、计划订货、统购统销、委托经销代销等。这时的私营工商业基本上仍然是资本主义经济，但它同社会主义国营经济建立了密切的联系，具有社会主义萌芽的因素。高级形式的国家资本主义是公私合营。公私合营又分个别企业的公私合营和全行业的公私合营两种形式。前者具有半社会主义的因素，后者则已经具备完全的社会主义因素。在对资本主义工商业改造中，通过国家资本主义由低级形式到高级形式的逐步推进，比较切合人们的认识水平和心理承受能力，从而避免了因生产关系变化而造成对社会生产力的破坏。

3. 把资本主义工商业者改造成为自食其力的社会主义劳动者

注意把对企业的改造与对人的改造结合起来，在把私有制企业改造成公有制企业过程中，把资本家改造成为自食其力的劳动者。毛泽东强调："对资本主义工商业的社会主义改造，是把所有的人都包下来。资产阶级作为一个阶级是要消灭的，但人都包下来了。工商业者不是国家的负担，而是一笔财富，他们过去和现在都起了积极作用……要对工人说清楚，我们采取这个政策对整个民族是有利的，对工人、农民、中小工商业者都是有利的。"毛泽东认为，给资本家付定息，是"楚弓楚得""肥水没有落入外人田"，是"国家的购买力"，是合情合理的。"我们这样做，对亚非国家和欧洲的一些国家的影响也很大。"

案例材料：红色资本家荣毅仁

1956 年 1 月，记者直率地问："消灭剥削，废除资本主义制度对于你失去了什么？得到了什么？"

荣毅仁很快就答道："对于我，失去的是我个人的一些剥削所得，它比起国

---

① 马克思恩格斯选集：第 4 卷［M］．北京：人民出版社 2012：375．

家第一个五年计划的投资总额是多么渺小；得到的却是一个人人富裕、繁荣强盛的社会主义国家。对于我，失去的是剥削阶级人与人之间的尔虞我诈、互不信任；得到的是作为劳动人民的人与人之间的友爱和信任，而这是金钱所买不到的。因为我积极拥护共产党和人民政府，愿接受改造，在工商界做了一些有利于社会主义的工作，我受到了政府的信任和人民的尊重，得到了荣誉和地位。从物质生活上看，实际上我并没有失去什么，我还是过得很好。"

社会主义改造有两方面，一方面是企业、制度的改造，一方面是人的改造。二者是互相作用、互相促进的。把对资本家的团结、教育、改造政策同对企业的利用、限制、改造政策有机结合起来，是我国社会主义改造的一个创举。

（四）资本主义工商业改造的不足

一是公私合营的面过宽。在改造高潮中，把一些小业主、小商贩都改造合并，造成商业网点太少，给居民生活带来不便。

二是对一些原私营工商业者的使用和处理不当。在运动高潮时，将一大批不属于资本主义工商业者的小商小贩和小手工业者以及其他劳动者也带入了公私合营企业，将他们当作资产阶级对待。

本节教学步骤三（10分钟）

三、社会主义基本制度在中国的全面确立

随着社会主义改造的基本完成和社会主义公有制的确立，社会主义的基本经济制度在中国建立起来。中国从此进入社会主义社会。

（一）过渡时期完成后中国社会的变化

政权性质：新民主主义政权（新政协）→社会主义的人民民主专政（人大）

我踏进会场，就看见很多人，穿制服的，穿工服的，穿短衫的，穿旗袍的，穿西服的，穿长袍的，还有一位戴瓜皮帽的——这许多一望而知不同的化合物，而他们会在一个会场里一起讨论问题，在我说是生平第一次。

——费孝通参加北平市首届人民代表大会的感受

依据材料，分析新社会的政治生活和社会变革的特点（平等性、广泛性和深刻性）。

经济基础：多种经济形态并存→单一公有制经济（三大改造）

生产力水平：落后的农业国→初步建立起社会主义工业化的基础（一五计划）

1952 年与 1957 年各种经济成分在国民收入中所占比重比较

名称 年代	国营 经济	合作社 经济	公私合营 经济	个体 经济	资本主义 经济	非公经济 合计
1952 年	19%	1.5%	0.7%	72%	7%	79%
1957 年	33%	56%	8%	3%	0.1%	3.1%

阶级结构：四大阶级成分→社会主义劳动者（三大改造）

主要矛盾：阶级矛盾→先进的社会制度同落后的生产力之间的矛盾

宪法保障：《共同纲领》→《中华人民共和国宪法》

（二）社会主义改造过程中出现的失误

1. 缺点和偏差：1981 年 6 月通过的《关于建国以来若干历史问题的决议》用了"要求过急，工作过粗，改变过快，形式也过于单一"四个"过"。

案例材料：东来顺

1956 年 1 月 25 日，在第六次最高国务会议上，毛泽东向陈云提出了一个"小问题"：为什么东来顺的羊肉变得不好吃了？

东来顺是北京城里一家有 150 年历史的老字号饭馆，以涮羊肉出名。其羊肉"薄如纸、匀如晶、齐如线、美如花"，投入汤中一涮即熟，吃起来又香又嫩，不膻不腻。1955 年，东来顺搞了公私合营，改名为民族饭庄，从此它的羊肉再也涮不出原来的鲜美味道了。民间因此有人调侃说："资本主义的羊肉经社会主义改造后，就不好吃了。"这些言论传到了毛泽东的耳朵里。

陈云对这一现象也早已观察到了，自从公私合营之后，很多老字号的质量明显下滑，除了东来顺的羊肉，常常被群众议论的还有全聚德的烤鸭。这家烤鸭店的烤鸭变得"烤不脆，咬不动，不好吃了"。

毛泽东谈政治与经济的关系："搞社会主义不能使羊肉不好吃，也不能使南京板鸭、云南火腿不好吃，不能使物质的花样少了，布匹少了，羊肉不一定照马克思主义做，在社会主义社会里，羊肉、鸭子应该更好吃，更进步，这才体现出社会主义比资本主义进步，否则我们在羊肉面前就没有威信了。社会主义一定要比资本主义还要好，还要进步。"（1956 年在知识分子会议上的讲话）

2. 正确认识三大改造出现的偏差和问题：

课堂讨论：社会主义改造存在着某些缺点和偏差，某些不足和遗憾，怎样评价社会主义改造？在中国社会主义改革与社会主义改造关系问题上，有人说："早知今日，何必当初？"如何看待这种观点？

①社会主义改造和社会主义改革的目的，都是为了解放和发展生产力，尽管两者之间有着本质的区别。前者是为了在中国确立社会主义基本经济制度，后者则是社会主义制度的自我完善，但它们之间同时又是紧密联系，不可分割的。

②无论是社会主义改造还是社会主义改革，都是时代发展的要求，都有其发展的内在必然性，是中国共产党人在中国建立和发展社会主义历史进程中两个前后相继，不可或缺的环节。没有社会主义的改造，就不会有社会主义制度在中国的确立。同样，没有社会主义改革也就没有中国特色社会主义建设事业的巨大发展。

③社会主义改革不是对社会主义改造的否定，而是对社会主义改造的继承、纠正和发展。社会主义改造后期过于急促和粗糙，出现了一些偏差和失误，遗留了一些问题。社会主义改革是对社会主义改造的一些遗留问题的纠正，并在此基础上继续前进。因此，社会主义改革不是对社会主义改造的否定，也不是要回到改造前的状态，而是对生产关系和上层建筑中不适应生产力发展要求的部分进行调整和改革，是社会主义制度的自我完善和发展，目的是进一步解放和发展生产力。

推荐阅读：

1. 毛泽东：《为争取国家财政经济状况的基本好转而斗争》，《毛泽东文集》第6卷，人民出版社1999年版。

2. 毛泽东：《革命的转变和党在过渡时期的总路线》，《毛泽东文集》第6卷，人民出版社1999年版。

3. 毛泽东：《关于农业合作化问题》，《毛泽东文集》第6卷，人民出版社1999年版。

4. 李维汉：《关于〈资本主义工业中的公私关系问题〉给中央并主席的报告》，《建国以来重要文献选编》第4册，中央文献出版社1993年版。

5. 沈志华：《毛泽东、斯大林与朝鲜战争》，广东人民出版社2004年版。

【教学小结】

教学效果分析：

本章围绕新中国的成立及其巩固、新民主主义社会向社会主义社会的过渡、三大改造等内容展开授课。在教学过程中，运用了比较多的典型案例、视频，并结合教学组织了一定时间的课堂讨论。多种多样的教学手段和方法，有利于学生对新中国成立的伟大意义、新民主主义社会的性质及其提前向社会主义转变的原因分析、中国特色的社会主义改造之路等相关知识的理解和掌握，把基础知识的学习和问题的深入分析密切结合起来，启发引导，收到了较好的教学效果。

教学经验：

本章内容的教学采用灵活多样的授课方式，以案例教学、影像教学和讲授法为主要教学方法，辅之以课堂讨论，对具体问题的分析阐释层次清晰，条理性强，做到了以学生为主体，寓教于乐，潜移默化之中提升大学生的党性和历史素养，这对于实现本课程的教学目的非常重要。

改进措施：

新中国成立初期的政治、经济、外交等活动较多，由于课堂教学时间的限制，不可能对所有内容一一详释，需择其要者精讲；应对教学模式进行改进，以课堂讨论为主体的互动环节需要加强和优化；加大实践教学的分量和力度，理论的学习和实践相结合，历史和现实的对应思考，可以增强学生的问题鉴析辨别能力。

第九章

社会主义建设在探索中曲折发展

【教学简况】

授课对象：大学一年级本科生。

学时安排：课堂教学 3 学时。

教学目的：使学生了解社会主义制度建立后中国 20 多年的发展史，把握以毛泽东为首的中国共产党一方面在探索社会主义建设道路上历经多次严重的挫折，认识其中的经验教训；另一方面领导全国人民在社会主义道路上取得的重大成就，从而深刻理解只有从中国的实际出发，实事求是，才能找到建设社会主义的正确道路。

重点难点：

本章重点是了解毛泽东为代表的中国共产党人探索中国社会主义建设道路的曲折历程及其所取得的积极成果，认识探索适合中国国情的社会主义建设道路的重大意义及经验教训。本章难点是以毛泽东为代表的中国共产党人在探索中国社会主义建设道路中所取得的成果及其现实意义，正确分析社会主义建设道路探索中的失误及其原因。

学习思考：

1. 中国共产党人在 1956 年至 1957 年的早期探索中对社会主义建设有哪些理论建树？

2. 怎样认识建立独立的、比较完整的工业体系和国民经济体系的重大意义？

3. 为什么说毛泽东是探索中国社会主义建设道路的开创者？怎样正确认识和评价毛泽东的历史地位？

【教学过程】

教学内容设计：本章共分三节。第一节良好的开局，计划用 1 学时；第二节探索中的严重曲折，计划用 1 学时；第三节建设的成就，探索的结果，计划用 1 学时。

教学步骤：第一节通过两个步骤讲解初期发展的良好；第二节通过三个步骤讲解社会主义建设期间遇到的严重挫折；第三节通过两个步骤讲解建设成就与探索结果。

教学组织：课堂讲授、热点问题讨论结合。

板书设计：多媒体课件与黑板辅助板书结合。

教学方法：体系讲授、视频、事件分析、讨论相结合。

导入（5分钟）

我们今天来学习第九章的内容，包括三节：第一节良好的开局；第二节探索中的严重曲折；第三节建设的成就，探索的结果。由于时间关系，我们无法对这三节内容平均用力，都予以详细讲解；我们将围绕着本章的学习目的和要求，结合实际把握各节内容。

第一节　良好的开局

本节教学步骤一：导入（5分钟）

1956年社会主义改造完成，我国进入了开始全面建设社会主义的历史阶段。苏联是当时社会主义国家建设的成功范例，以苏联为师成为中国共产党的唯一选择。但是，苏联经验是否符合中国的国情？尤其是一个人口多、底子薄、经济文化都很落后的东方大国该怎样建设社会主义？在"一五计划"期间，在学习苏联的过程中，中共已经开始发觉苏联的经验并不完全适合中国。特别是1956年苏共二十大暴露了苏联社会主义建设中的缺点和错误，使得以毛泽东为核心的党的第一代领导集体决定以苏为鉴，探索中国自己的社会主义建设道路。

本节教学步骤二（45分钟）：

一、全面建设社会主义的开端

（一）提出马克思主义和中国实际的"第二次结合"

新民主主义革命和社会主义改造的胜利是中国共产党人把马列主义的基本原理同中国的具体实践相结合的结果。现在如何建设社会主义，怎样找到一条适合中国自己情况的社会主义建设道路呢？1956 年 4 月初，毛泽东提出："最重要的教训是独立自主，调查研究，摸清本国国情，把马克思列宁主义的基本原理同我国革命和建设的具体实际结合起来，制定我们的路线、方针、政策。要进行第二次结合，找出在中国进行社会主义革命和建设的正确道路。"①

第二次结合的两条原则：第一，坚持马克思主义的基本原理，"保卫十月革命所开辟的这一条马克思列宁主义的道路"，即坚持社会主义的道路。第二，中国的社会主义建设必须走自己的道路。"应当更加强调从中国的国情出发，强调开动脑筋，强调创造性，在结合上下功夫"。

（二）在社会主义制度下保护和发展生产力

1956 年 1 月，毛泽东在最高国务会议上提出，我国人民应该有一个远大的规划，要在几十年内，努力改变我国在经济上和科学文化上的落后状况，迅速达到世界上的先进水平。

为此中共中央于 1956 年：

①公布《1956 年到 1967 年全国农业发展纲要草案》。

②召开知识分子问题会议。动员全党和全国人民特别是广大知识分子"向现代科学进军"。知识分子是"社会主义建设事业中一支伟大的力量。"

③制定《1956—1967 年科学技术发展远景规划纲要》。指出了我国科学技术的空白，奠定了中国在自然科学和工程技术方面的重要基础，开始了向世界科学技术先进水平的进军，进一步激发起了广大知识分子的科学探索精神。

二、早期探索的积极进展

从 1956 年初开始，中国共产党人对中国的社会主义建设道路进行了艰苦的探索，并取得了积极的成果。

（一）《论十大关系》的发表

为准备召开中共八大，中共中央领导集体开展了新中国成立以来对经济工作的一次广泛而深入的调查研究。毛泽东等先后在听取了工业、农业、运输业、商业、财政、计划等 34 个部门工作汇报的基础上，逐渐形成了基本思路，并在 4 月 25 日中央政治局扩大会议和 5 月 2 日最高国务会议上作了《论十大关系》的报告。

①十大关系。前五个是经济关系：重工业和轻工业、农业的关系；沿海工

---

① 吴冷西. 十年论战（上册）［M］. 中央文献出版社，1999：23–24.

业和内地工业的关系；经济建设和国防建设的关系；国家、生产单位和生产者个人的关系；中央和地方的关系。后五个是政治关系：汉族和少数民族的关系；党和非党的关系；革命和反革命的关系；是非关系；中国和外国的关系。这十大关系围绕一个基本方针，即"一定要努力把党内党外、国内国外的一切积极的因素，直接的、间接的积极因素，全部调动起来，把我国建设成为一个强大的社会主义国家"。这也成了随后召开的党的八大的指导思想。

②"百花齐放百家争鸣"方针。4 月 28 日，毛泽东在中共中央政治局扩大会议讨论《论十大关系》后作总结讲话时提出："艺术问题上的百花齐放，学术问题上的百家争鸣，我看应该成为我们的方针。"这个方针的提出和确立适应了国家迅速发展经济和文化的迫切要求，有利于充分调动广大知识分子从事社会主义建设的积极性，后来成为党和国家促进社会主义文化繁荣和科学进步的指导方针，也成为处理人民内部矛盾的正确方针。

③《论十大关系》的重大意义。这篇文章是以毛泽东为主要代表的中国共产党人开始探索中国社会主义建设道路的标志。

（二）中共八大路线的制定

1956 年 9 月 15 日至 27 日，中国共产党第八次全国代表大会在北京举行。

①中共八大最重要的历史功绩就是对社会改造完成后国内主要矛盾和主要任务的探索。主要矛盾：人民对于经济文化迅速发展的需要同当前经济文化不能满足人民需要状况之间的矛盾。主要任务：集中力量发展生产力，实现工业化，逐步满足人民日益增长的物质和文化需要。根本任务：在新的生产关系下保护和发展生产力。

②中共八大提出具体方针。经济建设上，坚持既反保守又反冒进，在综合平衡中稳步前进的方针。突破传统观念，探索适合中国特点经济体制的"三个主体三个补充"的思想，即国家经营和集体经营是主体，一定数量的个体经营为补充；计划生产是主体，一定范围的自由生产为补充；国家市场是主体，一定范围的自由市场为补充。在民主政治建设上，要扩大社会主义民主，健全社会主义法制，使党和政府的活动做到"有法可依"和"有法必依"。在执政党建设上，要提高全党的马克思列宁主义思想水平，健全党内民主集中制，坚持集体领导制度，反对个人崇拜，发展党内民主和人民民主，加强党和群众的联系。

③中共八大的意义。这是中国共产党对中国社会主义建设道路的一次集中探索，为社会主义事业的发展和党的建设指明了方向。

（三）《关于正确处理人民内部矛盾的问题》。

1957年2月，毛泽东在扩大的最高国务会议上发表《关于正确处理人民内部矛盾的问题》的讲话。

①讲话主要内容：一是社会主义的社会基本矛盾理论。在社会主义社会中基本的矛盾仍然是生产关系和生产力之间的矛盾、上层建筑和经济基础之间的矛盾。这些矛盾可以通过社会主义制度本身的自我调整和自我完善不断地得到解决。二是社会主义社会两类不同性质的矛盾的理论。在社会主义制度下，人民的根本利益是一致的，但还存在敌我和人民内部两类不同性质的矛盾，必须区分社会主义社会两类不同性质的社会矛盾，把正确处理人民内部矛盾作为国家政治生活的主题。三是正确处理人民内部矛盾的方针和方法。只能用民主的、说服的、教育的、"团结—批评—团结"的方法去解决。四是正确处理人民内部矛盾的重要指导思想。"团结全国各族人民进行一场新的战争——向自然界开战，发展我们的经济，发展我们的文化，使全体人民比较顺利地走过目前的过渡时期，巩固我们的新制度，建设我们的新国家"①。

②讲话的历史意义：在国际共产主义运动史上第一次提出并创造性地阐述了社会主义社会矛盾学说，是对科学社会主义理论的重要发展，对中国社会主义事业具有长远的指导意义，是中国共产党人在探索中国社会主义道路上取得的一个伟大理论成果。

（四）整风运动和反右派斗争。

1957年4月27日，中共中央下发《关于整风运动的指示》，指出："党已经在全国范围内处在执政的地位，得到了广大群众的拥护，有许多同志就容易采取单纯的行政命令的办法去处理问题，而有一部分立场不坚定的分子，就容易沾染旧社会国民党作风的残余，形成一种特权思想，甚至用打击压迫的方法对待群众。""在全党重新进行一次普遍的、深入的反官僚主义、反宗派主义、反主观主义的整风运动，提高全党的马克思主义的思想水平，改进作风，以适应社会主义改造和社会主义建设的需要。"②

1. 整风运动的形式和目的

采取开门整风的形式。希望通过这种方式加强党外人士对共产党员特别是党员领导干部的批评、监督，进一步密切党同人民群众的联系。

---

① 毛泽东文集：第7卷［M］.北京：人民出版社，1999：216.

② 中共中央文献研究室编.建国以来重要文献选编：第10册［M］.北京：中央文献出版社，1994：222-223.

2. 整风运动发生变化

整风运动中，绝大多数人提出了各种诚恳的、有益的意见和批评，但确有极少数资产阶级右派分子乘机攻击党的执政是"党天下"，要"轮流坐庄"，竭力抹杀社会主义改造和建设的功绩，根本否认社会主义制度的优越性，把人民民主专政制度说成是产生主观主义、官僚主义和宗派主义的根源。

3. 反右派斗争

1957 年 6 月 8 日，中共中央发出组织力量反击右派分子进攻的党内指示。同日，《人民日报》发表题为"这是为什么？"的社论。一场全国规模的反右派运动全面展开。坚决反击极少数右派分子的进攻，是完全正确的和必要的。

4. 运动的结果

反右派斗争严重地扩大化。到 1958 年夏季反右派斗争运动结束时，全国划定的右派分子约达 55 万人，其中绝大多数属于错划。许多党的干部和知识分子由此受到长期压抑和打击。反右斗争使得国家的政治氛围开始紧张起来。

5. 反右派斗争严重扩大化产生的严重影响

1957 年 10 月至 11 月召开的中共八届三中全会否定了党的八大关于社会主要矛盾的正确判断，认为当前国内的主要矛盾仍然是无产阶级和资产阶级，社会主义道路和资本主义道路的矛盾。后来召开的中共八大二次会议正式确认了这个判断。判断失误导致理论和指导思想的错误，造成了之后一系列严重后果。

第二节　探索中的严重曲折

本节教学步骤一：导入（5 分钟）
播放视频资料：《大跃进运动》

本节教学步骤二（45 分钟）：

一、"大跃进"及其纠正

（一）"大跃进"和人民公社化运动的发动

1957 年"一五"计划提前完成使毛泽东以及中央和地方不少领导干部对社会主义建设的长期性、复杂性估计严重不足，滋长了骄傲自满情绪，夸大了主观意志和主观努力的作用，忽视经济规律，急于求成。

1957 年 11 月 13 日，《人民日报》社论提出"在生产战线上来一个大的跃进"。冬季兴起了农田水利建设高潮。"大跃进"的序幕由此拉开。1958 年 1 月和 3 月毛泽东先后在南宁和成都主持召开中央工作会议，改变了中共八大确认的经济建设方针，提出要把党和国家的工作重点放到技术革命和社会主义建设上来，并严厉批判反冒进偏离了实事求是、稳步前进的正确轨道。

同年 5 月，中共八大二次会议通过了"鼓足干劲，力争上游，多快好省地建设社会主义"的社会主义建设总路线。总路线反映了广大人民群众迫切要求改变国家经济文化落后状况的普遍愿望，但忽视了客观的经济规律。"多、快、好、省"本来是相互制约的，但片面地突出了一个"快"字，产生了不良后果。

轻率发动的"大跃进"，使得以高指标、瞎指挥、浮夸风和"共产风"为主要标志的"左"倾错误严重地泛滥开来，在各项高指标中又特别突出地强调钢铁指标和粮食指标，严重地破坏了国民经济各部门的综合平衡。

1958 年 7 月，毛泽东在"农村集体经济规模越大、公有化程度越高，就越能促进增产增收"的思想指导下，肯定了小社并大社的做法。8 月，中共中央政治局北戴河会议通过《关于在农村建立人民公社问题的决议》，提出"积极地运用人民公社的形式，摸索出一条过渡到共产主义的具体途径"。全国范围掀起了农村人民公社化运动的高潮。至 10 月底，全国 74 万个农业生产合作社合并为 2.6 万多个人民公社，参加公社的农户有 1.2 亿户，占全国总农户的 99% 以上，全国农村基本上实现了人民公社化。

人民公社实行"政社合一"的体制，基本特点是"一大二公"。所谓"大"，就是规模大。原来一二百户规模的农业生产合作社被合并成拥有四五千户甚至一两万户的人民公社。所谓"公"，就是公有化程度高，原来经济条件各不相同的生产合作社被合并以后主要财产归人民公社所有，收入在全社范围内统一核算和分配。人民公社化严重地脱离了当时中国农村的生产力水平，致使"一平二调"之风泛滥，损害了广大社员和大多数小集体的利益，在相当长的时间内，束缚了农村生产力的发展。

（二）初步纠正"左"倾错误的努力

毛泽东既是"大跃进"和人民公社化运动的倡导者和推动者，又是中共中央领导集体中较早地觉察并实际纠正"左"倾错误的领导人。1958 年 11 月和 1959 年 2 月，毛泽东先后在郑州主持召开第一次和第二次郑州会议，进行了初步纠"左"的努力，但纠"左"是在继续坚持"三面红旗"的前提下进行的，因而不可避免地带有局限性。

（三）庐山会议与纠"左"进程的中断

1959 年 7 月 2 日至 8 月 1 日，中共中央在庐山召开政治局扩大会议。会议的原定议题是"总结经验教训，调整指标，继续纠正'左'倾错误"。7 月 14 日，彭德怀给毛泽东写了一封信（称为"万言书"，实际 3000 多字），指出"大跃进"存在严重问题和突出矛盾，"犯了不够实事求是的毛病"和"小资产阶级的狂热性"。7 月 23 日毛泽东在会上讲话，尖锐地批判彭德怀的信代表了党内外右派势力对"三面红旗"的猖狂进攻。8 月 2 日至 16 日，毛泽东在庐山召开中共八届八中全会，作出了《关于以彭德怀同志为首的反党集团的错误决议》。随即在全党范围开展"反右倾"斗争。"反右倾"斗争中断了纠"左"进程，不但在经济建设上导致了国民经济更加严重的比例失调，农业生产遭到极大破坏，而且它使党内正常的政治生活原则遭到了极大的破坏。

（四）国民经济的调整

由于"大跃进"和"纠左"进程的中断，1959 年至 1961 年，国民经济发生严重困难。1961 年 1 月，中共八届九中全会决定对国民经济实行"调整、巩固、充实、提高"的八字方针。3 月，毛泽东在广州主持起草《农村人民公社工作条例（草案）》（简称"农业六十条"），对于克服严重的平均主义，调动农民的生产积极性，推动恢复和发展农业生产，起了十分重要的作用。在此基础上，在刘少奇、周恩来、陈云、邓小平等的主持下，中共中央陆续制定出有关工业、商业、教育、科学、文艺等方面的工作条例草案，总结经验教训，继续纠"左"，推动国民经济转入 1962 年至 1965 年的三年调整时期。

（五）"七千人大会"的召开与调整任务的基本完成

1962 年一二月间，召开了扩大的中共中央工作会议（即"七千人大会"）。来自中央、大区、各省市自治区、地区、县五级的党政军领导干部 7118 人，围绕讨论和修改刘少奇 1 月 27 日向大会提交的书面报告，畅所欲言，开展批评和自我批评。毛泽东在讲话中着重阐述了民主集中制的极端重要性，并带头作了自我批评。这次会议恢复和发扬了党内的民主精神和自我批评精神，在坚决贯彻执行"八字"方针，促进国民经济的恢复和发展的问题上，对统一全党认识起了积极的作用。

从 1962 年到 1965 年，国民经济开始得到比较顺利的恢复和发展。1964 年底到 1965 年初召开的第三届全国人民代表大会提出"四个现代化"的宏伟目标，并宣布：调整国民经济的任务已经基本完成，整个国民经济将进入一个新的发展时期。

但是 20 世纪 50 年代后期开始的"左"倾错误不但尚未在经济工作指导思想中得到彻底纠正，反而在政治和思想文化领域泛滥并升级。1962 年 9 月中共八届十中全会上，毛泽东把阶级斗争扩大化和绝对化，后来更发展成为"以阶级斗争为纲"的指导思想。1963 年至 1965 年间，中共中央领导进行了城乡社会主义教育运动。1965 年初，更错误地提出运动的重点是所谓"党内走资本主义道路的当权派"。

在意识形态领域对一些文艺作品、学术观点和文艺界学术界的一些代表人物进行错误的、极"左"的政治批判，在对待知识分子问题、教育科学文化问题上发生了愈来愈严重的"左"的偏差。

二、"文化大革命"及其结束

(一)"文化大革命"的发动

1966 年 5 月至 1976 年 10 月的"无产阶级文化大革命"是全局性的、长时间的"左"倾严重错误。它使中国共产党、国家和人民遭到新中国成立以来最严重的挫折和损失。

毛泽东发动"文化大革命"的主要论点：一大批资产阶级代表人物、反革命修正主义分子，已经混进党政军和文化领域的各界，相当多数单位的领导权已不在马克思主义者和人民群众手里。党内走资本主义道路的当权派已在中央形成一个资产阶级司令部，它有一条修正主义政治路线和组织路线，在各省、市、自治区和中央各部门都有代理人。这实质是一个阶级推翻另一个阶级的政治大革命，以后还要进行多次。

党的九大将这些论点概括为"无产阶级专政下继续革命的理论"。毛泽东晚年提出的这个理论及其实践严重地背离了客观实际，并被林彪、江青、康生等野心家所利用。

1965 年 11 月 10 日，姚文元在上海《文汇报》发表《评新编历史剧〈海瑞罢官〉》一文，成为毛泽东发动"文化大革命"的导火线。1966 年 5 月中共中央政治局扩大会议通过《中共中央通知》（即"五一六通知"），系统阐发发动"文化大革命"的主要论点。会议还决定设立"中央文化革命小组"。随后，由毛泽东批示在全国广播了北京大学聂元梓等人的大字报，鼓动学生"踢开党委闹革命"，大中小学校的党组织陷于被动以至瘫痪。同年 8 月 1 日至 12 日，毛泽东主持召开中共八届十一中全会，并在全会上印发《炮打司令部——我的一张大字报》，对"文化大革命"进行再发动。全会通过的《中国共产党中央委员会关于无产阶级文化大革命的决定》（简称"十六条"），成为"文化大革命"的指导方针。

（二）全面内乱的形成

1967 年 1 月，上海造反派头目王洪文等在张春桥、姚文元的策划下，夺取了中共上海市委、市人民委员会的领导权，号称"一月革命"。毛泽东肯定了上海造反派的夺权斗争。在夺权过程中，各地的造反派组织在全国掀起了"打倒一切，全面内战"的狂潮。他们把矛头集中指向刘少奇、邓小平、陶铸等老一辈无产阶级革命家。在运动中，党的各级组织陷于瘫痪、半瘫痪状态，给了野心家、阴谋家以可乘之机。林彪、江青、王洪文等被提拔到了重要的领导岗位。

1967 年 2 月中旬，在有部分中共中央政治局委员、国务院和中共中央军委领导人参加的碰头会上，谭震林、陈毅、叶剑英、李富春、李先念、徐向前、聂荣臻等人对中央文革小组的错误做法提出强烈批评。但这次抗争却被诬称为"二月逆流"而遭到压制。

从 6 月至 8 月，中央文革小组煽动的"揪刘火线"，聚集上万人围困中南海。7 月 22 日，江青提出"文攻武卫"口号。8 月 7 日，公安部长谢富治提出"砸烂公检法"，中央文革小组成员王力煽动夺外交部大权。许多地方发生大规模武斗，局势发展到几乎失控的地步。

为了稳定局势，毛泽东采取了一系列非常措施，如派工人宣传队进入学校等。1968 年 10 月各省、市、自治区相继成立了革命委员会。1968 年 10 月 13 日至 31 日，中共八届扩大的十二中全会在北京举行。全会通过所谓《关于叛徒、内奸、工贼刘少奇罪行的审查报告》，并作出"把刘少奇永远开除出党，撤销其党内外的一切职务"的决议。

1969 年 4 月 1 日至 24 日，中国共产党第九次全国代表大会在北京召开。这次大会在思想上、政治上和组织上的指导方针都是错误的，它使"文化大革命"的错误理论和实践合法化，加强了林彪、江青、康生等人在党中央的地位。中共九大闭幕后全国开展了"斗、批、改"运动。

（三）粉碎林彪反革命集团

1971 年 9 月 13 日，林彪等人在抢班夺权失败后，于 9 月 13 日凌晨仓皇出逃，在蒙古人民共和国境内温都尔汗附近坠机身亡。毛泽东在周恩来等协助下领导全党进行的粉碎林彪反革命集团的斗争，使党和国家避免了一场大分裂。

随后，周恩来在毛泽东的支持下主持中央日常工作，逐步落实干部政策并进行整顿，提出批判"极左"思潮，努力恢复国家的正常秩序，各方面工作稍有转机。"九一三"事件是"文革"推翻党的系列基本原则的结果，客观上宣告了"文革"理论和实践的错误。毛泽东承认自己用错了人，听信了谗言，并对错批"二月逆流"承担了责任，但不允许从根本上纠正"文革"错误。1973年8月召开的中国共产党第十次全国代表大会，继续了九大的"左"倾错误方针。江青、张春桥、姚文元、王洪文结成"四人帮"。王洪文当选中共中央副主席。

（四）挫败"四人帮""组阁"图谋

1974年初，江青等人在"批林批孔"运动中，把矛头指向周恩来。派性斗争又起，极"左"思潮再度猖獗。1974年7月17日，毛泽东在中共中央政治局会议上严厉批评江青。随后他建议周恩来继续担任国务院总理，由邓小平担任国务院第一副总理。江青等人的"组阁"图谋失败。1975年1月13日至17日第四届全国人民代表大会第一次会议在北京召开。大会决定了周恩来为总理、邓小平等为副总理的国务院领导人选。会后，周恩来病重，邓小平在毛泽东的支持下主持中共中央和国务院的日常工作。

（五）1975年整顿和"文化大革命"结束

1975年，邓小平着手对各方面的工作进行整顿，形势有了明显好转。这次整顿实际上是后来拨乱反正的预演。

整顿工作最初得到毛泽东的支持。1975年12月，毛泽东不能容忍邓小平系统地纠正"文革"理论和指导思想的错误，发动"批邓，反击右倾翻案风"运动。"四人帮"趁机将一大批老一辈革命家和老干部重新打倒，全国再次陷入混乱。1976年1月8日，周恩来逝世，举国悲痛。清明节前后，爆发了悼念周总理、反对"四人帮"的天安门事件。当时，中共中央政治局和毛泽东错误判断事件的性质，并错误地撤销了邓小平党内外一切职务。毛泽东提议由华国锋担任中共中央第一副主席、国务院总理。

9月9日，毛泽东逝世。江青集团加紧篡党夺权的阴谋活动。10月6日晚，以华国锋、叶剑英、李先念为代表的中共中央政治局执行党和人民的意志，毅然粉碎了江青反革命集团的阴谋，结束了"文化大革命"。10月14日中共中央公布粉碎"四人帮"的消息，举国上下一片欢腾。

"文化大革命"是一场由领导者错误发动，被反革命集团利用，给党、国家和各族人民带来严重灾难的内乱；使国民经济在动乱时期遭受严重损失，民主和法制遭到践踏，大批干部和群众遭受迫害，学术文化事业在许多方面遭到摧残，科技水平在一些领域同世界先进国家的差距进一步拉大。

"文化大革命"的教训是极为沉痛和深刻的。对于"文革"这一全局性的、长时间的"左"倾严重错误，毛泽东负有主要责任。但是毛泽东的错误是一个伟大的无产阶级革命家所犯的错误。

即使党和毛泽东犯了严重错误，中国社会主义建设事业仍取得举世公认的重要成就。新中国成立以来的历史是中国共产党"在马克思列宁主义、毛泽东思想指导下，领导全国各族人民进行社会主义革命和社会主义建设并取得巨大成就的历史"，"三十二年来我们取得的成就还是主要的"①。就如邓小平后来所讲："过去的成功是我们的财富，过去的错误也是我们的财富。我们根本否定'文化大革命'，但应该说'文化大革命'也有一'功'，它提供了反面教员。没有'文化大革命'的教训，就不可能制定十一届三中全会以来的思想、政治、组织路线和一系列政策。三中全会确定将工作重点由'以阶级斗争为纲'转到'以发展生产力、建设四个现代化为中心'，受到了全党和全国人民的拥护。为什么呢？就是因为有'文化大革命'作比较。'文化大革命'变成了我们的财富。"

第三节　建设的成就，探索的结果

本节教学步骤一：导入（5分钟）
播放视频资料：《两弹一星》

本节教学步骤二（45分钟）：
新中国成立以来，中国的社会主义建设，尽管经历了严重的曲折，但还是取得显著的成就。

一、独立的、较完整的工业体系和国民经济体系的基本建立
从"一五"执行期到1978年的20多年，是中国社会主义建设事业打基础的重要发展时期。①中国工农业总产值保持了较高的年增长率。1952—1978年，

---

① 《关于若干历史问题的决议》和《关于建国以来党的若干历史问题的决议》［M］. 北京：中共党史出版社，2010：44.

工农业总产值平均年增长率为 8.2%，其中工业年均增长 11.4%。②国家经济实力显著增强。按照不变价格计算，1952 年国内生产总值为 679 亿元人民币，1978 年增加到 2943.7 亿元。人均国内生产总值从 1952 年的 119 元增加到 1976 年的 316 元。

基本建立了独立的、比较完整的社会主义工业体系和国民经济体系。

①大规模投资，建成一批门类较为齐全的基础工业项目。从"一五"开始国家以苏联援建的 156 项重点工程、694 个大中型建设项目为中心建成了包括冶金、汽车、机械、煤炭、石油、国防等领域的基础工业项目，为国民经济发展打下了坚实基础。从"一五"到"四五"时期国家投资累计达 4956.43 亿元。

②主要工业产品生产能力大飞跃。钢产量从 1949 年的 15.8 万吨发展到 1976 年的 2046 万吨；发电量从 1949 年的 43 亿度发展到 1976 年的 2031 亿度；原油从 1949 年的 12 万吨发展到 1976 年的 8716 万吨；原煤从 1949 年的 3200 万吨发展到 1976 年的 4.83 亿吨；汽车产量从 1955 年年产 100 辆发展到 1976 年的 13.52 万辆。

③铁路、交通等基础设施建设得到较快发展。旧中国铁路 2.18 万公里，公路 8.07 万公里。1976 年，铁路增加到 4.63 万公里，公路达到 82.34 万公里，初步形成全国路网骨架。全国货运总量由 1949 年的 1.6 亿吨增加到 1976 年的 20.17 亿吨。1957 年，武汉长江大桥建成通车。

④巩固国防和国家安全的大规模"三线"建设。一线即前线，中苏、中印边境和东南、华南沿海；二线即中部平原和丘陵地区；三线是西南、西北大部分地区，包括湘西、鄂西、豫西、山西等地区。1964 年到 1980 年共投资 2052 亿元，促进了工业和城市布局的改善。

⑤创造和平，建设安定的环境，保卫祖国的统一和安全。人民解放军出色完成了东南沿海对敌斗争、平定西藏反动上层发动的武装叛乱、中印边境自卫反击作战、珍宝岛自卫反击作战、西沙群岛自卫反击作战等作战任务。

二、人民生活水平的提高与文化、医疗、科技事业的发展

（一）保障人民的基本生活需要

中国共产党和人民政府始终十分关注人民群众的生活，把满足人民基本生活需要作为发展经济的根本目的。1956 年党的八大提出：社会主义制度建立后，党和人民政府的主要任务是集中力量发展社会生产力，实现国家的工业化，逐步满足人民日益镇长的确物质和文化需要。

①较大幅度地提高了粮食生产水平和抵御自然灾害的能力。通过兴修水利、开展农田基本建设、培育推广良种、提倡科学种田，粮食总产量从 1949 年的2263.6 亿市斤增加到 1976 年的 5726.1 亿市斤，亩产量从 1949 年的 137 市斤提高到 1976 年的 316 市斤。棉花总产量从 1949 年的 888.8 万担增加到 1976 年的41109 万担。

②国民经济满足了占世界四分之一人口的基本生活需求。1976 年，全国总人口从 1949 年的 5.4 亿增长到 9.3 亿，同期粮食人均占有量从 418 市斤增加到615 市斤。全国居民的人均消费水平，农民从 1952 年的 62 元增加到 1976 年的125 元，城市居民同期从 148 元增加到 340 元。经济发展初步满足 10 亿人口的基本生活需求。

（二）提高人民的文化素质和健康水平

①教育事业有了较大发展。新中国成立后，积极扫除文盲，大力推广普通话，并加大对小学、中学和高等教育的投资。1949 年，全国小学入学率只有20%，文盲率高达 80%。新中国成立后，90% 以上的民众摘下了文盲帽子；小学、中学、大学的数量和在校生的人数均大幅度增加。

②文学艺术工作取得重大的成就。在"古为今用、洋为中用、百花齐放、推陈出新"文艺方针的指引下，取得了一定的成就。

③医疗、体育事业得到蓬勃发展。全国人口的死亡率从 1949 年的 20%，下降到 1976 年的 7.25%。全国人口的平均预期寿命由 1949 年前的 34 岁，上升到1975 年的 68.18 岁。提出了"发展体育运动，增强人民体质"的指导方针。从1956 年到 1976 年，中国运动员先后有 123 人次打破世界纪录。

（三）取得一批重要的科技成果

①在尖端科学技术领域取得突破。我国第一颗原子弹、第一颗氢弹爆炸成功，第一颗人造地球卫星成功发射升空。

②先后制定了两个科学技术长远发展规划。一批科学家为国家科学技术的发展作出了重大贡献。

这一时期涌现出了大庆、大寨等艰苦创业的英雄集体，涌现出了雷锋、王进喜、焦裕禄等英雄模范人物，集中反映了当时的社会道德和精神风貌。

三、国际地位的提高与国际环境的改善

新中国成立初期，奉行独立自主基础上的"一边倒"政策，积极争取苏联及其他社会主义国家的支持、援助，国际地位极大提高：抗美援朝战争、日内

瓦会议、万隆会议、和平共处五项原则等，建立和发展与亚非拉广大发展中国家的关系。

四、探索中形成的建设社会主义的若干重要原则

一是阐明了必须实行马克思列宁主义和中国实际的"第二次结合"的基本原则。

二是社会主义矛盾学说和建设社会主义的基本方针。

三是社会主义可以分为不发达和比较发达两个阶段。中国由于经济文化比较落后，仍然处在不发达的社会主义阶段。

四是社会主义现代化建设的战略目标和步骤。战略目标是把中国建设成一个具有现代农业、现代工业、现代国防和现代科学技术的强国。为此应当采取"两步走"的发展战略：第一步，建成一个独立的比较完整的工业体系和国民经济体系；第二步，全面实现农业、工业、国防和科学技术的现代化，使中国的经济走在世界前列。

五是社会主义经济建设。正确处理重工业、轻工业和农业的关系，以农、轻、重为序发展国民经济，在优先发展重工业的条件下，坚持工业和农业并举，重工业和轻工业并举，中央工业和地方工业并举，大中小企业并举等"两条腿"走路的方针。

六是社会主义民主政治建设。把造成"六又"（又有集中，又有民主，又有纪律，又有自由，又有统一意志，又有个人心情舒畅、生动活泼）政治局面作为努力的目标，把正确处理人民内部矛盾作为国家政治生活的主题，坚持人民民主，尽可能团结一切可以团结的力量，处理好中国共产党同各民主党派的关系，坚持长期共存、互相监督的方针，巩固和扩大爱国统一战线，切实保障人民当家做主的各项权利，让人民参与国家和社会事务的管理，社会主义法制要保护劳动人民利益，保护社会主义经济基础，保护社会生产力。

七是社会主义文化建设。坚持马克思主义的指导地位，实行"百花齐放，百家争鸣"的方针，对古今中外的优秀文化实行"古为今用、洋为中用、推陈出新"的方针。

八是国防建设和军队建设。加强国防，建设现代化国防军和发展现代化国防技术，国防建设要服从国家建设大局，制定了积极防御的战略思想。

九是执政党建设的主要思想。共产党员必须坚持共产主义的远大理想，务必保持谦虚、谨慎、不骄、不躁的作风，务必保持艰苦奋斗的作风，必须自觉地运用人民赋予的权力为人民服务，依靠人民群众行使这个权力，并接受人民

群众的监督，必须以普通劳动者的姿态出现，平等待人，必须防止在共产党内、在干部队伍中形成特权阶层、贵族阶层。

推荐阅读：

1. 毛泽东：《论十大关系》（1956 年 4 月 25 日）

2. 毛泽东：《关于正确处理人民内部矛盾的问题》（1957 年 2 月 27 日）

3. 毛泽东：《在扩大的中央工作会议上的讲话》（1962 年 1 月 30 日）

4. 邓小平：《答意大利记者奥琳埃娜·法拉奇问》（1980 年 8 月 21 日）

5.《关于建国以来党的若干历史问题的决议》（1981 年 6 月）

【教学小结】

教学效果分析：

1. 在本章教学中，教师紧扣教材内容，同时紧密联系我国改革开放后的社会主义建设事业，使学生把历史与现实结合起来，提高了对社会主义建设事业长期性、复杂性的认识。

2. 比较大陆与台湾的建设，启发学生对当代中国道路选择之思考。

教学经验：

1. 针对问题。新中国成立后党为什么要走社会主义道路？效果如何？教师针对这两个问题，进行了重点讲授，并力求精心设计，着力突破，解决学生的困惑。

2. 激发热情。在本章教学中，教师积极宣讲社会主义建设的成就，激发了大学生热爱社会主义、热爱党的热情。

改进措施：

如何将新中国成立后党对社会主义的初步探索与改革开放后社会主义事业紧密联系，既阐发联系，又解析不同，启发学生对中国社会主义道路变动的思考，坚定对社会主义道路的选择。

第十章

改革开放与现代化建设新时期

【教学简况】

授课对象： 大学一年级学生。

学时安排： 课堂教学 2 学时，每学时 50 分钟，其中课堂讨论 1 学时。每周 2 学时。

教学目的：

认识十一届三中全会是新中国成立以来党和国家历史上具有深远意义的历史性转折；了解中国人民为什么选择中国特色社会主义道路和怎样选择中国特色社会主义道路，掌握中国共产党开辟和发展中国特色社会主义道路的历史进程中的基本理论、基本路线、基本纲领、基本经验、基本方略；认识中国共产党在新时期不断推进马克思主义中国化事业及其取得的理论成果；了解改革开放和现代化建设取得的巨大成就，认识坚持走中国特色社会主义道路对于实现中华民族伟大复兴的意义。

重点难点：

1. 中共十一届三中全会以来中国特色社会主义事业取得的巨大成就及根本原因和基本经验。

2. 走中国特色社会主义道路对于实现中华民族伟大复兴的意义。

学习思考：

1. 中共十一届三中全会的重大历史意义。

2. 为什么说中国特色社会主义进入新时代。

3. 中共十一届三中全会以来取得巨大历史成就的原因。

【教学过程】

教学内容设计： 本章共分六节。第一节历史性的伟大转折和改革开放的起步，计划用 0.5 学时；第二节改革开放和现代化建设新局面的展开，计划用 0.5

学时；第三节中国特色社会主义事业的跨世纪发展，计划用 0.5 学时；第四节在新的历史起点上推进中国特色社会主义，计划用 0.5 学时。

教学步骤： 本章第一节通过两个步骤讲解中共十一届三中全会的重大历史意义；第二节通过两个步骤讲解改革开放全面展开和发展历程；第三节通过两个步骤讲解改革开放和现代化建设事业从计划经济体制向社会主义市场经济体制的转变；第四节通过两个步骤讲解新的历史起点上推进中国特色社会主义中的战略目标和理论成果，第五节通过两个步骤讲解十九大的历史意义和中国特色社会主义新时代的内涵、意义；第六节通过两个步骤讲解中共十一届三中全会以来中国特色社会主义事业取得的巨大成就及根本原因和基本经验。

教学组织： 课堂讲授与课堂讨论结合。

板书设计： 多媒体课件与黑板辅助板书结合。

教学方法： 讨论式教学法、案例式教学法、场景模拟式教学法相结合。教师讲授结合多媒体课件展示、录像资料辅助重现历史场景、歌曲欣赏等手段展开。

导入（5 分钟）

（运用案例和设问导入新课）

案例材料：中共十九大报告结语

站立在九百六十多万平方公里的广袤土地上，吸吮着五千多年中华民族漫长奋斗积累的文化养分，拥有十三亿多中国人民聚合的磅礴之力，我们走中国特色社会主义道路，具有无比广阔的时代舞台，具有无比深厚的历史底蕴，具有无比强大的前进定力。全党全国各族人民要紧密团结在党中央周围，高举中国特色社会主义伟大旗帜，锐意进取，埋头苦干，为实现推进现代化建设，完成祖国统一，维护世界和平与促进共同发展三大历史任务，为决胜全面建成小康社会，夺取新时代中国特色社会主义伟大胜利，实现中华民族伟大复兴的中国梦，实现人民对美好生活的向往继续奋斗！

提出问题：为什么我们走中国特色社会主义道路，具有无比广阔的时代舞台，具有无比深厚的历史底蕴，具有无比强大的前进定力？为什么高举中国特色社会主义伟大旗帜，就能实现中华民族伟大复兴的中国梦，实现人民对美好生活的向往？（所有的答案将在第十章《改革开放与现代化建设新时期》中找到答案。）

第一节 历史性的伟大转折和改革开放的起步

本节教学步骤一：导入（5分钟）

观看视频，展现粉碎"四人帮"后人们锣鼓喧天的场面。

教师总结：这种锣鼓喧天的场面并没有改变当时中国的状况，因为人们思想上还受到"两个凡是"的禁锢。

本节教学步骤二（20分钟）

一、历史性的伟大转折

（一）关于真理标准问题的讨论

1. 内容

第一，"两个凡是"不符合马克思主义。

第二，实践是检验真理的唯一标准。

第三，完整准确地理解毛泽东思想。

2. 意义

真理标准问题的讨论是继"五四运动"和"延安整风运动"之后又一场马克思主义思想解放运动，其实质在于是不是坚持马列主义、毛泽东思想；成为拨乱反正和改革开放的先导，为重新确立实事求是的思想路线作了思想理论准备。

（二）中共十一届三中全会的伟大转折

1. 中共中央工作会议

1978年11月10日至12月15日，中共中央在北京召开工作会议。邓小平作《解放思想，实事求是，团结一致向前看》讲话，把解放思想，实事求是，坚持实践标准提到党的思想路线的高度，为冲破"两个凡是"禁锢，克服思想僵化状态，重新确立党的思想路线奠定了基础，因而成为开辟中国特色社会主义新道路，开创中国特色社会主义新理论的宣言书。

这个讲话成为中共十一届三中全会的主题报告，它为全会实现具有划时代意义的伟大转折奠定了重要基础。

2. 中共十一届三中全会

中共十一届三中全会是新中国成立以来党的历史上具有深远意义的伟大转折，形成了以邓小平为核心的党的中央领导集体，揭开了社会主义改革开放的序幕。以这次全会为起点，中国进入了改革开放和社会主义现代化建设的历史新时期。

3. 改革是对传统革故鼎新的继承和发展

《大学》中称赞"苟日新，日日新，又日新"。《易传》也肯定"天地革而四时成，汤武革命，顺乎天而应乎人。革之时，大矣哉"。历史上每当"积弊日久"时，总会有改革或革命的运动，为清除积弊而变规变法，如北宋时王安石变法，清末时康有为、梁启超发动的百日维新都体现了革故鼎新的改革精神。邓小平等秉承中国传统革故鼎新精神，有感于积弊太多太重，勇于担当道义而倡导改革。传统的革故鼎新思想主要的出发点不仅在于富国强民，更重要的是为了缓和阶级矛盾，调整阶级关系和统治策略，维护统治阶级的统治和剥削制度。而邓小平认为，我们所有的改革都是为了一个目的，就是扫除发展社会生产力的障碍。

二、改革开放的起步

（一）拨乱反正的推进

加快平反冤假错案，调整各种社会关系。

（二）国民经济的调整

1979 年 4 月召开的中共中央工作会议决定，对国民经济实行"调整、改革、整顿、提高"的新八字方针。

（三）农村改革的突破性进展

我国的改革从经济体制的改革着手，经济体制的改革首先在农村取得突破性的进展。

1979 年 9 月，中共十一届四中全会通过了《关于加快农业发展若干问题的决定》。在中共中央的支持和推动下，以包产到户、包干到户为主要形式的家庭联产承包责任制推广开来。以土地等主要生产资料公有制为前提，以户为单位承包，包工、包产、包费用。按合同规定在限定的生产费用范围内完成一定的生产任务，实现承包合同指标受奖，达不到承包指标受罚。

1983 年 10 月，中央作出决定，废除人民公社，建立乡（镇）政府作为基层政权，同时成立村民委员会作为村民自治组织。

1980 年 5 月，中央决定在深圳、珠海、汕头、厦门设立经济特区。

三、拨乱反正任务完成

（一）"坚持四项基本原则"的提出

"四项基本原则"就是坚持社会主义道路，坚持人民民主专政，坚持共产党的领导，坚持马克思列宁主义、毛泽东思想。这四项基本原则，是实现四个现代化的根本前提。

（二）科学评价毛泽东和毛泽东思想

毛泽东的功绩是第一位的，错误是第二位的。他为中国共产党和中国人民解放军的创立和发展，为中国各族人民解放事业的胜利，为中华人民共和国的缔造和中国社会主义事业的发展，建立了永远不可磨灭的功勋。毛泽东思想是马克思列宁主义在中国的运用和发展，是被实践证明了的关于中国革命和建设的正确的理论原则和经验总结，是中国共产党集体智慧的结晶。

第二节　改革开放和现代化建设新局面的展开

教学步骤一：导入（2 分钟）
展现几张农村改革后农民喜获丰收的画面。

教师总结：农村改革的成功为我们继续改革积累了经验，思想上的拨乱反正给我们撤除了改革的樊篱，为改革的全面展开创造了条件。

教学步骤二（18 分钟）

一、改革开放的全面展开

（一）中共十二大制定社会主义现代化建设纲领

中国共产党第十二次全国代表大会主要内容有：第一，"建设有中国特色的社会主义"命题的提出。第二，制定全面开创社会主义现代化建设新局面的纲领。

（二）改革重点从农村转向城市

中共十二届三中全会通过《中共中央关于经济体制改革的决定》。决定突破把计划经济同商品经济对立起来的观点，指出我国社会主义经济是在公有制基础上的有计划的商品经济。

（三）多层次对外开放格局的形成

20 世纪 80 年代初深圳（珠海、厦门、汕头）等四个经济特区的建立和发展，为我国对外开放积累了有益的经验。在继续推进城乡改革的同时，对外开放也进一步扩大。第一，海南岛辟为经济特区。第二，开放 14 个沿海城市。第三，设三个开放区。1985 年 2 月，中共中央和国务院决定把长江三角洲、珠江三角洲、闽南厦门泉州漳州三角地区开辟为沿海经济开放区。逐步形成了"经济特区—沿海开放城市—沿海经济开放区—内地"这样一个多层次、有重点、点面结合的对外开放格局。

二、改革开放和现代化建设的深入推进

（一）中共十三大提出社会主义初级阶段理论和党的基本路线

第一，社会主义初级阶段理论。党的十三大报告指出："我国正处在社会主义的初级阶段。"这个论断包括两层含义：第一，我国社会已经是社会主义社会。我们必须坚持而不能离开社会主义。第二，我国的社会主义社会还处在初级阶段。社会主义初级阶段特指我国在生产力落后，商品经济不发达的条件下，建设社会主义社会主义必然要经历的历史阶段。这一个阶段至少需要上百年。

第二，社会主义初级阶段基本路线：领导和团结全国各族人民，以经济建设为中心，坚持四项基本原则，坚持改革开放，自力更生，艰苦创业，为把我国建设成为富强民主文明的社会主义现代化国家而奋斗（党的十七大、十九大，分别增加"和谐"和"美丽"）。

第三，大会制定了经济体制改革和政治体制改革的基本任务和奋斗目标。

（二）"三步走"发展战略的制定和实施

党的十三大正式制定了社会主义现代化建设"三步走"的战略部署：第一步，实现国民生产总值比 1980 年翻一番，解决人民的温饱问题，这个任务已经基本实现；第二步，到 20 世纪末，使国民生产总值再增长一倍，人民生活达到小康水平；第三步，到 21 世纪中叶，人均国民生产总值达到中等发达国家水平，人民生活比较富裕，基本实现现代化。

第三节　中国特色社会主义事业的跨世纪发展

教学步骤一：导入（5分钟）

播放视频资料：《邓小平南方谈话》

教学步骤二（25分钟）

一、改革开放的历史性突破

（一）邓小平南方谈话要点

第一，计划和市场都是经济手段。

第二，阐明了社会主义本质。邓小平指出："社会主义的本质，是解放生产力，发展生产力，消灭剥削，消除两极分化，最终达到共同富裕。"

第三，提出了"发展才是硬道理"的重要论断。

第四，提出判断改革开放和各项工作成败得失的"三个有利于"标准。"判断的标准，应该主要看是否有利于发展社会主义社会的生产力，是否有利于增强社会主义国家的综合国力，是否有利于提高人民的生活水平。"

第五，强调加强党的建设。

第六，关于社会主义初级阶段的长期性和前途。

（二）中共十四大确立社会主义市场经济体制的改革目标

大会明确以建立社会主义市场经济体制为我国经济体制改革的目标。建立社会主义市场经济体制，就是要使市场在社会主义国家宏观调控下对资源配置起基础性作用（十八届三中全会改为"决定性作用"）。

二、改革开放和社会主义现代化建设的跨世纪发展

（一）高举邓小平理论伟大旗帜，提出跨世纪发展战略

①中共十五大召开。十五大提出并论述了党在社会主义初级阶段的基本纲领，确立邓小平理论为党的指导思想并写入修改后的《中国共产党章程》。

大会指出：公有制为主体，多种所有制经济共同发展，是中国社会主义初级阶段的一项基本经济制度。公有制的实现形式可以而且应当多样化。依法治

国，是党领导人民治理国家的基本方略。

②推动解决"三农"问题和推进国有企业的改革。"三农"：农业、农村、农民。

（二）中国加入世界贸易组织

1993 年，江泽民访问美国，同美国总统会谈时明确提出了处理这个问题的三条原则：一是关贸总协定是一个国际性组织，如果没有中国这个最大的发展中国家参加是不完整的；二是中国要参加，毫无疑问是作为发展中国家参加；三是中国加入这个组织，其权利和义务一定要平衡。

2001 年 12 月中国加入世贸组织（1995 年，当世界贸易组织开始运作时，运行了 47 年的"关税与贸易总协定"也结束了其推动国际贸易自由化的使命）。

（三）中共十六大提出"三个代表"重要思想

党的第三代中央领导集体在新的世情、国情和党情条件下，围绕解决提高党的执政能力和领导水平，提高拒腐防变和抵御风险能力这两大历史性课题，创立了"三个代表"重要思想。"三个代表"是围绕"建设什么样的党，怎样建设党"而展开的。

"三个代表"重要思想内容的集中概括就是"中国共产党必须始终代表中国先进生产力的发展要求，代表中国先进文化的前进方向，代表中国最广大人民的根本利益"。

第四节　在新的历史起点上推进中国特色社会主义

教学步骤（一）：导入（5 分钟）
播放视频资料：《党的十六大开幕式》

教学步骤二（25 分钟）

一、制定全面建设小康社会的行动纲领
2002 年 11 月 8 日至 14 日，中国共产党第十六次全国代表大会在北京召开。大会的主题是：高举邓小平理论伟大旗帜，全面贯彻"三个代表"重要思想，继往开来，与时俱进，全面建设小康社会，加快推进社会主义现代化，为开创中国特色社会主义事业新局面而奋斗。十六大报告的全部内容，都是围绕这个主题展开的。

大会总结了十三届四中全会以来党的基本经验，认为在这 13 年中，国际局势风云变幻，我国改革开放和现代化建设的进程波澜壮阔，走过的道路很不平坦。党中央审时度势，带领全党和全国人民坚定不移地贯彻党的基本理论和基本路线，推进改革开放和现代化建设，取得了十分宝贵的经验。这些经验归纳为十条，即"十个坚持"。大会认为，"三个代表"重要思想，是对马克思列宁主义、毛泽东思想和邓小平理论的继承和发展，反映了当代世界和中国的发展变化对党和国家工作的新要求，是加强和改进党的建设，推进我国社会主义自我完善和发展的强大理论武器，是全党集体智慧的结晶，是党必须长期坚持的指导思想。"三个代表"重要思想作为党的指导思想写进修改后的党章，体现了我们党在指导思想上的与时俱进，反映了全党和全国人民的共同愿望。

党的十六大着眼于党和国家的长治久安，顺利实现了中央领导集体的新老交替。经过充分准备和认真酝酿，大会选出了新一届中央委员会和中央纪律检查委员会。十六届一中全会选举产生了新一届中央政治局委员、候补委员，选举胡锦涛同志为中央委员会总书记。

党的十六大是中国共产党在 21 世纪召开的第一次全国代表大会，也是党在开始实施社会主义现代化建设第三步战略部署的新形势下召开的代表大会。大会确立"三个代表"重要思想为党必须长期坚持的指导思想，选举产生了以胡锦涛同志为总书记的党中央，通过了修改后的党章，对于开创中国特色社会主义事业的新局面具有十分重要的意义。

二、不断推动经济社会的科学发展

（一）树立和落实科学发展观

中共十六届三中全会上，胡锦涛正式提出了坚持以人为本，全面协调可持续的科学发展观。

2004 年 3 月 10 日，胡锦涛在中央人口资源环境工作座谈会上，进一步阐明了科学发展观，指出：坚持以人为本，就是要以实现人的全面发展为目标，从人民群众的根本利益出发，谋发展、促发展，不断满足人民群众日益增长的物质文化需要，切实保障人民群众的经济、政治和文化权益，让发展的成果惠及全体人民。全面发展，就是要以经济建设为中心，全面推进经济、政治、文化建设，实现经济发展和社会全面进步。协调发展，就是要统筹城乡发展，统筹区域发展，统筹经济社会发展，统筹人与自然和谐发展，统筹国内发展和对外开放，推进生产力和生产关系，经济基础和上层建筑相协调，推进经济、政治、文化建设的各个环节、各个方面相协调。可持续发展，就是要促进人与自然的和谐，实现经济发展和人口、资源、环境相协调，坚持走生产发展、生活富裕、生态良好的文明发展道路，保证一代接代地永续发展。

（二）构建社会主义和谐社会

社会主义和谐社会的主要特征是民主法治、公平正义、诚信友爱、充满活力、安定有序、人与自然和谐相处。社会和谐是中国特色社会主义的本质属性，是国家富强、民族振兴、人民幸福的重要保证。

（三）加强党的执政能力建设和先进性建设

中共十六届四中全会通过的《中共中央关于加强党的执政能力建设的决定》，指出：当前和今后一个时期加强党的执政能力建设的主要任务是，按照推动社会主义物质文明、政治文明、精神文明协调发展的要求，不断提高驾驭社会主义市场经济的能力、发展社会主义民主政治的能力、建设社会主义先进文化的能力、构建社会主义和谐社会的能力、应对国际局势和处理国际事务的能力。

为进一步加强党的执政能力建设，全面推进党的建设新的伟大工程，中共中央决定从 2005 年初开始，用一年半左右的时间，在全党开展以实践"三个代表"重要思想为主要内容的保持共产党员先进性教育活动。

三、中共十七大与党和国家各项事业的向前推进

（一）中共十七大召开

2007 年 10 月 15 日至 21 日，中国共产党第十七次全国代表大会在北京召开。大会的主题是：高举中国特色社会主义伟大旗帜，以邓小平理论和"三个代表"重要思想为指导，深入贯彻落实科学发展观，继续解放思想，坚持改革开放。推动科学发展，促进社会和谐，为夺取全面建设小康社会新胜利而奋斗。

胡锦涛同志代表第十六届中央委员会向大会作了《高举中国特色社会主义伟大旗帜，为夺取全面建设小康社会新胜利而奋斗》的报告。报告明确指出，中国特色社会主义伟大旗帜，是当代中国发展进步的旗帜，是全党全国各族人民团结奋斗的旗帜。解放思想是发展中国特色社会主义的一大法宝，改革开放是发展中国特色社会主义的强大动力，科学发展，社会和谐是发展中国特色社会主义的基本要求，全面建设小康社会是党和国家到 2020 年的奋斗目标，是全

国各族人民的根本利益所在。

报告对改革开放新时期的奋斗历程进行了精辟概括，指出"新时期最鲜明的特点是改革开放，最显著的成就是快速发展，最突出的标志是与时俱进"。事实雄辩地证明，改革开放是决定当代中国命运的关键抉择，是发展中国特色社会主义，实现中华民族伟大复兴的必由之路；只有社会主义才能救中国，只有改革开放才能发展中国，发展社会主义，发展马克思主义。

在回顾历史进程的基础上，报告强调，改革开放以来我们取得一切成绩和进步的根本原因，归结起来就是：开辟了中国特色社会主义道路，形成了中国特色社会主义理论体系。

报告对科学发展观的科学内涵和基本要求作了进一步阐述。报告指出，科学发展观，第一要义是发展，核心是以人为本，基本要求是全面协调可持续，根本方法是统筹兼顾。为此，必须坚持把发展作为党执政兴国的第一要务，必须坚持以人为本，必须坚持全面协调可持续发展，必须坚持统筹兼顾。深入贯彻落实科学发展观，要求我们始终坚持"一个中心，两个基本点"的基本路线，积极构建社会主义和谐社会，继续深化改革开放，切实加强和改进党的建设。全党同志要全面把握科学发展观的科学内涵和精神实质，增强贯彻落实科学发展观的自觉性和坚定性，着力解决不适应不符合科学发展观的思想观念，着力解决影响和制约科学发展的突出问题，把全社会的发展积极性引导到科学发展上来，把科学发展观贯彻落实到经济社会发展的各个方面。

报告指出，科学发展观，是立足社会主义初级阶段基本国情，总结我国发展实践，借鉴国外发展经验，适应新的发展要求提出来的，是对党的三代中央领导集体关于发展的重要思想的继承和发展，是马克思主义关于发展的世界观和方法论的集中体现，是同马克思列宁主义、毛泽东思想、邓小平理论和"三个代表"重要思想既一脉相承又与时俱进的科学理论，是我国经济社会发展的重要指导方针，是发展中国特色社会主义必须坚持和贯彻的重大战略思想。

根据贯彻落实科学发展观的指导思想，报告提出，必须适应国内外形势的新变化，顺应各族人民过上更好生活的新期待，把握经济社会发展趋势和规律，坚持中国特色社会主义经济建设、政治建设、文化建设、社会建设的基本目标和基本政策构成的基本纲领，在十六大确立的全面建设小康社会目标的基础上对我国发展提出新的更高要求。为此，要增强发展协调性，努力实现经济又好又快发展；扩大社会主义民主，更好保障人民权益和社会公平正义；加强文化建设，明显提高全民族文明素质；加快发展社会事业，全面改善人民生活；建设生态文明，基本形成节约能源资源和保护生态环境的产业结构、增长方式、消费模式。

报告还对发展社会主义民主政治，推动社会主义文化大发展大繁荣，加快推进以改善民生为重点的社会建设，开创国防和军队现代化建设新局面，推进"一国两制"实践和祖国和平统一大业，始终不渝走和平发展道路，以改革创新精神全面推进党的建设新的伟大工程等方面进行了深入阐述和全面部署。

这篇报告是中国共产党人面向现代化，面向世界，面向未来的政治宣言，是指引全国各族人民夺取全面建设小康社会新胜利，开创中国特色社会主义新局面的行动纲领。

根据形势发展的新要求，大会一致同意将科学发展观写入党章，一致同意在党章中把党的基本路线中的奋斗目标，表述为把我国建设成为富强、民主、文明、和谐的社会主义现代化国家。大会认为，把科学发展观和经济建设、政治建设、文化建设、社会建设四位一体的中国特色社会主义事业总体布局写入党章，对于夺取全面建设小康社会新胜利，开创中国特色社会主义事业新局面具有重大意义。

（二）党和国家各项事业的向前推进

（学生讨论交流：记忆中的改革开放取得的成就）

从 1978 年改革开放到 2012 年取得的成就可以归纳为十个方面。

1. 国民经济保持持续快速健康发展，人民生活总体上达到小康水平，现代化建设事业稳步推进，综合国力和国际竞争力显著提高

从 1978 年到 2012 年，中国国内生产总值由 3645 亿元增长到 51.9 万亿元。2010 年，中国经济总量上升为世界第二。通过积极推进城镇化，2007 年至 2012 年共转移农村人口 8463 万人，城镇化率由 45.9% 提高到 52.6%。国家创新体系、科技基础设施和自主创新能力建设得到加强，中国在科技研究的一些"高、精、尖"领域，取得重大进展。

人民生活总体上实现了由温饱到小康的历史性跨越。从 1978 年到 2012 年，城镇居民人均可支配收入由 343 元增加到 24565 元；农村居民人均纯收入由 134元增加到 7917 元。

2. 社会主义市场经济体制初步建立并不断完善，各项改革事业取得重大进展

社会主义市场经济体制初步建立并日益完善，更具活力，更加开放的经济体系正在形成。确立了公有制为主体、多种所有制经济共同发展这一社会主义初级阶段的基本经济制度，实行按劳分配为主体、多种分配方式并存的基本分

配制度。财税、金融、流通、住房、医疗、教育等改革不断深化。国有企业改革稳步推进。

3. 全方位对外开放取得新突破，形成全方位、多层次、宽领域的对外开放格局

2001年12月11日中国加入世界贸易组织后，对外贸易进入了新的发展阶段。

从1978年到2012年，中国外贸进出口总额跃居世界第二，其中出口额跃居世界第一位。外汇储备跃居世界第一，对外投资大幅增长，实际使用外资额累计超过1万亿美元。中国经济对世界经济增长的贡献率不断提升，跻身对外投资大国行列。

4. 社会主义民主政治建设取得重要进展

人民代表大会制度、中国共产党领导的多党合作和政治协商制度，进一步健全和完善。更好地发挥全国人大作为国家最高权力机关的作用，促进政治协商进一步制度化、规范化，促使广泛的爱国统一战线继续得到巩固和发展。

以农村村民委员会、城市居民委员会和企业职工代表大会为主要内容的基层民主自治体系开始形成。

社会主义法制建设取得显著成就。以宪法为基础的中国特色社会主义法律体系在逐步完备。社会治安综合治理取得新成效。

5. 社会主义精神文明建设成效显著

坚持用马克思主义中国化的最新成果武装全党，教育人民，大力推进马克思主义理论研究和建设工程，努力繁荣和发展哲学社会科学。

全国城乡广泛开展爱国主义、集体主义、社会主义教育。建设中国特色社会主义的共同理想，形成广泛共识。

教育、科学、文化等各项事业取得长足的进步。

6. 民族政策和宗教政策得到全面贯彻

认真坚持实行民族区域自治制度，积极支持各少数民族参与管理国家事务，使其充分行使宪法和法律赋予的各项自治权利，自主管理本地区、本民族的内部事务，形成了中华各族人民团结奋斗，共同繁荣发展的良好局面。在中央政府大力支持下，民族自治地方经济迅速发展。

尊重和保护各民族宗教信仰自由，积极引导宗教与社会主义社会相适应。

7. 推进国防和军队建设

人民解放军坚持以新时期军事战略方针为统揽，以推进中国特色军事变革为主线，以军事斗争准备为龙头，按照建设信息化军队，打赢信息化战争的战

略目标，全面推进国防和军队现代化建设。

8. 祖国统一大业取得重大进展

1997 年和 1999 年香港、澳门相继回归祖国，祖国统一大业进入新的发展阶段。中央政府严格实行"一国两制""港人治港""澳人治澳"这种高度自治的方针，保持了香港和澳门特别行政区的繁荣与稳定。

祖国大陆同台湾的经济文化交流和人员往来不断发展，反对"台独"等各种分裂图谋的斗争深入发展。2005 年 3 月 14 日，十届全国人大三次会议高票通过《反分裂国家法》，将中国人民维护国家领土主权完整的坚强决心通过立法形式表达出来。

通过长期不懈的努力，两岸直接双向"三通"全面实现，开创了两岸关系和平发展新局面。

9. 积极开展全方位外交

面对深刻变化的国际形势，中国政府坚持高举和平、发展、合作的旗帜，坚持独立自主的和平外交政策，坚定不移地走和平发展的道路，致力于建设一个持久和平，共同繁荣的和谐世界，全方位地开展对外工作。

中国的国际影响日益扩大，国际地位显著提高，在国际社会发挥着重要的作用。截至 2011 年 7 月，中国已同 172 个国家建立了外交关系。在睦邻、安邻、富邻政策的指导下，同周边国家的睦邻友好关系日益加强。

中国还积极参与应对国际金融危机、气候变化等全球性问题的国际合作，积极开展公共外交。

10. 全面推进党的建设新的伟大工程

在改革开放和现代化建设的进程中，逐步形成了以全面推进党的建设新的伟大工程来推动中国特色社会主义伟大事业发展的格局。

从 1999 年起，先后开展"三讲"教育，以实践"三个代表"重要思想为主要内容的保持共产党员先进性教育活动和深入学习实践科学发展观活动。

改革开放的巨大成就充分证明，改革开放是决定当代中国命运的关键一招。没有改革开放就没有中国特色社会主义，只有中国特色社会主义才能发展中国。中国特色社会主义为中华民族伟大复兴作出历史性的指引，为社会主义重振树立了历史性的界碑，使科学社会主义在 21 世纪焕发出新的蓬勃生机，为人类对更好社会制度的探索提供了中国智慧中国方案。

推荐阅读：

1. 习近平：《在庆祝改革开放四十周年大会上的讲话》，《人民日报》，2018

年 12 月 19 日。

2. 习近平：《在庆祝海南建省办经济特区 30 周年大会上的讲话》，《人民日报》，2018 年 04 月 14 日。

【教学小结】

教学效果分析：

在本章教学中，教师紧扣教材内容，同时紧密联系我国改革开放取得成就，使学生把历史与现实结合起来，坚定在党的领导下继续改革开放的信心和决心。

教学经验：

1. 针对问题。为什么要走改革开放道路？效果如何？教师针对这两个问题，进行了重点讲授，并力求精心设计，着力突破，增强学生建设中国特色社会主义道路的信心。

2. 激发热情。在本章教学中，教师积极宣讲社会主义改革开放的成就，激发了大学生在党的领导下走中国特色社会主义道路的决心。

改进措施：

让学生全面认识改革开放前后都是在党的领导下进行的社会主义建设，正确认识改革开放前后两个历史时期的逻辑关系；紧密结合改革开放的历程，培养学生以发展的眼光看待改革开放进程中出现的矛盾和问题，引导学生充分认识改革的时代性、整体性、全局性，坚定中国特色社会主义"四个自信"。

第十一章

中国特色社会主义进入新时代

【教学简况】

授课对象: 大学一年级学生。

学时安排: 课堂教学 2 学时。

教学目的:

通过本章教学,要使学生深刻了解党的十八大以来党和国家事业发生的历史性变革在诸多重要领域的具体体现,深刻了解这些历史性变革是深层次和根本性的,并充分认识发生这一系列深刻变革的根本原因;深刻了解中国特色社会主义进入新时代的丰富内涵和伟大意义。

重点难点:

1. 党的十八大以来党和国家事业发生的历史性深刻变革的根本原因。

2. 中国特色社会主义进入新时代的丰富内涵和伟大意义。

学习思考:

1. 党的十八大以来党和国家事业发生的历史性深刻变革的根本原因。

2. 怎样认识中国特色社会主义进入新时代与我国社会主要矛盾的新变化。

【教学过程】

教学内容设计: 本章共分三节。第一节开拓中国特色社会主义更为广阔的发展前景,计划用 0.5 学时;第二节党和国家事业的历史性成就和历史性变革,计划用 0.5 学时;第三节夺取新时代中国特色社会主义伟大胜利,计划用 1 学时。

教学步骤: 本章第一节通过两个步骤讲解,中国特色社会主义发展开拓的更为广阔的前景;第二节通过两个步骤讲解中共十八大以来党和国家事业发生的历史性深刻变革的根本原因;第三节通过三个步骤讲解中共十九大以来我们的新气象新变化。

教学组织: 课堂讲授与课堂讨论结合。

板书设计: 多媒体课件与黑板辅助板书结合。

教学方法：讨论式教学法、案例式教学法、场景模拟式教学法相结合。教师讲授结合多媒体课件展示，录像资料辅助重现历史场景，歌曲欣赏等手段展开。

导入（5分钟）

（同学们观看中共十八大开幕式和闭幕式的部分内容，然后老师总结）

中共十八大开启了中国特色社会主义的新时代，为开拓了中国特色社会主义更为广阔的发展前景指明了方向。

第一节　开拓中国特色社会主义更为广阔的发展前景

本节教学步骤一：导入（10分钟）

用设问的方式导入中共十八大（大家看了开闭幕式，并不清楚中共十八大的主要内容）。

一、中共十八大的主要内容和历史意义

（一）大会主要内容

①十八大阐明建设中国特色社会主义，总依据是社会主义初级阶段，总布局是五位一体，总任务是实现社会主义现代化和中华民族伟大复兴。全党要坚定道路自信、理论自信、制度自信。

②大会确立了到2020年全面建成小康社会的目标，与中共十六大提出的建设虽有一字之差但展现了我们党的决心和信心、责任担当，体现了党"立党为公，执政为民"的本质。

③大会提出了深化重要领域的改革，使各方面制度更加成熟，更加定型的要求。

④大会要求以改革创新精神全面推进党的建设新的伟大工程，建设学习型、服务型、创新型的马克思主义执政党。

⑤十八大精神归结到一点，就是坚持和发展中国特色社会主义，既不走封闭僵化的老路，也不走改旗易帜的邪路。

⑥大会选举产生了新一届中央委员。十八届一中全会选举产生了以习近平

为总书记的领导班子。

（二）意义

十八大的召开，标志着中国已经进入全面建成小康社会的决定性阶段，开启了中国特色社会主义新时代。

本节教学步骤二（10分钟）

二、以习近平同志为核心的党中央带领全党全国人民开拓的中国特色社会主义广阔前景

（一）实现民族复兴中国梦的提出

①梦想精神是中华民族的优良传统。中国人民是具有伟大梦想精神的人民。在几千年历史长河中，伟大梦想精神深深地融入中华民族血脉，成为中华优秀文化的基因，成为中华民族历经磨难而屹立不倒，克服险阻而坚毅前行的精神支撑。在广袤的中华大地上，中国人民不论条件多么艰苦，环境多么严酷，都能生生不息，奋斗不止，创造出灿烂的中华文明。究其原因，就在于中国人民始终心怀梦想，不懈追求。

在中华文化发展的长河中，中国人民一直保持、延续着强烈的伟大梦想精神。盘古开天、伏羲画卦、夸父追日、精卫填海、愚公移山等中国古代神话，作为一种"神化"的现实生活，表达了古代中国人民改天换日、填海移山的强烈愿望，深刻反映了中国人民勇于追求和实现梦想的执着精神。

正是这种梦想的精神使中华民族在历史上创造了辉煌的文明，近代以来的西方列强用坚船利炮打破了封建统治者的天朝上国的帝国梦，但没有打破中华民族的梦想精神，近代以来中华民族最大的梦想是什么呢？

②实现中华民族伟大复兴，是中华民族近代以来最伟大的梦想。中国梦的本质是实现国家富强，民族复兴，人民幸福。

中国梦深深植根于中国特色社会主义伟大实践，中华优秀传统文化培厚了中国梦的文化基础。传统文化中具有强烈的"富国""爱国""重民"思想。传统文化中"夫仁政，必从经界始"（《孟子·滕文公上》），"上下俱富，交无所藏之，是知国计之极也"（《荀子·富国》），"善为政者，田畴垦而国邑实"（《管子·五辅篇》）等思想，都体现了传统文化中以发展物质经济作为其理想政治的治国先富思想。同时，中华优秀传统文化十分重视人，将天、地、人并称三才，"有天道焉，有人道焉，有地道焉。兼三才而两之，故六。六者非它也，三才之道也"（《易传·系辞下》），并认为唯有人"可以赞天地之化育"，"可以与天地参矣"（《礼记·中庸》），周公提出了"敬德保民"的思想，倡导"若保赤子，惟民其康"（《尚书·康诰》），强调"用康保民，宏于天，若德裕乃身，不废在王命"（《尚书·康诰》），孔子主张"敬鬼神而远之"（《论语·子路》），突出了人的主体地位，庄子的"恃于民而不轻，因于物而不去"（《庄子·在宥》），孟子的"民为贵，社稷次之，君为轻"（《孟子·尽心下》）等体现了浓厚的重民情怀。

③实现中国梦必须走中国道路，这就是中国特色社会主义道路；必须弘扬中国精神，这就是以爱国主义为核心的民族精神，以改革创新为核心的时代精神；必须凝聚中国力量，这就是中国各族人民团结的力量。

（二）统筹推进"五位一体"的总体布局

1. 主动适应和引领经济发展新常态

中国经济发展一个重大变化是进入新常态，即：从高速增长转为中高速增长，经济结构不断优化升级，从要素驱动、投资驱动转向创新驱动。党和政府科学研判我国经济发展的阶段性特征，主动适应和引领经济发展新常态。

2. 发展社会主义民主政治

坚持发挥中国共产党总揽全局，协调各方的领导核心作用，提高党科学执政，民主执政，依法执政水平，保证党领导人民有效治理国家。

3. 发展中国特色社会主义文化

巩固马克思主义在意识形态领域的指导地位，巩固全党全国人民团结奋斗的共同思想基础的根本任务。

4. 在发展中保障和改善民生

把增进人民福祉，促进人的全面发展作为一切工作的出发点和落脚点，要坚持人民主体地位，加强和创新社会治理，完善中国特色社会主义社会治理体系。

"民本"一词最早可见于《尚书·夏书·五子之歌》，"皇祖有训：民可近，不可下。民为邦本，本固邦宁"。只有将作为国之根本的民众安定下来，国家才能实现安宁。"以人民为中心"创新性发展了传统民本思想，深刻阐明了人民在政治社会中的重要作用，展现出了中国传统政治文化以民为本的精神蕴涵。

第一，突出人的主体地位。中华优秀传统文化十分重视人，将天、地、人并称三才，"有天道焉，有人道焉，有地道焉。兼三才而两之，故六。六者非它也，三才之道也"（《易传·系辞下》）。并认为唯有人"可以赞天地之化育"

（《礼记·中庸》），将人视为沟通天地的重要媒介，架构起了"天人一体"的整体观念，正契合《礼记·大学》中"物有本末，事有终始，知所先后，则近道矣"的箴言。孔子主张"未能事人，焉能事鬼"（《论语·先进》），强调"敬鬼神而远之"（《论语·子路》），只有将人自身的事情处理好，才能去谈鬼神祭祀之事，突出了人的首要性，强调了人的主体地位。孟子提出"人之异于禽兽者几希"（《孟子·离娄下》），通过将人与动物区别开来，突出了人在自然界中的主体地位。

第二，民贵君轻。"民为贵，社稷次之，君为轻"（《孟子·尽心下》）。在孟子看来，在国家政治生活中，人民是最重要的，国家治理居于次要地位，而国家的治理者则处于末位。荀子主张"天之生民，非为君也；天之立君，以为民也"（《荀子·大略》）。上天并不是为了君主而孕育的人民，而君主的存在则因为人民服务而具有价值。西汉政论家贾谊提出："夫民者，万世之本也"（《新书·大政》），强调了人民在国家治理体系中的重要性。同时他将秦朝的灭亡的原因归结为"闻之于政也，民无以为本也……此之谓民无不为本也"（《新书·大政》），在对历史经验教训的总结中强调了"民贵君轻"的重要性。刘勰在《新论》中提出，"民者国之本也""鱼无水不可生，人失足必不可以步，国失民亦不可以治"。在他看来，人民是国家的本根，其对于国家的重要性犹如水对鱼，四肢之于动物一样。梁启超的"国也者，积民而成，国之有民，犹身之有四肢五脏筋脉血轮也"，谭嗣同的"因民而后有君，君末也，民本也"，也都传达出了同样的思想意蕴。

第三，敬民爱民。周公提出了"敬德保民"的思想，倡导"若保赤子，惟民其康"，要求要像照料婴儿一样来治理人民，传达出敬民爱民的思想意蕴。贾谊提出"故夫民者，至贱而不可简也；至愚而不可欺也"（《新书·大政下》）。在他看来，百姓即使是卑贱的，仍不能轻视；即使愚昧，也不可欺骗。樊迟问仁，子曰："爱人"（《论语·颜渊》）。孔子认为要想到达到"仁"的境界，必须做到爱护人民。唐太宗李世民认为："国以民为本，人以衣食为本，为君之道，必须先存百姓"，体现出了他爱民如子的思想观念。

5. 建设美丽中国

坚持节约资源和保护环境的基本国策，坚持节约优先，保护优先，自然恢复为主的方针，强调"绿水青山就是金山银山"，推动形成绿色发展方式和生活方式。坚持节约资源和保护环境的基本国策，旨在实现人与自然的和谐共生，创造性转化了传统生态伦理思想。

在人与自然关系的层面，中华优秀传统文化主张遵循"人法地，地法天，天法道，道法自然"（《老子·上篇》）的原则，致力于实现"天人一体"的理想境界，形成了以尊重自然，顺应自然，保护自然为根本价值取向的生态伦理思想。在生态建设方面，中华优秀传统文化以尊重自然，顺应自然，保护自然为价值取向。首先，尊重自然。道家主张"人法地，地法天，天法道，道法自然"（《老子·上篇》），突出了以自然为依循的价值旨归。其次，顺应自然。孟子提出了"不违农时"的观点，"不违农时，谷不可胜食也；数罟不入洿池，鱼鳖不可胜食也；斧斤以时入山林，材木不可胜用也"（《孟子·梁惠王上》），不违背自然节气，那么粮食就吃不完；不用细密的渔网捕捉鱼鳖，那么鱼鳖也吃不完；按照树木的生长时节砍伐树木，那么树木也足够用。荀子将孟子"不违农时"的观点进一步阐发为"草木荣华滋硕之时则斧斤不入山林，不夭其生，不绝其长也；鼋鼍、鱼鳖、鳅鳝孕别之时，罔罟、毒药不入泽，不夭其生，不绝其长也"（《荀子·王制》）。两者都传达了顺应自然的要义，引申之义就在于遵循自然规律。再次，保护自然。先秦儒家所倡导的土地资源生态观、水资源生态观和森林资源生态观都体现出了传统文化对于保护自然的追求和主张。

　　儒家提出要根据地区之间的差异和实际情况，在尊重民众传统的基础上，对其进行教化，以达遵从政令的共识，从而引导人们因地制宜地合理利用土地资源，合理安排生产和生活，这样就可达"乃别五土之性，而物各得其所生之宜，咸得厥所"（《孔子家语·相鲁》）的和谐生存状态。先秦儒家，除了"因地制宜"的保护土地资源的基本措施外，还提出了"因时制宜"的土地保护措施。禁止在夏冬两季利用土地资源，因为若不按季节节律使用土地，就会使"地气上泄"，致使"诸蛰则死"，破坏自然界的生态平衡；更为严重的是，可能会带来"民多流亡""民心疾疫，又随以丧"（《吕氏春秋·仲冬纪》）的后果，破坏社会的稳定与和谐。水不仅是资源问题，也是生态问题。目前，我国水资源不仅短缺，而且分布极不平衡，污染十分严重，浪费惊人，已经严重影响了人们的生活和生产的发展。但是，人们水资源的保护意识依然很薄弱。我国古人很早就注意保护水资源，西周颁发的《伐崇令》明确规定，"毋填井""有不如令者，死无赦"，因为井是获取水的重要设施，只要保护好了井，就可以"井养而不穷也"（《易传·井·象传》）。先秦儒家还要求人们善于利用和维护水资源设施，否则就会"井泥不食，旧井无禽"（《易经·井·初六》）。要经常淘井，要修护和加固好井壁，不要毁井。这表明，先人非常重视水利设施的维护，也说明对水资源的重视。森林不仅是一种重要的自然资源，更是一种重要的环境要素。我国早在夏商周等朝代就制定了保护和管理山林的制度。周王朝除了在中央设天官冢宰和地官大司徒，下设"山虞""林衡"等官吏外，还制定了森林保护的政策和法令，《伐崇令》明文规定"毋伐树，有不如令者，死无赦。"这些都对保护森林具有重要意义。先秦儒家向时人敲响了保护山林资源的警钟。孟子说："牛山之木尝美矣，以其郊于大国也，斧斤伐之，可以为美乎？是其日夜之所息，雨露之所润，非无萌蘖之生焉，牛羊又从而牧之，是以若彼濯濯也。人见其濯濯也，以为未尝有材焉，此岂山之性也哉？……故苟得其养，无物不长；苟失其养，无物不消"《孟子·告子上》。这是说，牛山好美一片森林，只因为这里距大城市太近，被砍伐一光；本来它还具有再生的能力，无奈光山又成了牧场，牛踩羊吃，于是就成了光秃秃的山包了。这样，孟子通过一例破坏山林的典型事例，告诫人们破坏山林带来的不良后果。这种不良后果将直接威胁到鸟兽的生存，因为"山林者，鸟兽之居也"（《荀子·致士》），只有山林茂密，树木成荫的良好生态环境才能为鸟兽提供生存的条件，"山林茂而禽兽归之""树成荫而众鸟息焉"（《荀子·致士》）。如果山林遭到破坏，将会"鸟兽去之"（《荀子·致士》）。这说明先秦儒家已经懂得了物养互相长消的生态学法则。先秦儒家明确指出："养长时，则六畜育；杀生时，则草木殖"（《荀子·王制》）。在先秦时期，儒家已经有了"树落粪本"（《荀子·致士》）的认识，即树木能净化环境，补充自身的养分；并且已经找到了保持林木的持续存在和永续利用的指导方针，"斧斤以时入山林，材木不可胜用也"（《孟子·梁惠王上》）。在这一方针的指导下，先秦儒家提出了保护森林资源的具体措施。先秦儒家从生态学的角度提出"斩材有期日"（《周礼·山虞》）的主张。在林木发芽、生长的阶段严禁采伐林木。荀子说："草木荣华滋硕之时，则斧斤不入山林，不夭其生，不绝其长也"（《荀子·王制》）。即林木生长阶段严禁入山伐木，只有这样，才能保证林木的顺利成长。只有在秋冬两季，林木的生长停滞期，才能进山采伐。

党的十八大以来，习近平总书记高度重视生态文明建设，站在战略和全局的高度强调，"绿水青山就是金山银山"。其中所蕴含的"绿色"发展理念，构建人与自然生命共同体等生态价值诉求，丰富和发展了中国传统生态伦理思想的内涵，推动传统生态伦理思想实现了创新性发展和创造性转化。

（三）协调推进"四个全面"的战略布局

党的十八大以来，以习近平为总书记的中共中央提出了全面建成小康社会，全面深化改革，全面依法治国，全面从严治党的战略布局。全面建成小康社会，是战略目标；全面深化改革，全面依法治国，全面从严治党，是三大战略举措。

从整体上看，"四个全面"战略布局的提出创造性发展了中国传统的系统整体，辩证综合的思维方式。思维方式决定思想高度。在思维方式层面，中华优秀传统文化主张把客观世界视为发展变化，内在联系，和谐统一的有机整体，在近五千年的历史积淀中，逐步形成了系统整体，辩证综合的思维方式。一方面，承继和超越了中国传统的系统整体思维方式。中华优秀传统文化秉承系统整体的思维方式，提出了"泛爱万物，天地一体也"（《庄子·天下篇》），"天地万物为一体"（《传习录上》）等理论观点，认为天、地、人是一个有机整体，主张以全面的、系统的观点看待问题。"四个全面"战略布局作为一个系统整体，不只是四者的简单并列和单纯叠加，而是各要素内在耦合，相互关联，目标系统、动力系统、保障系统和中枢系统高效协同的科学有机整体，集中体现出了对于中国传统系统整体思维方式的改造和创新。另一方面，承继和超越了中国传统的辩证综合思维方式。中华优秀传统文化强调以辩证综合的方式看待事物，主张以联系的、发展的观点分析问题和解决问题。

1. 推进全面深化改革

十八届三中全会指出，全面深化改革的总目标，是"完善和发展中国特色社会主义制度，推进国家治理体系和治理能力现代化"。强调经济体制改革是全面深化改革的重点，要坚持和完善公有制为主体、多种所有制经济共同发展的基本经济制度；处理好政府和市场的关系，使市场在资源配置中起决定性作用和更好发挥政府作用。

全面深化改革作为在新的历史起点上的伟大变革，凸显了中华优秀传统文化的变易精神以及整合创新思想。

一方面，凸显了变易精神。中华优秀传统文化具有强烈变易精神。古人认为"穷则变，变则通"（《周易·系辞下》），在面临不能发展的局面时，必须改变现状，进行变革和革命。《礼记·大学》载"汤之《盘铭》曰'苟日新，日日新，又日新'"，从动态角度强调了不断革新的重要性。荀子的"天地合而万物生，阴阳接而变化起"（《荀子·礼论》），承继了《易经》中的阴阳思想，指出阴阳结合是事物是变化的根本原因，传达出天地是变化日新的变易思想。与荀子持类似观点的还有北宋理学家周敦颐，他在《太极图说》中将事物的变化日新表述为"二气交感，化生万物，万物生生而变化无穷焉"。

另一方面，凸显了创新精神。党的十八届五中全会指出，为了破解中国难题，实现"十三五"的发展目标，必须树立包括"创新"在内的五大发展理念。五大发展理念作为关系我国发展全局的一场深刻变革，凸显出来对中华优秀传统文化中的"创新"精神的承继。中华优秀传统文化葆有丰富的创新基因。中华优秀传统文化，从不缺乏创新精神内里。从方法论的层面看，中华优秀传统文化的创新精神体现在：其一，中华优秀传统文化注重学思结合，温故而知新的方法。子曰："吾尝终日不食，终夜不寝，以思，无益，不如学也"（《论语·卫灵公》），这并不是表明孔子不重视思考，孔子欣赏的最佳学习方式是学思结合，他认为思维过程的能动性和整体性在"思"和"学"的范畴的相互依赖中暴露无遗，即"学而不思则罔，思而不学则殆"（《论语·为政》）。同时，孔子认为"温故而知新，可以为师矣"（《论语·为政》），由"故"推出"新"，就是一个创新的过程。其二，注重举一反三，由此及彼的方法。"不愤不启，不悱不发，举一隅不以三隅反，则不复也"（《论语·述而》）即是确证。可以说，创新的基因已经融入了中华民族的血液，成为一种民族积习。因此，我们要善于从中华优秀传统文化中汲取创新精神，从创新精神中学习，继续推进各项事业的发展。

2. 推进全面依法治国

十八届四中全会提出，全面推进依法治国的总目标，是建设中国特色社会主义法治体系，建设社会主义法治国家。党的领导是中国特色社会主义最本质的特征，是社会主义法治的根本保证。坚持党的领导，是中国特色社会主义法治道路的核心要义。

法律作为治国之重器，从古至今都是国家治理的一种重要工具。"法者，天下之程式也，万事之仪表也"（《管子·明法解》），"故法者，天下之至道也，圣君之实用也"（《管子·任法》），表现出古人对于法律的重视。虽然中华传统政治文化生成于封建社会数千年的"人治"传统中，但是其精神也不缺乏"法治"肌理。

一方面，法家明确提出将法治作为国家治理的重要方式。一是强调法治在国家治理中的重要作用。"故明主之治也，当于法者诛之。故以法诛罪，则民就死而不怨""明主者，有法度之制；故群臣皆出于方正之治，而不敢为奸。百姓知主之从事于法也，故吏所使者有法，则民从之；无法则止。民以法与吏相距，下以法与上从事"（《管子·明法解》）。强调将法治作为社会治理的重要形式，能够使官员忠心耿耿，百姓服从管理，社会居于安定，突出了法治的在国家治理中的重要作用。二是将法治作为社会治理的重要方式。"今欲以先王之政，治当世之民，皆守株之类也"（《韩非子·五蠹》），法家认为依前世"德治"方法治理今世之民，犹如守株待兔。"故以法诛罪，则民就死而不怨……千里之外，不敢擅为非"（《管子·明法解》），而"法治"能够使人民不敢为非作恶，因此提倡"法治"。所以，地处西北一隅的秦国采纳了法家"严刑峻法"的主张，国力日益强盛，最终横扫六合，建立了大一统的秦王朝。正所谓"无规矩不成方圆"，法律作为社会规范的存在形式，划定了合乎社会规范的行为范畴，法治则成为法家倡导的社会治理的重要方式。

另一方面，儒家倡导遵循"礼治"，从侧面诠释出了"法治"的重要性。礼是中国古代社会治理的重要手段，在维护伦理秩序和社会秩序中发挥着重要作用。并强调小到穿衣吃食，大到等级尊卑，都需要尊崇礼治。《论语》中的"席不正，不坐"（《论语·乡党》），"入公门，鞠躬如也，如不容。立不中门，行不履阈。过位，色勃如也，足躩如也。其言似不足者。摄齐升堂，鞠躬如也，屏气似不息者"（《论语·乡党》）即是例证。在日常生活坐立这件小事上，孔子认为如果座席摆的不端正就不能够坐。在进行拜见君主的大事时，进门，越过君主的席位，出门，下台阶等各个环节都必须讲求礼仪。在儒家看来必须做到"非礼勿视，非礼勿听，非礼勿言，非礼勿动"（《论语·颜渊》），根本原因在于"不知礼，无以立也"（《论语·尧曰》）。礼是生存立足的根基，如果违背了礼制，那么人就无法生存，所以行为处事都要符合的"礼"的要求。"礼"作为社会公认的行为规范，虽没有上升到法律的高度，如果单从行为规范一点说，本和法律无异，法律也是一种行为规范。① 所以说，儒家所崇尚的"礼治"在某种意义上也是对"法治"的诠释。

3. 推进全面建成小康社会

①十八届五中全会，提出全面建成小康社会目标要求。

"小康"作为中国现代化的代名词，是邓小平于 1979 年 12 月会见日本首相大平正芳时提出的，"我们要实现的四个现代化，是中国式的现代化。我们的四个现代化的概念，不是像你们那样的现代化的概念，而是'小康之家'。"② 溯本追源，"小康"一词来源于《诗经》："民亦劳止，汔可小康"，意思是百姓辛苦，应该休养以享安康，描绘了一个祥和、安定的社会形态。

②"十三五"时期，树立并切实贯彻创新、协调、绿色、开放、共享的发展理念。

③2015 年 11 月，扶贫开发工作会议，提出坚持扶贫，脱贫，坚决打赢脱贫攻坚战。

4. 推进全面从严治党

①2013 年 5 月，群众路线教育实践活动以"为民务实清廉"为主要内容，活动全过程要贯穿"照镜子、正衣冠、洗洗澡、治病"总要求，着力解决形式

---

① 费孝通. 乡土中国 [M]. 北京：生活·读书·新知三联书店，1984：50.

② 邓小平文选：第 2 卷 [M]. 北京：人民出版社，1994：237.

主义、官僚主义、享乐主义和奢靡之风这"四风"问题。

②十八届六中全会号召全党同志牢固树立政治意识、大局意识、核心意识、看齐意识，坚定不移维护党中央权威和党中央集中统一领导。

党的十八大以来，以习近平同志为核心的党中央，直面世情、国情和党情的深刻复杂变化，针对新形势下党面临的"四大考验"和"四种危险"以及党内存在的政治不纯、思想不纯、组织不纯、作风不纯等突出问题，对新时代党的建设进行了系统部署，强调从政治建设、组织建设、思想建设、作风建设、纪律建设、制度建设和反腐倡廉等多个领域加强党的自身建设，提出了全面从严治党的战略举措，开辟了从严管党治党的新境界。并将全面从严治党作为治国理政的"先手棋"纳入中国特色社会主义事业的战略布局"四个全面"之中，为新时代坚持和发展中国特色社会主义提供了坚强的政治保证。在全面从严治党的实践进程中，我们党秉持"打铁必须自身硬"的鲜明态度和责任担当，严格和规范党内政治生活，净化党内政治生态，形塑积极健康的党内政治文化；加强理想信念教育，补足共产党人精神之"钙"，筑牢和涵养当代共产党人的精神支柱和政治灵魂；坚持从严治吏，消除"劣币驱逐良币"的不正之风，构建科学合理的选人用人制度；坚持纪在法前，纪严于法，把纪律挺在前面，严肃党的政治纪律和政治规矩；坚持"把权力关进制度的笼子里"，思想建党和制度治党同向发力，构建系统完备的党内法规制度体系；坚持反对腐败零容忍，拔烂树、治病树、正歪树，取得了反腐败斗争的压倒性胜利。推动管党治党实现由"宽松软"到"严紧硬"的深刻变革，切实增强了党的创造力、凝聚力、战斗力，夯实了党的执政基础和群众基础。

全面从严治党作为新时期对"党要管党"和"从严治党"的创新发展，形成了涵括政治建设、组织建设、思想建设、作风建设、纪律建设、制度建设和反腐倡廉建设"5+2"的治党新格局，凸显了中华优秀传统文化中的选贤任能、修身律己、廉政等思想意蕴。

选贤任能思想作为中国传统政治文化重要组成部分，包括重视和尊重人才，使用人才，注重发挥人才在国家治理中的重要作用的丰富内涵，并贯穿于我国传统社会治理的政治实践始终。

一方面，形成了内涵丰富的选人用人思想体系。一是重视和尊敬人才。仲弓为季氏宰，问"政"。子曰："先有司，赦小过，举贤才"（《论语·子路》）。孔子认为"举贤才"作为为政的重要组成部分，是实现国家善治的重要举措。"尊贤使能，俊杰在位，则天下之士皆悦"（《孟子·公孙丑上》）。孟子认为，尊重和使用贤才，使杰出的人物有官位，那么天下的志士仁人都会高兴，乐于去政府担任一定的职位。二是善于使用人才。"举贤才而不用，是有举贤之名而无用贤之实也"（《六韬·举贤》）。当然，举贤的目的在于用贤，举而不用是没有意义的。孟子则对善于使用贤才的重要性进行了全面阐发，"莫如贵德而尊士，贤者在位，能者在职"（《孟子·公孙丑上》），"贤者在位"的核心要义在于善于使用贤才。三是注重发挥人才在国家治理中的重要作用。孟子从国家兴亡的正反两面强调了人才的重要性，"纣之去武丁未久也，其故家遗俗，流风善风善政，犹有存者；又有微子、微仲、王子比干、箕子、胶鬲，皆贤人也，相与辅相之，故久而后失之也"（《孟子·公孙丑上》）。他将商纣政权没有迅速灭亡的原因归结为微子、比干、箕子"殷之三仁"的辅助。董仲舒基于贤才对国家兴亡的重要性，提出"任非其人，而国家不倾者，自古及今，未尝闻也……任贤臣者，国家之兴也。"（《汉书·董仲舒传》）。他认为自古以来，凡是没有重要发挥人才作用的国家都逐渐衰败了；而注重使用贤才的国家，则没有一个不发达兴旺的，将任用贤才视为国家兴旺的原因所在。范仲淹官拜参知政事时，为国家改革、发展提出了"一曰明黜陟。二曰抑侥幸。三曰积贡举。四曰择长官。五曰均公田。六曰厚农桑。七曰修武备。八曰推恩信。九曰重命令。十曰减徭役"（《宋史·范仲淹传》）的十项条陈。在他看来，实现国家兴盛，必须遵循包括使用贤能，强化武装力量，减免税负等十条原则。

另一方面，重视选贤任能的政治实践。《史记·高祖本纪》记载了汉高祖刘邦知人善用的历史事迹。正是"夫运筹策帷帐之中，决胜于千里之外，吾不如子房。镇国家，抚百姓，给馈饷，不绝粮道，吾不如萧何。连百万之军，战必胜，攻必取，吾不如韩信。此三者，皆人杰也，吾能用之，此吾所以取天下也。项羽有一范增而不能用，此其所以为我擒也"（《史记·高祖本纪》）。刘邦认为他在策略计谋方面比不上张良，在守卫国家，安抚百姓方面比不上萧何，在带兵打仗等方面不如韩信，但是却能够知人善用，充分发挥他们的才能，这也是他击败项羽而一统天下的根本原因所在。又如诸葛亮则不分地域、不拘一格地使用人才，他使用的人才不仅有最初跟随刘备攻城拔寨的荆楚之士蒋琬，还有益州土著马忠，就连降将姜维也被委以重任，体现出诸葛亮在最大限度上举贤用贤的理念。

选贤任能作为中国政治实践的鲜明特征和优良传统，为我们党坚持正确的选人用人导向，确立科学的选人用人体制机制提供了有益参考，对于确保在全党形成尊重人才、重视人才和善于使用人才的整体文化氛围具有重要意义。

中国古人所追求的理想人格是君子、仁人和圣人，为成圣成贤，古人提出了诸多修身律己的观点和理念，形成了以"自天子以至于庶人，壹是皆以修身为本"（《礼记·大学》），"君子慎其独也"（《礼记·中庸》）等为核心内容的修身正己的思想理论体系。

一方面，强调修身思想。一是因为"修身"是人类生存的根基。"自天子以至于庶人，一是皆以修身为本"（《礼记·大学》），古人将修身视作人类生存的根本，凸显出修身的重要性。孟子则提出"夭寿不二，修身以俟之，所以立命也""不得志，修身见于世"（《孟子·尽心上》）的观点，将修身作为安身立命的方法，并指出修身的目的在于成为"富贵不能淫，贫贱不能移，威武不能屈"（《孟子·滕文公上》）的"大丈夫"，在于培养"穷则独善其身，达则兼济天下"（《孟子·尽心上》）的济世情怀。《礼记·中庸》中的"修身以道""故君子，不可以不修身""修身，则道立"等相关论述也传达出了修身是人类生存的根基的思想意涵。二是因为"修身"是实现国家善治的逻辑基础。"身修而后家齐，家齐而后国治，国治而后天下平"（《礼记·大学》），也就是说只有在提高自身修养的情况下，才能管理好家庭，管理好家庭之后才能治理好国家，国家治理好了天下便会实现太平。"凡为天下国家有九经，曰：修身也，尊贤也，亲亲也，敬大臣也，体群臣也，子庶民也，来百工也，柔远人也，怀诸侯也"（《礼记·中庸》）。古人认为做到加强修身，尊敬贤才，亲近亲属，尊敬臣民，爱民如子，振兴百业是实现国家善治的必然途径，其中修身在这一治理体系中居于首要地位。三是强调提高修养具有层次性。子路问君子。子曰："修己以敬。"曰："如斯而已乎？"曰："修己以安人。"曰："如斯而已乎？"曰："修己以安百姓。修己以安百姓，尧舜其犹病诸"（《论语·宪问》）。对于子路"如何成为君子"的疑问，孔子指出：首先，修养自己来认真对待工作；其次，修养自己使上层人物高兴；最后，修养自己使天下的老百姓都高兴。"修己以敬""修己以安人""修己以安百姓"作为修身的三重维度，层层拔高，阐明了提高自身修养的重要性和基本过程。

另一方面，重视律己思想。一是"慎独"思想。慎独作为中国传统律己文化的最高境界，出自"莫见乎隐，莫显乎微。故君子慎其独也"（《礼记·中庸》）。所谓慎独，指君子在一个人独处独知的时候，需要更加谨慎。原因在于物极必反，越是隐秘的事情越是容易显露，越是细微的事情越是容易显现。二是正己以正人思想。"政者，正也，子帅以正，孰敢不正？"（《论语·颜渊》）。孔子认为，所谓政就是端正的意思，只要身居上位的带头端正，那么就没有人敢不端正了。原因在于"苟正其身矣，於从政乎何有？不能正其身，如正人何？"（《论语·子路》）。假若端正了自我，那么治国理政也就没有什么困难，如果连本身都不能端正，端正别人就无从谈起，具体而言，就是"其身正，不令而行；其身不正，虽令不从"（《论语·子路》）。统治者本身行为正当，不发命令，事情也行得通；反之，纵使三令五申，百姓也不会信从。

在近五千年的文明发展进程中，中华民族创造了灿烂辉煌的廉政思想。中国传统廉政思想内涵丰富，从广义层面看，涵括了本文上述论及的选贤任能、修身律己等内容；从狭义层面看，廉政思想主要侧重于治理国家和为官之道的政治思想。

第一，廉政是为官为政的根本遵循。"国有四维，一维绝则倾，二维绝则危，三维绝则覆，四维绝则灭。倾可正也，危可安也，覆可起也，灭不可复错也。何谓四维？一曰礼，二曰义，三曰廉，四曰耻"（《管子·牧民》）。法家将礼、义、廉、耻视为支撑国家的根基，将"廉"提高到关乎国家存亡的高度。齐国政治家晏婴提出"廉者，政之本也"，"廉之谓公正"（《晏子春秋·内篇杂下六》），认为廉就是公正，是为政的根本。

第二，克己奉公是廉政的核心要义。家国同构的社会结构和家天下的政治理念培育了中国民族的整体主义精神，并由此催生出了克己奉公思想。克己奉公思想源自中国传统伦理道德的公私之辩。中国传统伦理道德将"公"视作目标指向，将公义战胜私欲作为根本的道德目标。朱熹认为"凡事便有两端，是底天理之公，非底即人欲之私"（《朱子语类》）。即想要做到奉公必须节制自身私欲。从精神实质看，克己奉公倡导和弘扬的是先公后私，个人私利服从社会公利的价值导向。古人所倡导的"天下为公"的价值理念和"大同社会"的社会理想，都凸显出了对于"公义"的追求。

第三，勤俭节约是廉政的养成之要。勤俭节约作为中华民族的传统美德，彰显了中华儿女吃苦耐劳、勤奋向上的优秀品质。孔子将"温良恭俭让"视作重要的道德科目，主张勤俭戒奢。老子提出了"一曰慈，二曰俭，三曰不敢为天下先"的人生信条。刘邦在一统天下之后，直面经济衰败、民不聊生的社会现实，提出了"修养生息"的政策，强调节俭，为实现社会安定和经济发展起到了重要的推动的作用。

正是在贯彻落实党的十八大会议精神的新时代中国特色社会主义的建设中，以习近平同志为核心的党中央开拓了中国特色社会主义更为广阔的前景，这些广阔的前景带来了我国那些变化呢？下面咱们看下第二节。

第二节　党和国家事业的历史性成就和历史性变革

本节教学步骤一（20 分钟）
播放视频资料:《辉煌中国》

一、党的十八大以来取得了改革开放和社会主义现代化建设的历史性成就和中国与世界关系的历史性变化

让学生讨论党的十八大以来党和国家事业发生的历史性深刻变革的根本原因。

本节教学步骤二（5 分钟）
教师总结:

党的十八大以来的历史性成就之所以能够取得,是由于党的十八大以来推进了举世瞩目的深层次根本性变革。

一是全面加强党的领导发生了深刻变革。针对过去一个时期党的领导弱化问题比较普遍的状况,党中央果断提出坚持和改善党的领导的重大政治要求,强调党的领导是做好党和国家各项工作的根本保证,确保了党始终能够总揽全局,协调各方。

二是发展理念和发展方式发生了深刻变革。在发展理念方面,党的十八大以来,面对世界经济持续低迷和我国经济发展进入新常态的基本国情,党中央要求全党要充分认识"坚持创新发展、协调发展、绿色发展、开放发展、共享发展是关系我国发展全局的一场深刻变革"的重大意义和深远影响,推进了我国发展观念和发展方式的深刻变化。

三是各方面体制机制发生了深刻变革。针对我国各方面体制机制存在的突出矛盾和问题,党中央以前所未有的决心和力度推进全面深化改革,改革的系统性、整体性、协同性不断增强,人民群众获得感、幸福感、安全感不断提升,主要领域改革的主体框架在中国已经基本确立。

四是全面依法治国发生了深刻变革。针对我国法治建设相对滞后,有法不依,执法不严,违法不究,司法不公等问题严重影响社会公平正义与和谐稳定的状况,2013 年 10 月,中国共产党召开了十八届四中全会,通过了《中共中央

关于全面推进依法治国若干重大问题的决定》，作出全面推进依法治国的重大决策，法治中国建设的步伐大大加快。

五是党对意识形态工作的领导发生了深刻变革。针对境内外敌对势力加紧对我国进行意识形态渗透和各种错误思潮、观点给我国改革发展稳定带来的严重干扰，2013年8月，党中央召开了全国宣传思想政治工作会议，对加强党对意识形态工作的领导作出重大工作部署，有效扭转了意识形态领域一度出现的被动局面，全党全社会思想上的团结统一更加巩固。

六是生态文明建设发生了深刻变革。针对导致发展不可持续和人民群众反映强烈的生态环境恶化问题，2015年5月，中共中央、国务院印发了《关于加快推进生态文明建设的意见》。这是继党的十八大和十八届三中、四中全会对生态文明建设作出顶层设计后，中央对生态文明建设的一次全面部署，生态文明建设被放到更加突出的位置，美丽中国建设迈出了重要步伐。

七是国防和军队现代化发生了深刻变革。党的十八大以来，党中央高度重视国防和军队改革问题。2013年11月党的十八届三中全会通过的《中共中央关于全面深化改革若干重大问题的决定》对国防和军队改革作出重要部署，军队改革不断向纵深发展，改革成就斐然。

八是中国特色大国外交发生了深刻变革。党的十八大以来，针对国际形势复杂多变的严峻挑战，党中央果断对外交总体布局作出战略谋划，为我国发展在国际上赢得了战略主动，为世界和平与发展作出了新的重大贡献。习近平总书记在党的十九大报告中强调，坚持和平发展道路，推动构建人类命运共同体。

九是全面从严治党发生了深刻变革。针对新形势下党执政面临许多新的重大风险考验和党内存在的腐败等突出问题，在党的十八大"全面提高党的建设科学化水平"目标要求的基础上，党中央对全面从严治党作出战略部署并以顽强的意志、空前的力度加以推进，着力解决好人民群众反映最强烈，对党的执政基础威胁最大的突出问题。

历史性变革和历史性成就是有机统一的，历史性变革推进历史性成就，历史性成就反映历史性变革。党的十八大以来，决定中国历史发展的历史性变革之所以能够顺利实现，是有着十分重要的原因的。

一是始终坚持和加强中国共产党的全面领导。坚持和加强中国共产党的全面领导，就必须坚持用党的理论创新成果武装全党，指导实践；就必须始终维护党中央和全党的核心，做到党政军民学，东西南北中，党领导一切；就必须完善党的全面领导的制度；就必须提高党把方向、谋大局、定政策、促改革的能力和定力。

二是始终把握改革的正确方向。方向决定道路，道路决定命运。改革开放是一场深刻革命，必须坚持正确方向，沿着正确道路推进。只有始终坚持和加强党的全面领导，坚持马克思主义指导不动摇，坚持走中国特色社会主义道路不动摇，坚持社会主义基本制度不动摇，才能确保改革开放始终沿着正确道路前进。

三是始终系统谋划改革的科学路径和有效方法。改革是一场全面而深刻的社会变革，也是一项复杂的系统工程，必须坚持正确方法。党的十八大以来，正是由于中国共产党在改革进程中始终系统谋划改革的科学路径和有效方法，处理好了解放思想和实事求是的关系，整体推进和重点突破的关系，全局和局部的关系，顶层设计和摸着石头过河的关系，胆子要大和步子要稳的关系，改革发展稳定的关系，从而开创了改革开放的新局面。

中华优秀传统文化在几千年的发展进程中，逐步形成了诉诸整体、辩证综合、和谐共生的思维方式。

第一，诉诸整体。对待自然的不同态度体现出中西文化的分野。与强调征服自然、改造自然的西方文化不同，中华优秀传统文化注重人与自然的和谐统一，指向了整体思维方式。中华优秀传统文化追求人与自然和谐统一的精神特质，体现在"天人合一"的命题中。"夫礼，天之经也，地之义也，民之行也。天地之经，而民实则之"（《左传》）。子产认为"礼"是自然界的必然法则，人民必须按照"礼"行事，进而把天地与人事联系在一起，反映出天与人可以相通的思想。孟子则提出"尽其心者，知其性也；知其性，则知天也"（《孟子·尽心下》），架构起了人道与天道的联系。《易传》有言"夫大人者，与天地合其德，与日月合其明，与四时合其序，与鬼神合其吉凶"，传达出精湛的天人合一思想。及至西汉，董仲舒将天人合一的思想发展为"天人感应论"，把人体与自然界的时令相比较，提出了"以类合之，天人一也"（《春秋繁露·阴阳义》）。张载则是第一个明确提出"天人合一"命题的人，"因明致诚，因诚致明，故天人合一，致学而可以成圣，得天而未始遗人"（《正蒙·乾称》），传达出天人一体的精神意蕴。"天人合一"解决的是人与自然的关系，但是究其内里，天人合一的价值旨趣在于诉诸整体的思维方式，指向自然与精神的统一。

第二，辩证综合。中国古人以一种"会通"的方式观察宇宙人生，通过类比的方式，在主张天地是一个大宇宙的同时，提出了人体是一个小宇宙，并且认为二者都是有机联系的整体，肯定系统内外各要素的相互依存，相互转化。"一阴一阳谓之道"（《易经·系辞上》），"反者道之动"（《道德经》）等思想都流露出中华优秀传统文化不是把矛盾双方的对立视为绝对的、机械的，而是把矛盾双方看作互相补充、互相依存、互为转化的前提条件。中华优秀传统文化中的辩证综合思维方式具体表现为：其一，对待互补。程颢的"天地万物之理，无独必有对"（《程氏遗书》）和程颐的"天地之间皆有对"（《程氏遗书》）所提及的"有对"，内蕴了对立统一的思想意蕴。其二，相互依存。张载在《正蒙》中论及"物无孤立之理"，即说明事物都是处于普遍联系并相互依存的。其三，相互转化。无论是老子的"反者道之动"（《道德经》），还是程颐的"物极必反"（《程氏遗书》），都传达出中华优秀传统文化认为事物之间可以相互转化的精神蕴含。

第三，和谐共生。与注重对抗的西方文化不同，中华优秀传统文化主张和谐与统一。中国传统文化作为儒释道三个学派融合的产物，鲜明地体现出中华优秀传统文化和谐共生的精神特质。"和"作为中国古代哲学的核心范畴，贯穿于中华优秀传统文化之中。其一，视"和"为事物发展的动力。"夫和实生物，同则不继。以它平它谓之和，故能丰长而物归之；若以裨同，尽乃弃矣"（《国语·郑语》），史伯区别了"和"与"同"，传达出"和"是事物发展动力源泉的要义。其二，贵和尚中。孔子承继了史伯的上述思想，并以小人与君子来区分二者，提出了"君子和而不同，小人同而不和"（《论语·子路》）。孔子的弟子有子则提出了"礼之用，和为贵"（《论语·学而》）的观念，认为遇事都做得恰当最为可贵。正契合了《礼记·中庸》中的"喜怒哀乐之未发谓之中，发而皆中节谓之和。中也者，天下之大本也；和也者，天下之达道也。致中和，天地位焉，万物育焉"，指出达到"中和"就可以使天地万物各安其位，各得其所，反映出古人将"和谐"视为最佳状态和秩序的价值取向。

四是始终狠抓改革落实。党的十八大以来，全党正是在习近平"空谈误国，实干兴邦""踏石留印，抓铁有痕"的要求下，更加坚定信心，更加狠抓落实，更加干在实处，不断推进改革的思想自觉和行动自觉，始终围绕人民关心的问题去着力，解放和发展了社会生产力，促进了社会公平正义，使改革发展成果更多更公平地惠及全体人民，符合人民群众的意愿，得到人民群众的拥护。

总之，中共十八大以来五年的成就是全方位的、开创性的，变革是深层次的、根本性的。这些历史性成就、历史性变革，是以习近平同志为核心的党中央坚强领导的结果，是习近平新时代中国特色社会主义思想科学指引的结果，是全党全国各族人民共同奋斗的结果。

第三节　夺取新时代中国特色社会主义伟大胜利

本节教学步骤一（5 分钟）
让同学们回答历次党的代表大会确立的指导思想，然后引出十九大。

本节教学步骤二（20 分钟）

一、中共十九大的主要内容

（一）十九大的主题

不忘初心，牢记使命，高举中国特色社会主义伟大旗帜，决胜全面建成小康社会，夺取新时代中国特色社会主义伟大胜利，为实现中华民族伟大复兴的中国梦不懈奋斗。

（二）中国特色社会主义进入新时代

我国社会主要矛盾已经转化为人民日益增长的美好生活需要和不平衡不充分的发展之间的矛盾。

（三）全面建成小康社会决胜期

从 2020 年到 21 世纪中叶可以分两个阶段来安排。

（1）从 2020 年到 2035 年，在全面建成小康社会的基础上，基本实现社会主义现代化。

（2）从 2035 年到 21 世纪中叶，在基本实现现代化的基础上，把我国建成富强民主文明和谐美丽的社会主义现代化强国。

（四）确立习近平新时代中国特色社会主义思想的历史地位

中共十八大以来，国内外形势变化和我国各项事业发展提出了一个重大时代课题，这就是必须从理论和实践结合上系统回答新时代坚持和发展什么样的中国特色社会主义，怎样坚持和发展中国特色社会主义。围绕这个重大时代课题，以习近平同志为核心的党中央进行艰辛理论探索，取得重大理论创新成果，形成了习近平新时代中国特色社会主义思想。十九大通过的党章修正案把习近平新时代中国特色社会主义思想确立为党的行动指南，实现了党的指导思想的又一次与时俱进。

本节教学步骤三（20分钟）

二、更好发挥宪法在新时代坚持和发展中国特色社会主义中的重大作用

①为更好发挥宪法在新时代坚持和发展中国特色社会主义中的重大作用，需要对宪法作出适当修改，把党和人民在实践中取得的重大理论创新、实践创新、制度创新成果上升为宪法规定。

②十三届全国人大一次会议审议通过了《中华人民共和国宪法修正案》，确定科学发展观、习近平新时代中国特色社会主义思想在国家政治和社会生活中的指导地位。

三、推进国家治理体系和治理能力的现代化

一个国家选择什么样的治理体系，是由这个国家的历史传承、文化传统、经济社会发展水平决定的。中华文明源远流长，孕育了中华民族的宝贵精神品格，培育了中国人民的崇高价值追求。自强不息，厚德载物的思想，支撑着中华民族生生不息、薪火相传，今天依然是我们推进改革开放和社会主义现代化建设的强大精神力量。为推动新时代国家治理现代化水平提供了重要推动力。中华传统文化所倡导的仁、礼、法治、德治等思想以及形成的比较成熟的治理框架对于新时代不断完善国家治理体系和提升治理能力具有重要的借鉴和启迪作用。

①中共十九届三中全会提出，党和国家机构职能体系是中国特色社会主义制度的重要组成部分，是中国共产党治国理政的重要保障。

②完善坚持党的全面领导的制度，加强党对各领域各方面工作领导，确保党的领导全覆盖，确保党的领导更加坚强有力，是深化党和国家机构改革的首要任务；转变政府职能，优化政府机构设置和职能配置，是深化党和国家机构改革的重要任务；统筹党政军群机构改革，是加强党的集中统一领导，实现机构职能优化协同高效的必然要求。

四、齐心协力走向中华民族伟大复兴的光明前景

中国共产党团结带领人民完成了新民主主义革命，建立了中华人民共和国；团结带领人民完成社会主义革命，确立社会主义基本制度；团结带领人民进行改革开放新的伟大革命，开辟了中国特色社会主义道路，使中国大踏步赶上时代。

五、新中国发展的两个历史时期及其相互联系

①我们党领导人民进行社会主义建设，有改革开放前和改革开放后两个历史时期，这是两个相互联系又有重大区别的时期，但本质上都是共产党领导人民进行社会主义建设的实践探索。

②虽然这两个历史时期在进行社会主义建设的思想指导、方针政策、实际工作上有很大差别，但两者绝不是彼此割裂的，更不是根本对立的。

③改革开放前的社会主义实践探索为改革开放后的社会主义实践探索积累了条件，改革开放后的社会主义实践探索是对前一个时期的坚持、改革、发展。

④不能用改革开放后的历史时期否定改革开放前的历史时期，也不能用改革开放前的历史时期否定改革开放后的历史时期。正确认识和处理改革开放前后的社会主义实践探索的关系，不只是一个历史问题，更主要的是一个政治问题。

推荐阅读：

1.《中共中央关于全面深化改革若干重大问题的决定》（2013 年 11 月 12 日中国共产党第十八届中央委员会第三次全体会议通过），人民出版社 2013 年版。

2. 习近平：《在庆祝改革开放 40 周年大会上的讲话》（2018 年 12 月 18 日），《求是》2018 年第 24 期。

【教学小结】

教学效果分析：

在本章教学中，教师紧扣教材内容，同时紧密联系十八大以来取得的成就和历史性变革，使学生深刻认识到只有中国特色社会主义才能发展中国。

教学经验：

1. 针对问题。教师针对"为什么十八大后能取得历史性成就和变革？"这个问题，进行了重点讲授，并力求精心设计，着力突破，增强学生在党的领导下坚持和发展中国特色社会主义道路的决心和信心。

2. 激发热情。在本章教学中，通过视频展示党的十八大以来的成就，激发大学生的民族自豪感，通过老师分析取得成绩的优势和原因，激发学生在党的领导下实现中华民族伟大复兴的信心和决心。

改进措施：

教学中应以鲜活、丰富、客观的图片、数据和历史事实为依据，深化学生对党的十八大以来党和国家事业的历史性变革的理解，对中国特色社会主义进入新时代的内涵和意义的把握。

后 记

　　曲阜师范大学设学孔子故里，传统文化资源丰厚。将传统文化融入思政课教学一直是我们探索实践的课题和奋力追求的目标。我们团队撰写的"思想道德修养与法律基础"教案于2010年获教育部"精彩教案"；"儒家文化传承与思政课教学创新"获山东省2014年十大重点课题，其研究成果于2018年获山东省教学成果二等奖。

　　"十年磨一剑"。在前期研究探索积淀的基础上，"中华传统文化融入思想政治理论课教学研究"获教育部2018年"思想政治理论课教学方法改革择优推广计划项目"；"儒家优秀文化与中华民族伟大复兴"获山东省高校2018年思政工作十大建设计划重点项目（"形势与政策"教学改革）。本成果即是张立兴教授主持的教育部高校示范马克思主义学院和优秀教学科研团队建设项目（思政课教学方法改革项目择优推广计划）——"中华传统文化融入思想政治理论课教学研究"（项目批准号：18JDSZK102）主要成果。

　　以课题研究为引领，"中国近现代史纲要"教研室的同仁共同酝酿，精心设计，在教学实践过程中不断探索和创新教学模式，深化和拓展教学方法与路径，以高等教育出版社出版的统编教材为依据，将传统文化融入教学，撰写了教材体系向教学体系转化的载体——教案。具体分工：李会勤，第一章；李壮，第二章；苏明强，第三章；杜希英，第四章；卢忠帅，第五章；王德成，第六章、第十章；陈洪友，第七章、第九章；薛凤伟，第八章；王光明，第十一章。全书由王德成、陈洪友、卢忠帅统稿。课题主持人李安增教授、张立兴教授对书稿进行了反复审阅、推敲、斟酌、修改，最终定稿。

　　"教案"付梓之时，我们倍感高兴和欣慰。我们感谢教育部社科司刘贵芹司长、省教育工委陈成标处长，感谢马克思主义学院李安增院长、孙迪亮常务副

270

院长的大力支持，更感谢教研室同仁的大力配合。我们坚信，只要不懈努力，久久为功，就一定能把"中国近现代史纲要"课程建成大学生真心喜欢、终身受益的课程。

编者

2020 年 9 月